動的語用論の構築へ向けて

Dynamic Pragmatics

動的語用論の構築へ向けて

第1巻

田中廣明
秦かおり
吉田悦子
山口征孝
［編］

は じ め に

『動的語用論の構築へ向けて』と題して，「動的語用論」という新しい分野の論集第 1 巻をお届けする．本書は，「動的語用論研究会」[1]（当初は「京都語用論コロキアム」）（田中廣明研究室（京都工芸繊維大学）主催で，2015 年 3 月 8 日に第 1 回を開催，その後 2019 年 9 月 28 日までに 10 回の開催）での講演者・発表者に執筆をお願いした論集である．3 巻になる予定であるが，本巻が第 1 巻，その後順次，第 2 巻，第 3 巻と出版していく予定である．

言語は動いているものである，という一般論には，異を唱える人はいないであろう．言語は，今この瞬間に動いており，歴史的に変化し，獲得され，変化した結果変異しているからである．言語の動的性質を説明する原理は複数ある方が望ましい．それは，どのような時間軸（timescale）を基準にするかで，その動的性質が異なるからである．例えば，数分の会話，人の一生の間の言語変化，数百年単位の言語変化はそれぞれ異なる動的性質を呈していると考えられからである．

また，生命全体の生態系や生活状態を考えてみた場合でも，日々刻々と変化していく姿に，すべて対応できる 1 つの原理は望ましくないのではないだろうか．むしろ，複雑系の体系を持ち，原理原則が相互作用している説明方法の方が，より望ましいのではなかろうか．

こうした問題意識を元に本書は誕生した．そのきっかけは，上記の研究会の開催に始まるが，さらに言えば，海外の語用論の動向に強い影響を受けている．1 つには，古くから言われていたことであったが，学問の学際性が本格化していることが挙げられる．たとえば，Stephen C. Levinson が率いていた Max Planck Institute for Psycholinguistics の Language and Cognition の部門の人たちが，語用論，人類言語学，実験心理学，認知言語学といった知見を広く集めてプロジェクトを進めていく姿には，欧米の科学探求への情

---

[1] 過去の研究会については https://sites.google.com/site/dynamicpragmatics/pastworkshops をご覧いただきたい.

熱と奥深さを感じざるを得ない．そこから得られる知見には，言語研究は言語内部の構造や意味だけを見ていたのでは成り立たないのではないかという一種，恐れにも似た感慨や，言語研究は多角的な知見から得られるものが多いのではないかという一種，反省にも似た感慨が含まれる．言語は，われわれの周りの生態系，知識や認知，さらには社会生活そのものから大きな影響を受けながら，「動いている」ことを実感せざるを得ないのではないかと思われる．

　また，振り返って我が国の言語研究シーンでは，日本語用論学会，日本認知言語学会，社会言語科学会が，ほぼ20年の歴史を持ち，様々な方向性を模索している．そのシーンの1つに，話し言葉研究の興隆がある．これはどうやら世界的な流行のようであるが，いったんビデオ機材をたずさえて，人の会話をほんの短い時間でも録画（録音）すると，今まで知らなかった構造や意味に出会うことになる．そこで，言語に関する知識以外の学問からの知見がどうしても必要になる．人と人とのやりとりは，根本的に，蓄積され，進んでいくものであり，それだけ動いていると実感せざるを得ないのではないかと思われる．さらに，これらの学会の特徴は，自分たちの分野以外の人との交流や，海外からの研究者を呼んで新しい，未知の知見を求める姿勢が強いことが挙げられる．

　さて，本書の構成であるが，序章で述べている言語のダイナミックスの4分類（発話のダイナミックス，言語獲得のダイナミックス，歴史的ダイナミックス，変異的ダイナミックス）をもとに，「共通基盤化」「歴史語用論・文法化」「会話分析・相互行為言語学」「言語獲得・実験心理学」「言語類型論・対照言語学」に分け「部」を構成し，さらに「理論と実証」と題した「部」で個別研究を行っている．それぞれの論文は「部」の下の「章」で構成されている．第1巻で扱う論考は，次の通りである（第2巻，第3巻の「章」の紹介は，それぞれの「はじめに」で述べる）．

　まず，序章では田中が動的語用論の定義づけを行っている．言語の動的様態（ダイナミックス）を4つに分類し，その説明原理に単一の原理は望ましくないことを述べている．

　本巻の第I部は，動的語用論の最重要課題だと思われる「共通基盤化」についてである．上述した「発話のダイナミックス」の中に位置づけられる．第1章では田中論文が，発話の段階を4つのphaseに分け，共通基盤に創

発的な側面があることを例証している．さらに，聞き手に未知の指示対象の指示解決（聞き手が知らない人を初めて導入する際にも，裸固有名詞を使う場合）に phase 1 の自己中心性が発現される場合を詳しく議論している．

第 2 章の秦論文では，多人数での折り紙作成場面で，知らない指示対象が出てきた場合，共通基盤化が当初の話し手聞き手だけではなく，その場の参与者によって動的に行われる様子を詳述している．

第 3 章の吉田論文では，課題達成対話における共通基盤化の形成を，言語運用力が異なる英語母語話者と日本人英語学習者で検証している．両者の共有場面が少なくなるほど，より多くの言語的リソースが必要で，聞き手デザインが駆使される様子を詳述している．

第 4 章の山口論文では，田中論文が提唱する 4 つの phase の理論的背景を述べ，山口が実際にアメリカ英語母語話者と会話した例を分析し，山口が理解しなかった指示表現を創発的な共通基盤化により理解する様子を詳述している．

第 II 部は「歴史語用論・文法化」である．これは，上記の歴史的ダイナミックスに相当する．第 5 章の小野寺論文は，歴史語用論と周辺部研究（発話頭と発話末）をまとめる上でも優れた論考であり，周辺部が語用論的環境になじみやすいこと，さらに，発話頭が主観的で発話末が間主観的という機能の非相称性仮説に反論し，発話頭，発話末とも人のインタラクションの動的な側面（行為構造ややりとり構造など）を発現し，その機能は相称的であるとしている．

第 6 章の澤田論文は，事象の主体を，「ニ格」ではなく「ガ格」で標示する新しいタイプの間接受身文と「てもらう」構文の現象を扱っている．間接受身文，「てもらう」構文共に，非確言的な構文環境（条件節など）の中では動作主性が減じて，事象の主体を（動作主性において中立的な）ガ格によって標示することが可能となる点などが論じられている．「ガ格標示」の間接受身文，「てもらう」構文共に，現在進行中の言語変化の一事例とみなすことができ，言語使用の文脈の中でことばのゆらぎ（変化）を捉える動的語用論の姿勢を体現した興味深い論考となっている．

第 7 章の柴﨑論文では，full stop.（「以上！」）と言う表現方法が，どの程度の変遷を経てどういうレジスターで定着し，どういう語用論的機能を持つに至ったのか，また逆に SNS では消滅の危機にあることを詳述している．こ

viii

のレジスター間での，生き残りと消滅の様子を，柴﨑論文は，Du Bois (2003: 49) の「話者は，コミュニケーション上の目的を果たすために，既存の文法構造を有効活用する」という主張と，生物学者である福岡伸一 (2007) の「常に変わり続けることが，できるだけ変わらないための唯一の方法」という「動的平衡 (dynamic equilibrium)」を援用して考察している．

　第 III 部は「理論と実証」である．それぞれの筆者が，それぞれの理論的枠組みから，ここで提唱する動的語用論にどのように貢献するかを念頭に置いて議論を提出している．まず，主体が他者の発話を理解するという行動を生態学的見地から考察したのが第 8 章の高梨論文である．このような見地に立つと，発話理解は聞き手となる主体がその環境の中で得られる様々な記号を読み取る情報行動の 1 つと捉えられる．高梨論文では，他者の認知を環境の中で知覚・利用する推論形式を定式化し説明するが，それは主体の知覚・推論の土台に立つ動的な理論と言える．

　第 9 章の後藤論文は，関連性理論を枠組みとし，医療現場の診療談話における共感のプロセスについて考察している．特に，「患者が産出する疑問文発話」に焦点をあて，怒りや不安，笑いといった，動的な性質をもつ患者の「情動」の表出について，医療者側がいかに受け止め，いかなる発話で応答し，そしていかなる方法で共感を示しているのかについて考察している．こうした「患者により表出された情動」に対して医療者側の認知的視点から関連性理論の演繹的考察を応用することが試みられている．

　第 10 章の定延論文は，「マスモードの思考——「びんの小鬼」をめぐる覚え書き」と題した興味深い論考である．われわれ人間が持つ，慣習的で，付和雷同しがちな「マスモード」の思考方法を，自分自身の「推論」に基づく際の心持ち（「個体モード」）と比較検討しながら，解明している．「だって，みんなそう言ってるよ」「この時代に，まだそんなことを言っているのか」「そんな奴いるものか」といった他人と同調しがちな思考方法に，われわれはいつ，そのように陥ってしまうのか．その動的資質，すなわち，個体モードに移る際のきっかけや心持ち，についても考察し，「（その社会の構成員の考えよりも）その社会の構成員の考えについての構成員の考えが重要である」ことを論じている Enfield (2002: 16-17) から，警鐘を鳴らしている．

　第 11 章の西山論文は，「代用形の先行詞解釈をめぐって」と題し，代用形（代用表現）の解釈，代用形と先行詞の関係について，意味論と語用論（関

連性理論）の両方からのアプローチを試みた論考である．代用形は，これまで，先行詞との厳密な照応関係（同一対象指示関係）の成立が前提とされてきたが，この論考では，先行詞もしくは代用形のいずれか，あるいはその両方に，叙述名詞句や変項名詞句のような非指示的名詞句が登場する場合は，先行詞と代用形の間に同一対象指示関係が成立せず，先行詞は自由変項の値を決めていくヒントでしかないという興味深い議論を提示している．また，束縛照応関係と自由照応関係とを区別する必要があること，後者については代用形の適切な解釈を得るためにダイナミックな語用論的推論を行わなければならないこと，まさにその過程で代用形は動的な性質を持つ，ということを主張する優れた論考である．

　以上，第 1 巻の論文を簡単に解説した．ここで見られるように，言語の動的性質は，様々な角度から考察することができる．その対象は実に幅広く，かつ奥深い．動的語用論という名称を使用し始めて，すでに 5 年目に入っているが，本書，3 巻の出版が，我が国の今後の言語研究のシーンに，一石を投じられれば幸いである．

令和元年（2019 年）8 月 16 日

「動的語用論の構築へ向けて」編者一同
田中廣明・秦かおり・吉田悦子・山口征孝

目　　次

はじめに　　v

序　章　動的語用論の構築へ向けて
　　　　………………………………………………………………田中廣明　　1

第 I 部　共通基盤化

第 1 章　指示解決
　　　　──自己中心性と共通基盤化──
　　　　………………………………………………………………田中廣明　　18

第 2 章　多人数インタラクション場面における
　　　　共通基盤化と動的語用論
　　　　──折り紙作成場面を事例に──
　　　　………………………………………………………………秦かおり　　47

第 3 章　やりとりの不均衡さをどう調整するか
　　　　──課題達成場面における共通基盤化──
　　　　………………………………………………………………吉田悦子　　67

xi

第4章　指示解決の動的語用論
　　──リンガ・フランカとしての英語使用における
　　共通基盤化の事例──
　　　　　　　　　　　　　　　　　　　　　　山口征孝　88

第 II 部　歴史語用論・文法化

第5章　「発話頭（左の周辺部；LP）−主観的，発話末
　　（右の周辺部；RP）−間主観的」仮説の再考
　　──動的な立場から──
　　　　　　　　　　　　　　　　　　　　小野寺典子　100

第6章　ガ格標示の間接受身文と「てもらう」構文の発達について
　　──「雨が降られると困る」「雨が降ってもらうと有難い」
　　のような表現を中心に──
　　　　　　　　　　　　　　　　　　　　　　澤田　淳　121

第7章　句読法の歴史的変化に見る動的語用論の可能性
　　──イギリス英語の full stop を中心に──
　　　　　　　　　　　　　　　　　　　　柴﨑礼士郎　144

第 III 部　理論と実証

第8章　「他者の発話を理解すること」の生態学
　　　　　　　　　　　　　　　　　　　　　　高梨克也　168

第9章　診療談話における共感のプロセス
　　　── 発話に伴う情動の認知語用論的分析 ──
　　　……………………………………………………… 後藤リサ　190

第10章　マスモードの思考
　　　──「びんの小鬼」をめぐる覚え書き──
　　　……………………………………………………… 定延利之　212

第11章　代用形の先行詞解釈をめぐって
　　　……………………………………………………… 西山佑司　229

索　　引 …………………………………………………………… 249

執筆者紹介 ………………………………………………………… 253

序　章

動的語用論の構築へ向けて

田中廣明

京都工芸繊維大学

1.　動的語用論とは

　本稿では，動的語用論とは何であるのかについて，若干の整理を試みて，この論集の端緒としたい．実はその詳しい定義はまだ整っていない．語用論そのものが本来的に動的であるはずだという定義からは，トートロジーに陥るかもしれない．他の領域の言語研究でも，動的意味論，言語獲得研究，歴史語用論・文法化，また会話分析なども，言語の動的な側面を扱っていることには変わりはないとされるかもしれない．ただ，それを整理し，動的といった側面に焦点を当てた研究はさほど多くはないのが現状であろう．

　語用論の分野では，グライスや発話行為理論から関連性理論へと，また近年のマルチモーダルな側面を重視する研究など，理論的，あるいはまた同時に実証的な研究が数多く行われてきた．しかしながら，現実の発話のやりとりにおいて，話し手と聞き手がどのようにお互いに影響し合い，発話の原理を駆使して（遵守あるいは逸脱により），発話構築を行っているのか，さらに両者がどのようにして伝達意図を理解し合い，それに沿った働きを実際に行っているのかを明らかにする研究は，まだまだ未開拓な分野であるように思われる．[1]

　一般的に言って，言語研究を行う際には，対象となる言語の様態とその説

---

[1]　動的語用論研究会サイトの趣旨説明と田中 (2018b) を一部抜粋し修正した．

明原理の2つを考慮しなければならない．動的語用論を扱う際も同様であろう．前者には，上述した言語の動的な側面が主となる．それには，実際の発話が（今現在）動いている様子，言語が獲得され発達して動いていく様子，言語が歴史的に変化して動いていく様子，（社会的・地理的環境，認知的環境，言語的文脈などの）様々な要因によって生じた変異（揺れや分散）などが含まれる．ここでは，便宜的に，それぞれを，発話のダイナミックス，言語獲得のダイナミックス，歴史的ダイナミックス，変異的ダイナミックスと呼んでおく．これらは，それぞれ，会話分析，談話研究を主体とした発話研究，言語獲得研究，歴史語用論・文法化研究，対照研究・類型論，認知言語学，社会言語学といった分野で研究されている．本書もほぼそれぞれの研究の中心的な流れに従うが，言語の様態の動的な側面（ダイナミックス）に焦点を当てた考察を進める．まとめると以下のようになる．

表1：言語のダイナミックスと対応する研究領域

言語のダイナミックス		対応する研究領域[2]
I.	発話のダイナミックス（微視発生的）	会話分析，談話研究，相互行為言語学など
II.	言語獲得のダイナミックス（個体発生的）	言語獲得研究など
III.	歴史的ダイナミックス（系統発生的）	歴史語用論，文法化研究など
IV.	変異的ダイナミックス（変異発生的）	対照研究，類型論，社会言語学，ポライトネス研究など

---

[2] 認知言語学はI～IVのすべてのダイナミックスに関わる．対応する研究領域はI～IVで領域横断的である．例えば，会話分析の手法で言語獲得研究も行われている．談話話し言葉を使った文法化の研究も行われている．その意味で，こちらは境界線を曖昧にし，波線にした．

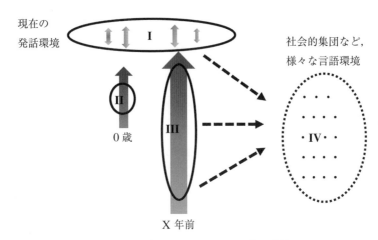

図1：言語のダイナミックス I 〜 IV

　では，図1を解説する．実線の楕円で囲まれた II の縦の矢印は，ゼロ歳からの個人の幼児期を表す．そこで言語が獲得されていく様子が表される．実線の楕円で囲まれた III の縦の矢印は，ある社会集団内での言語の歴史的変遷を表す．実線の楕円で囲まれた I の縦の両側矢印は，個人や社会集団での，今現在の発話様態である．動的に発話参加者間でやりとりが行われるという意味で，両側矢印を使っている．I, II, III の実践の楕円内では，言語変化あるいは動的な側面のプロセスが表される．これに対し，IV の波線の楕円は，I, II, III のプロセスから生じた変異体である．[3] 変異体（言語表現）が複数存在するという意味で，点線にしてある．
　次に，上記のモデルに必要な説明原理が問題となる．（新）グライス派語用論，発話行為理論，関連性理論など，語用論の理論は，発話の実際の場面に目を向け，その理論化は言語研究に大きな役割を果たしてきた．しかし，発話の一場面を切り取った理論化に重きが置かれたため，現実の発話の「動的」な面への注目がなされているとは言えないことが多い．発話は，話し手と聞き手の間で，様々な交渉が行われ，動きが多く，ひとつの理論では捉え

---

[3] 一般的には，「共時的変異は通時的変化の結果」と言われている（柴﨑（2019, 本書所収））．

きれないものである．では，何をどうすればよいのか，ひとつの理論では捉えきれないといったときに，その解決策として，通例は，二通りの方法が考えられる．1つは，理論の精緻化であり，もう1つは説明原理を多層的に設定することである．

　従来，理論研究で行われていたように，理論の精緻化がある．ある理論が，ある言語現象を説明できないと批判されるときに，その現象に見合うような修正装置を付け加えていくことがある．その際に，元となる理論装置の原則に従わなければならない．そうすると，元の理論の原則が単なる原則にしか過ぎなくなり，その装置がどこまでを説明として，どこまでが範囲外であるのかがよく分からなくなるといった弊害を生みやすい．

　望まれるのは，還元主義に陥らず，説明原理を多層的に設定することである．例えば，古くは，Schiffrin (1987: 21-29) の「談話モデル (discourse model)」がある．Schiffrin は，「(発話，会話管理，社会的) 行為が単位の行為構造 (action structure)」「ターンが単位のやりとり構造 (exchange structure)」「命題単位の概念的構造 (ideational structure)」そして「(話し手・聞き手・聴衆などで構成される) 参与者の枠組み (participation framework)」「(情報が単位の) 情報構造 (information structure)」という性質の異なる5つのレベルが多層的に，またそれぞれが単位となって相互的に働き，最終的に一貫性を持つ「談話」を構成しているとする（澤田・小野寺・東泉 (2017: 19-20) 参照）．小野寺 (2019, 本書所収) は，「命題が中心となる観念構造を除く4つの構造が，人の動的なインタラクションを捉える次元だと考えられる」とし，上記の構造の多層性を強調している．

　近年では，その多層的という考えだけではなく，さらに幅広く記号論の枠組みを活用し，上述した「動的」な言語現象を探求する考えもある．特に，Enfield (2013: 31) では，人間の行動パターンの研究から，因果・時系列的構造によって規定される8つの方法論的枠組みを提唱している．言語を含む人間の行動パターンの研究に，どういう特徴付けが考えられるかといった側面である．Enfield によれば，「因果的 (causal)」「機能的 (functional)」「系統発生的 (phylogenetic)」「個体発生的 (ontogenetic)」「微視発生的 (microgenetic)」「通時的 (diachronic)」「共時的 (synchronic)」「エンクロニー的

序章　動的語用論の構築へ向けて　　　5

(enchronic)」の 8 つが考えられ，その中で特に「エンクロニー（enchrony）」[4]
と命名されたある発話のムーブ[5]とムーブの関係を捉えた概念に重点を置い
ている．Enfield の例から，どのように，ある発話のムーブ A からムーブ
B へ，関係性を求めているのか見てみよう．

(1)　（曖昧な発話への応答）
　　　A:　　ゴミ出ししていないね．(The trash hasn't been taken out.)
　　　B1:　ごめん．／ちょっと忙しくて．
　　　B2:　そうだね．[6]

A は苦情とも，単なる観察ともとれる．苦情に対する返答が B1 であり，観
察に対する返答が B2 とする．そうすると，以下で Enfield（2013: 31）が
エンクロニー的なムーブ間の関係を図示しているように，まず A は「ゴミ
出ししていないね」で B に対してある「効果」を与える．それに対し，その
効果を，B1 では苦情として処理し，A の苦情という行為がふさわしいとい
う「適切さ」を与えていることになる．その効果を単に観察として，適切さ
を与えると，B2 の発話となる．B1，B2 はいわば「遡及的」に A を評価し
ているのである．特に，B1 は A からの驚きや制裁がなくて済むような意図
を持って，適切さを与えているとしている．このやりとりを図式化すると以

---

[4]　エンクロニーの定義は，"How does the behavior fit in a contingent sequence of
moves?"（Enfield（2013: 31））（その行動はムーブの偶発的連鎖の中でどのように位置づけ
られるか）（井出（監修）・横森他（訳）（2015: 61）より一部改）とされる．発話のあるムー
ブとムーブの間の，因果的・時間的関係のことを言う．

[5]　ムーブの定義は，"A move ma be defined as a recognizable unit of communicative
behavior constituting a single advancement in an interactional sequence as a result of
making some relevant social action, e.g., asking for the salt, passing the salt, saying
"Thank you."（Enfield（2013: 63））（ムーブとは，やりとりの連鎖を 1 つ先に進めるよう
な，ひとまとまりのコミュニケーション上の振る舞いであり，その場で関連のある何らか
の社会的行為でかつ認識可能なものを行った結果として生じるものと定義できるだろう．
例えば，卓上で塩をとってもらうよう求めること，塩を手渡すこと，Thank you（ありがと
う）を言うことなどである．）（井出（監修）・横森他（訳）（2015: 110）より）とされる．も
とは Goffman（1981）の用語（Enfield（2013: 65））．

[6]　Enfield（2013: 32）は A の言葉だけ挙げているが，井出（監訳）・横森他（訳）（2015:
64）は B1 を訳注として追加し，B2 を Enfield の意図を踏まえて筆者が追加した．

下の図2のようになる．

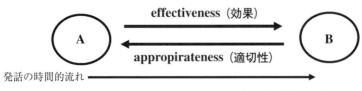

図2：エンクロニー的なムーブ間の関係（Enfield (2013: 31)）

　このように，われわれの身の回りでは，発話の曖昧性，またそれを元に話題を転換していく例は，枚挙にいとまがない．表1で述べた「発話のダイナミックス」を取り上げただけでも，発話の動的な側面は，こうした曖昧性だけではないが，本書では，表1のI, II, III, IVから様々な側面をそれぞれの論者が論じている．

2. Arundale (2008) の警鐘[7]

　Enfield (2013) の上例（1）は，発話の曖昧性を解消する上での，発話の遡及性を論じているが，それも含めて，発話のダイナミックな側面をまとめたのがArundale (2008) である．Arundale (2008) は，従来の語用論の固定したdogma（教義）に対して次の点で反論している．以下，表2にまとめたが，左欄の (i)-(v) それぞれに対して右欄の (I)-(V) のように批判できるという意味である．

---

[7] 本節は田中（2018a, b）を修正し，拡大した．

序章　動的語用論の構築へ向けて　　　7

表 2：Arundale（2008）の警鐘

従来の語用論からの dogma	Arundale（2008）の警鐘
（i）The goal or outcome of communication is identity of speaker and recipient psychological states	（I）Communication involves achieving both similarity and difference in speaker and recipient psychological states.
（ii）Each utterance is independent of other utterances.	（II）Utterances and behaviors are sequentially interdependent with adjacent utterances and behaviors.
（iii）Speaker and recipient meanings and actions are determinate once formed.	（III）Speaker and recipient meanings and actions are provisional pending uptake and evolve continually into operative meanings and actions.
（iv）Utterance effects are unidirectional causes.	（IV）Utterances in sequence have both proactive and retroactive effects.
（v）Speaker and recipient psychological states or meanings and actions are independent.	（V）Speaker and recipient psychological states or meanings and actions emerge interdependently.

　　表 2 のように，Arundale は，話し手と聞き手の間で生じている発話（対話）の持つ特質を，それぞれ左欄の従来の語用論（いわゆるコードモデル[8]）と対比させて，対話の（対話者が果たす）責務（commitment）として 5 つ述べている（右欄）．発話には，（I）「話し手と聞き手の心理状態は似ていても違っていてもよい（同一でなければならないことはない）」という「（発話の）非同一性」，（II）「隣接する発話は連続性があり，相互依存する（独立していない）」という「相互依存性」，（III）「話し手と聞き手は，意味・行為を，未解決なものとし，さらに最適なものに進化させる」という「未解決性」，（IV）「連続する発話には，一方向的ではなく，先取りと遡及が見られる」という「非一方向性」，（V）「話し手と聞き手の意味・行為は，相互依存し創発（emergent）する」という「創発性」があり，これらを扱うことのできるシステムが必要であるとしている．こうした，発話間に見られる非同一性，相互

---

[8] 単純なコードモデルについては，Grice も関連性理論も批判している．

8

依存性，未解決性，非一方向性，創発性は，複雑な体系を持つとせざるを得ず，1つ2つの原理原則に帰した還元主義にそぐわないものである．

　本節では，表2で（i）と（I）の対比にある「話し手と聞き手の心理状態（知識常態）は同一でなくてもよい」という命題を主に考察する．というのも，こうした話し手と聞き手の意図の取り方の違い，そこから生まれる会話の齟齬，様々なトラブル，その修正，（いわゆる「調整問題」），さらにそこからのやりとりの新しい展開などは，本書の中心である言語のダイナミクスを考察する上で，避けて通れない問題であるためである．次例は，共同発話の構築から見られる意図のすれ違いが見られる．

　(2)　JAPN 1684:24 CALLfriend TALKBANK[9](Hayashi and Hayano (2013: 297) より用例と英訳を引用)(Mayumi は Kyoko に友達のアパートへ引っ越すと告げる.)

　　01.　Kyo：え　じゃ　.hh まゆみさん　そこ出るの：？
　　　　　（Well the, .hh are you moving out there Mayumi?）

-->　02.　May：.hhh うん. ＞とりあえず＜　2ヶ月間は
　　　　　（.hhh Yeah. For two months, for the time being）

　　03.　　　　（0.7）

=> 　04.　Kyo：出て　また　帰るってこと？
　　　　　（**Y'mean** you'll move out and come back again?）

　　05.　May：わかんない＝そのあと　どうなるかは
　　　　　（I don't know. ＝ what will happen next.）

この例では，Mayumi が会話の含意を産出したつもりがないのに，Kyokoによって取り込まれており，会話に齟齬が見られる．会話の含意の非産出（2行目の Mayumi）と取り込み（4行目の Kyoko）の例である．ここまででは，お互いの当初の意図が合っていない．3行目に 0.7 秒のポーズが置かれているのが，その証拠で，Kyoko が Mayumi の言葉をすぐに受け取れな

---

[9] TALKBANK の CALLfriend (Japanese) については，以下のサイトを参照．https://ca.talkbank.org/access/CallFriend/jpn.html.

かったことを表している．2行目の Mayumi の意図しない含意を4行目で
Kyoko があえて（自分なりに）受け取っていることになる．ここには，語彙
選択上の意識の相違が見られる．Mayumi は「とりあえず」と「2ヶ月間は」
という対比的な文脈を喚起させる語彙を選択したにもかかわらず，その後の
ことを言う対比的な文脈にまで言及していない．5行目で真情を吐露してい
るように，「（その後のことは）分からない」からであろう．それに対して
Kyoko は，これらの語彙から生じる対比の含意をあえて受け取って話を進
めているのである．

　4行目の Kyoko の「ってこと？」に注意されたい．Hayashi and Hayano
(2013) の英訳では Y'mean (= You mean) …? となっているように，相手
の意図を尋ねた言い方である．いわば，説明責任 (accountability) を求めた
言い方になっている．Hayashi and Hayano (2013: 296) によると，これは，
他者修復の方略のうち，「理解度チェック (understanding check)」の中に入
り，それ以外の，uh huh, what?, They're what? などとは違い，修復する
側の話し手が相手の言葉（トラブル・ソース（2行目））を「言い換え (refor-
mulation)」，自分自身の理解を呈示する方略であるとしている．

　ここで注目すべきなのは，日本語の「って」という引用詞の使用である．
田中（本書所収）でも述べたが，本来，引用とは他者の言葉（思考，命題など）
を，自己の言葉（思考，命題）に表示する「メタ表示 (metarepresetation)」
である．メタ表示をされた知識は，私だけでなく，他者一般の知識であると
言明される知識である．「って」という引用詞はそれを合図する標識となっ
ている．この「Xってこと？」は，「それ（Mayumi の言葉）は，X（Kyoko
の言葉）で述べてもいいのか？」と解釈できるように，字義通りには Is that
what is called X? と，それだけ，相手の言葉を自分の言葉で一般化してい
る．相手に説明責任を求めているが，メタ表示された分だけ，相手は，会話
上の違反をしたとは思わず，答えやすくなっている．相手の言葉を一般化す
ることにより，間接的に相手の本音を引き出そうとする方略が見てとれる例
である．

　では次に，同じ「ってこと」を使って，相手の言葉を補って，会話をつな
いでいく様子を見てみよう．

10

(3) 『ごぶごぶ』毎日放送「オリックスを激励しよう」2014年5月13日
放送分（出演者の浜田雅功（ダウンタウン）と田村敦（ロンドンブー
ツ1号・2号）が，オリックス応援のため京セラドーム大阪を訪問
する．案内人のAさん[10]が，ネット裏内野席の上の，客が自由に
観覧できる共用スペースに二人を案内しているところ.）

```
01. 田村   ((案内されて驚いて)) あら (.)°ちょっとなんか:°
02. A:     ちょっと  (こう) 広いところになって (い) るのは .
03.        >これ< ネット裏の (0.7) 座ったお客さんが [(.) ここを =
04. 浜田:                                        [>なるほど<
--> 05. A:  = 自由にお使いいただけるスペースに [なってる (の)
06. 浜田:                                  [へえ ::::::
=> 07.      じゃ 試合中でも (.) この辺うろうろ [できるってこと =
08.        =°ですね°?
09. A:                                     [はい >そうです<
10.        で :: 軽食が無料でサービスになってるの [と
11. 田村:                                      [無料? =
12. A:     = え ((うなずく))    ↑無料 >です <あと  ソフト =
13.        = ドリンク↑も  無料
```

(3) は (2) と違って，7行目8行目の浜田の言葉は，相手（Aさん）の言葉
を「言い換え（再定式）（reformulation）」はしていない．確かに，5行目の
Aさんの言葉をターゲットとはしているが，(1) の他者修復のようにトラブ
ルとは認識していないことが分かる．むしろ，浜田は聞き役に回り，Aさ
んの説明に納得し，自分の解釈を加えていると考えることができる．浜田の
「じゃ」から分かるように，是認して裏書きを与えていることになるであろ
う（endorsement）．2行目から13行目までの中心的な情報は，「(A) この
広いところは，ネット裏のお客の自由に使えるスペースになっているので」
「(浜田) 試合中でも歩き回ることができ」「(A) なおかつ，軽食もソフトド

---

[10] 番組では名前が述べられていたが，一般人であるため，本稿では伏せてAさんという
ことにする．なお，タレントである浜田と田村については，そのまま使用する．

リンクも無料である」である．田村は，Aさんと浜田のやりとりに，時々，合いの手を入れているに過ぎない．(2) の Mayumi から Kyoko への流れは「言い換え」であったのに対し，この A さんから浜田への流れは「… スペースになっているので」「試合中でも歩き回ることができる」と解釈できるため，「推論 (inference)」と考えられる．

(2) (3) とも，相手の発話意図にない含意（あるいは表意）を表出している（言葉に出す）点は同じであろう．(2) では 5 行目で Mayumi が Kyoko に対して「分からない」と述べており，この「出てまた帰る」ことは取り消し可能である．伝統的な Grice 流の説明では含意の規程に合致しているが，そもそも Mayumi が意図（あるいは意識）していなかった内容を，Mayumi が発した「含意」と呼べるのかどうかは疑問が残るところである．ただし，Mayumi 自身も Kyoko の「出てまた帰る」という解釈を自分の発した言葉の解釈の一部として認めていないというわけではない．認めなければそもそも Kyoko の言葉が何のことか分からず，会話は成立していなかったであろう．含意と認めることを支えているのは，Mayumi の「とりあえず 2 ヶ月間は」にある，「とりあえず（長期ではない）」と「は」が慣習的に持っている，「対比」の含意である．Kyoko の側からすると，「（とりあえず 2 ヶ月間という）長期ではないので」「また帰ってくる」のかもしれないという推論がここでも働いている．

(3) の 7 行目 8 行目は表意（あるいは，特定的会話の含意）[11] の追加であると思われる．浜田がこの情報を追加できたのは，案内されて，このスペースを見ている視覚情報と，「このスペースを自由に使えたらどうなるか」という自分の経験値から来る推論である．この場合も，相手である A さんが当初から意図していた内容ではない．また，10 行目と 12 行目から 13 行目の情報もこのスペースの特徴だと認めているが，後付けで追加したに過ぎない．その意味では，話し手が当初から伝えようと意識的に意図している表意や特定的会話の含意ではなく，「共同発話で構築された共同表意」とも呼べるものである．こうした追加的に共同して構築していく発話は数多くあり，

---

[11] 会話の含意，表意の分類を整理し直したものには，Ariel (2016) が参考になる．

その背景には，この球場の観客スペースを案内しているという共通の「場」あるいは「共有知識」がある。[12] お互いに共有された場所の特徴を，追加的に述べて言っているに過ぎない。

このような会話の離齬の例，あるいはそれに近い例は非常に多くあり，対話者は「試行錯誤」「試行に続く試行」を繰り返して，新しい局面が動的に作り出されていると言うことができる。

3.　おわりに：本書の扱う範囲とダイナミックスの展望

「はじめに」でも述べたが，本書の構成は「共通基盤」「歴史語用論・文法化」「会話分析・相互行為言語学」「対照研究・類型論」「言語獲得」「実験語用論」「理論と実証」「ポライトネス研究」と多岐にわたる。それぞれは，どのように関係づけられているのであろうか。本稿では，本書で扱う対象を表1と図1で概観し，第1節の Schiffrin (1987) の「談話モデル」と Enfiled (2013) のエンクロニーを使ったモデルで，いくつかの共通点を述べたが，本書の全体に共通するものではない。詳細は，それぞれの論考にゆだねるしかないが，最後に，その全体像の一端を Tylén et al. (2013) から紹介する。

図1を直線的に並べると，進化論的に「(記号の) 誕生・創発 → 進化・発展 → 接地・定着 → 揺れ → 分散」と考えることも可能であるが，記号がすべて，この順番で段階を踏んでいるとは考えられない。何故なら，それぞれの局面で，様々な要因に影響されているからである。例えば，最後の分散 (表1の IV) をとってみても，Tylén et al. (2013) が以下に言うように，われわれの肉体的，物質的環境が，カテゴリー化に影響を与え，言語を選択させている場合がある。

---

[12]「場」を共有して視聴者に情報を伝えようとしているととることもできるし，浜田と田村を案内しているスペースが，視覚的に A さんを含めて共有されているために，追加して情報を伝えたとも考えることができる。

序章　動的語用論の構築へ向けて　　　13

(4)　Our physical / material world has stable structure affording (but not
　　determining) certain categorical and conceptual distinctions rather
　　than others. This physical world encompasses both "natural" and
　　"enculturated" properties and objects since a long history of hu-
　　man intervention has profoundly shaped our material world into a
　　hybrid of natural objects and artifacts.　　(Tylén et al. (2013: 43))

Tylén et al. (2013) は，Malt et al. (2008) から実験結果を紹介し，複数の
言語（英語，スペイン語，オランダ語，日本語）の「歩く」と「走る」のカテ
ゴリーが，カテゴリーとしては，生物物理的な (bio-phycical) 運動の動き
によって，「言語（文化）横断的」に安定した構造を持ち（すなわち，ほぼ日
本語の「歩く」と「走る」に二分化され），言語化される場合は，「（それぞれ
の）言語（文化）固有」の表現を持つとしている．歩く，走るというカテゴ
リーは，人間本来の肉体的構造で切りとられているのである．ランニングマ
シーン (treadmill) の上を走って（歩いて）いるビデオを，その速度，マシー
ンの角度を変えて被験者に見せ，それぞれの言語で表現を聞いたところ，表
2 のような結果であったと，Malt et al. (2008) は報告している．「歩く」の
言語表現はすべて，マシーンの速度が 4 のところまで（5 以上ではない），
「走る」の場合は 5 から（4 以下ではない）でるところから，表 2 のようなカ
テゴリー化が可能となっている．

表 2：「歩く」と「走る」のカテゴリー／言語表現 (Malt et al. (2008))

カテゴリー：歩く		カテゴリー：走る	
マシーンの角度：平坦，4°，8° マシーンの速度：**1 ～ 4**		マシーンの角度：平坦，4°，8° マシーンの速度：**5 ～ 9**	
日本語	歩く	日本語	走る
英語	walk	英語	run, jog, sprint
スペイン語	caminar	スペイン語	trotar, correr
オランダ語	wandelen, stappen, slenteren snelwandelen	オランダ語	lopen rennen joggen

14

このように，動的語用論と名付けた分野では，動的な側面と，ある程度固定化した側面とを分けて考える必要がある．Tylén et al. (2013) は，言語表現の細分化と固定化に分けて論を進め，われわれの生物的（肉体）構成が知覚と感覚に制限を与えていること，ただし，日常の社会文化的，言語的活動は，様々な文化的，言語的変異を生じさせていること，また，繰り返し生じる言語活動から，人々が視点や認知的際立ち（profiling）をそろえるようになり，意味の固定化につながるともしている．

異言語間で対照的に同じ認識を表すと考えられる語彙を取り上げてみただけでも，その変異を生む動機付けは様々である．例えば，本書第 3 巻に所収予定の堀江・黄の論文では，日本語の「のだ」とそれに相当する中国語の「的」を比べ，話し手と聞き手の持つ認識的スタンスの違いから説明している．一方では，われわれ人間に共通の生物物理的な運動能力から，もう一方では非常に揺れ幅の大きな人間の認識能力の 1 つである認識的スタンスからの動機付けの解明となっている．本書の「はじめに」でも述べたが，様々な変異や差異，あるいは揺れの動機付けの解明には，「日々刻々と変化していく様態に，すべて対応できる 1 つの原理は望ましくないのではないだろうか．むしろ，複雑系の体系を持ち，原理原則が相互作用している説明方法のほうが，より望ましいのではなかろうか．」

こうした動機付けの解明には，1 つ 1 つの事象に個別に当たっていくしか方法はなく，本書では，こうした動的な側面の様々な要因を，まず，それぞれの筆者が独自の視点から探求している．

トランスクリプトとその意味

[	重複の始まり	↑	周辺と比べて大きい音量・高い音
]	重複の終わり	°文字°	周辺と比べて小さい音量，低い音
=	切れ目ない接続	hh	呼気音
(0.7)	間隙（秒）	.hh	吸気音
(.)	0.1 秒前後の間隙	<文字>	周辺と比べて速度が遅い
:	音声の引き延ばし	>文字<	周辺と比べて速度が速い
.	下降調の抑揚	（文字）	聞き取りが不確実な発話
?	上昇調の抑揚	(…)	聞き取れない発話
,	継続を示す抑揚	(（ ）)	転記者による注釈

参考文献

Ariel, Mira (2016) "Revisiting the Typology of Pragmatic Interpretations," *Intercultural Pragmatics* 13, 1–35.

Arundale, Robert (2008) "Against (Gricean) Intentions at the Heart of Human Interaction," *Intercultural Pragmatics* 5, 231–260.

Enfield, Nicholas J. (2013) *Relationship Thinking: Agency, Enchrony and Human Sociality*, Oxford University Press, Oxford. [N. J. エンフィールド（著），井出祥子（監修），横森大輔・梶丸岳・木本幸憲・遠藤智子（訳）『やりとりの言語学——関係性思考がつなぐ記号・認知・文化』大修館書店，東京.]

Goffman, Erving (1981) *Forms of Talk,* University of Pennsylvania Press, Philadelphia.

Hayashi, Makoto and Kaoru Hayano (2013) "Proffering Insertable Elements: A Study of Other-Initiated Repair in Japanese," *Conversational Repair and Human Understanding*, ed. by Makoto Hayashi, Geffrey Raymond and Jack Sidnell, 293–321, Cambridge University Press, Cambridge.

堀江薫・黄祺佳（近刊）「相互行為言語学の観点から見た日本語の「の（だ）」と中国語の文末詞「的」——知識状態の概念を援用して」本書第 3 巻所収.

Malt, Barbara C., Silvia Gennari, Mutsumi Imai, Eef Ameel, Naoaki Tsuda and Asifa Majid (2008) "Talking about Walking: Biomechanics and the Language of Locomotion," *Psychological Science* 19(3), 232–240.

小野寺典子（2019）「「発話頭（左の周辺部；LP)-主観的，発話末（右の周辺部；RP)-間主観的」仮説の再考——動的な立場から」本書所収.

澤田淳・小野寺典子・東泉裕子（2017）「第 1 章　周辺部研究の基礎知識」『発話のはじめと終わり——語用論的調節のなされる場所 (Periphery: Where Pragmatic Meaning is Negotiated)』，小野寺典子（編），Joseph V. Dias（岩井恵利奈（訳))・東泉裕子・小野寺典子・澤田淳・Elizabeth Closs Traugott（柴﨑礼士郎（訳))（著），3–51，ひつじ書房，東京.

Schiffrin, Deborha (1987) *Discourse Markers*, Cambridge University Press, Cambridge.

柴﨑礼士郎（2019）「句読法の歴史的変化に見る動的語用論の可能性——イギリス英語の full stop を中心に」本書所収.

田中廣明（2018a）「動的語用論研究会趣旨説明」https://sites.google.com/site/dynamic pragmatics/shushi（2018 年 2 月 10 日最終更新）

田中廣明（2018b）「動的語用論の構築に向けて——共通基盤化 (grounding) の実際を例証する——（全体趣旨)」『日本語用論学会　第 20 回大会発表論文集　第 13 号 (2018) (Proceedings of the 20th Conference of the Pragmatics Society of

Japan)』, 287-290.

田中廣明 (2019)「指示解決——自己中心性と共通基盤化」本書所収.

Tylén, Kristian, Riccardo Fusaroli, Peer F. Bundgaard and Svend Østergaard (2013) "Making Sense Together: A Dynamical Account of Linguistic Meaning-Making," *Semiotica*, 194, 39-62.

第Ⅰ部

共通基盤化

第 1 章

指示解決
── 自己中心性と共通基盤化 ──*

田中廣明

京都工芸繊維大学

1. はじめに：共通基盤と共通基盤化とは

田中 (2018a) では，本書序章で再掲した「発話の未解決性」を検証し，意味・行為が未解決な状態から最適な解決状態への過程を検証した．最適な解決状態とは，Clark (1996) の言う「共通基盤化 (grounding)」である．共通基盤化とは，"To ground a thing, …, is to establish it as part of common ground well enough for current purposes." (Clark and Brenann (1991), Clark (1996: 221)) と定義されるように，「話し手が呈示したある発話が，現在の会話の目的に十分かなうように，聞き手にとって理解でき，最終的に話し手と聞き手の共通基盤 (common ground)[1] の一部として確立した場合」を言う．すなわち，共通基盤として話し手，聞き手間で共有されたときを共通基盤化ととらえる．[2]

---

  * 本稿は，田中 (2018a, b) ならびに，The 4th International Conference of the American Pragmatics Association (AMPRA-4) (SUNY at Albany, 1–3 November 2018) での発表に加筆修正を加えたものである．AMPRA の発表時にコメントいただいた方々 (Larry Horn 先生など) に感謝を申し上げる．

  [1] ほぼ同じ概念を表すその他の用語としては，common knowledge, mutual knowledge, shared knowledge, assumed familiarity, presumed background information などがある．

  [2] 一般的には，聞き手が理解するための，あるいは新たに発話を展開するためのリソースとして，話し手と聞き手の間で共在している情報を言う．Clark and Marshall (1981), Clark (1996) は，それらを「物理的共在 (physical copresence)」「言語的共在 (linguistic copresence)」「共成員性 (co-membership)」に分類している．ある情報が，聞き手に未知

第 1 章　指示解決　　　　19

　では，まず共通基盤から考えてみよう．Kecskes (2014: 160-161) は，共通基盤を，core common ground と emergent common ground に分ける.[3,4] 前者は，ある発話集団に属する一般的な共通知識・信念のことを言い，静的ではあるが，通時的な変化を伴うものを言う．後者とは，ある発話場面に生じた，動的で，特定的な共通知識・信念のことを言う．後者は，ある発話場面で話し手が a priori に（事前に固定されて）持っているとされたものではなく，post facto で（事後に）創発的な（emergent）ものとしてとられている．ただし，コアな共通基盤でも，単にあるコミュニティが共有しているものではなく，その成立過程にそのメンバーが関わるものであるとしている．Kecskes and Zhang (2009: 346) によると，ある発話集団の話し手間で生じた先行経験が，その話し手たち個人の私的なコンテクスト（の情報）を作る．その情報が，その発話集団のメンバーが持つ語彙項目の中でコード化され，先行経験と密に結びついたコアな知識として組み込まれる．それが core common ground と呼ばれるもので，時代とともに変化するのは当然とされる．また，その知識が，メンバー間で共有されずに，個人の知識として私的なコンテクストにあれば，それは emergent common knowledge である．

　Kecskes (2014: 164-165) は，共通基盤を「（話し手・聞き手が）相手が持つと想定する」類のものであるとし，完全に共有していると想定する場合から（以下 (1)），話し手が聞き手も知っていると想定している情報を思い起こさせている場合 (2)，話し手しか気づいていない情報を聞き手に共有さ

の場合，聞き手にとってそれが理解できた瞬間が共通基盤化の第一段階と言うことができる．ただし理解された瞬間から，現実に共通基盤の一部となったどうかは，個別に判断する必要がある．

　[3] Kecskes (2014) は，Clark (1996: 100) の言う communal common ground（あるコミュニティーが共有する知識）と personal common ground（個人の持つ共有知識）とはいくつか違いがあると述べている．

　[4] Kecskes (2014: 162-163) では，emergent common ground の例が挙がっている．Native 対 non-native の間で使われる lingua franca としての英語でのやりとりに典型的に見られるとしている．共通基盤が乖離すれば乖離するほど（お互いのことを知らなければ知らないほど），お互いに要する語彙は多くなると言うのが一般的であるが（Clark (1996)），共通基盤化も時間がかかることが多い．Kecskes の例では，大学の職員と留学生の間の "writing course" という語の認識を巡っての齟齬と，お互いに相手の言いたい意味を理解しながら，それが新しい意味を獲得する様子が描かれている．

20　　　　　　　　　　　　第 I 部　共通基盤化

せている場合 (3)，話し手が聞き手と共有していないと想定している情報を
あえて述べる場合 (4) まで，4つに分け考察している.

- (1)　Ann:　　　Please check why the baby is crying.
- (2)　Teacher:　As you well know, I am leaving soon …
- (3)　Sally:　　See the woman with blonde hair? She's our new Eng-
  lish teacher. She's pretty, isn't she?
- (4)　Jack:　　Nancy, can you have dinner with me tonight?
  Nancy:　I'd love to, but I'll have to pick up my sister at the air-
  port.
  Jack:　　Oh, you have a sister, do you?

(1) は，共通基盤化が完成している例である．Ann が夫に赤ん坊のことを
尋ねながら，まず，the baby と確定記述を用いており，夫との共通基盤が
成立していることを示している．さらに，why で尋ねるためには，夫が当
然常識として，赤ん坊が泣けばどのような生理現象があるためなのか（排泄
や空腹）を推論できることを Ann は知っていなければならず，また，親と
しての役割からどのような行動を取るべきかを当然知っているといういわば
見込みまで，共通基盤として Ann と夫が持っている情報は多い．ただし，
共通基盤として両者が持っていても，それを活性化（activate）していなけ
れば，共通基盤化とは厳密には言えない．(2) や (3) がそれである．(2) は
as you well know とあるように，共通基盤を話題の中心に持ってこようと
する作業であり，(3) は聞き手の気づいていない情報を共通基盤化させて，
さらにそれを活性化させようとする作業である.

　問題は (4) である．Nancy は姉（妹）の存在を Jack は知らないと想定で
きている[5]場合でも，なぜ，あえて Jack に「姉（妹）」と言ったのであろう
か．Kecskes (2014: 165-166) は，Jack の誘いを断るための言い訳（口実，

---

　[5] 最後の行に Jack が Nancy の姉（妹）の存在と知らないと明言しているが，それを
Nancy が知らなかったのかどうかまでは，この文脈だけでは分からない．通例は，あえて
「存在告知（姉（妹）がいるのだけど …）」をされない限り，聞き手も知っていた体で，話題
の中心から外れることを避ける傾向が強い.

理由付け）に「姉（妹）」を持ち出さざるをえなかったとしている．共通基盤にあえて，「姉（妹）」の存在を付け加えているのである．最後の行の「姉（妹）がいるの？」という Jack の確認で，初めて姉（妹）の存在の共通基盤化が成立している．

本稿では，(4) のような，共通基盤にはないと想定される指示対象をあえて持ち出す場合，特に，固有名詞を用いて持ち出す場合を取り上げるが，本論に移る前に，共通基盤化へ向かっての phase を 4 つ設定し，本書第 I 部「共通基盤化」の考察の基本概念とする．[6]

2. 発話の phase の設定

Kecskes (2014: 33) は，「(話し手は) 発話産出と理解の初期段階では，相互知識（共通基盤）を無視し，自己知識を最大限に使用して対話を進めていく傾向がある」(田中 (2017)) と述べ，発話初期の「自己中心性 (egocentricity)」を想定している．本稿ではこれを phase 1 とする．自己中心性の概念を実験的に立証した Keysar, Barr and Horton (1998) の議論によれば，相互知識（共通基盤）が利用されるのは，エラーの検知と修復過程 (phase 2) においてであるとされている．

表 1：共通基盤化に至る 4 つの phase

Phase 1	話し手の自己中心的な (egocentric) な局面（エラーが起こりやすい）．
Phase 2	聞き手（や話し手自身）による修復や指示対象の検索が行われる局面．
Phase 3	話し手が聞き手デザインを駆使したり，聞き手が推論・連想などによって会話の共同構築が行われる局面．
Phase 4	最終局面．共通基盤化の完成．

これを Keysar たちは Egocentric Anchoring and Adjustment Model of Perspective と呼び，以下のように規定している．

---

[6] 本書の秦論文，吉田論文，山口論文もこの 4 つの phase を想定する．

(5) Adults design and interpret utterances from an egocentric per-
spective, adjusting to the other's perspective only when they
make an error. (Rubio-Fernández (2008: 247) (Keysar, Barr and
Horton (1998) などからの引用)

ただし，これは話し手の側からの視点であり，話し手は，自分の（自己中
心的な）発話がエラーとして認知されるまで発話を続け，他人の視点を取り
込む段階が出てくるのは，そのエラー検知のあと修復を経てからだとされて
いる．(5) では，自己中心性から他者中心性 (allocentricity) への時間を
追った流れが見て取れるが，実際には，これらは排他的な視点の取り方では
なく，以下でも述べるように，相補的に，（広い意味でも狭い意味でも）「協
調性 (cooperativeness)」を前提としてやりとりを行っているとみなすのが
自然であろう．Keysar のグループの実験では，アイトラッカーを用いた視
点の向かう先の計測が中心であり，Kecskes (2014) も述べているように，
彼らの研究は，attention のレベルと intention のレベルとで分けて考える必
要がある．

では，Phase 3, 4 はどうであろうか．Clark and Brennan (1991) は，共
通基盤化に関して，次の2つの局面 (phase) を設定している．

表2：Clark and Brennan による共通基盤化へ至る2つの phase

Presentation phase	A presents utterance *u* for B to consider. He does so on the assumption that if B gives *e* or stronger, he can believe that she understands what he means by *u*.
Acceptance phase	B accepts utterance *u* by giving evidence *e* that she believes she understands what A means by *u*. She does so on the assumption that, once A registers that evidence, he will also believe that she understands.

おおざっぱに言えば，phase 1 と 2 が presentation phase に，phase 3 と 4 が
acceptance phase に対応するが，presentation phase と acceptance phase
は，（発話の）呈示と受け入れの局面の行為と，その場合の話し手と聞き手
の想定 (assumption)（あるいは心理状態）を述べているだけである．その

ため，厳密に言えば，受け入れへ向かう過程でのやりとりや，修復する会話
の齟齬の局面が述べられていない．表1の phase 1, 2 と phase 3 が不鮮明
ということになる．ただし，彼らによると，この修復場面については，呈示
から受け入れへ向かう状態を state 0 から 3 まで仮定し，細分化できること
になる．

表3：共通基盤化における修復場面

State 0	B didn't notice that A uttered any u.
State 1	B noticed that A uttered some u (but wasn't in state 2)
State 2	B correctly heard u (but wasn't in state 3).
State 3	B understood what A meant by u.

また，次例の彼らの説明を見ると，これらの phase が多層的に組み込まれ
ていることが分かる．

(6)　Clark and Brennan (1991) より

　　01.　Alan:　　　Now, - um do you and your husband have a j- car

　　02.　Barbara:　- have a car?

　　03.　Alan:　　　Yeah

　　04.　Barbara:　No-

まず，1行目の Alan の発話は，Do you and your husband have a car? と
言いよどみなどがない純粋な発話とはなっていない．Now, um で躊躇があ
り，j と言い間違い（あるいは発話のつまり）が生じている．Clark and
Brennan は文脈を明示していないが，ここでは単に車の有無を聞いている
だけでなく，通勤に電車でなく車を使うのかとか，Alan が乗せてほしいと
か，様々な意図的な発話である可能性がある．それを聞いた Barbara は，
途中まできちんと聞いたつもりであったが（state 3），j- a car で，自分の想
定とは違うため，state 2 に戻り，2行目で確認疑問を発している．3行目の
Alan の受け入れは，確認に対する受け入れであり，その意味ではこれも
side sequence と言うことができる．最終的に，4行目で Barbara により，
受け入れ（内容理解も含む）が行われており，ここで当初の Alan の意図も

すべて拒絶していると考えられる.

　表1に合わせて考えると, 1行目の Alan が phase 1, 2行目の Barbara と3行目の Alan が phase 2 と phase 3, 4行目が最終的な phase 4 であると思われる. ただし, ここでも, phase が入り組んだ形になっており, 2行目では Barbara の phase 4 の完成 (共通基盤化) が途中段階であり, 3行目も, Alan 側からは phase 3 に相当する Barbara に返事を促す意味もある Yeah という確認の肯定の返答があるが, Alan 自身はすでに, phase 4へ到達している. 4行目では, 全体の終局面ではあるが, 3行目とは違い, Barbara にとっては, 内容理解と当初の Alan の意図理解も到達されており, それも含めての共通基盤化の完成ということができる.

　phase 1 から phase 4 は, 必ずしもいつもこの順でやりとりが進むのではなく, 順行, 逆行を繰り返したり, ある phase の中に別の phase が入れ子型に組み込まれたりして, 試行錯誤あるいは試行に次ぐ試行を繰り返すことになる.[7]

3.　指示解決に見られる共通基盤化と自己中心性

　以上, 共通基盤 (化) とその前段階の自己中心性について述べたが, 本稿では, その過程を明らかにするために, 「指示解決」に焦点を当て, その中でも phase 1 の「自己中心性」と最も関係すると思われる, 聞き手に初めて指示対象を導入する際の指示表現 (特に「固有名詞」) の使用環境を考察する.[8] (下線は筆者で強調箇所. 以下同じ)

3.1.　指示解決に見られる2つの方略 (選好)

　Sacks and Schegloff (1979) (cf. 串田 (2008), Levinson (2007), 須賀 (2007, 2018)) では, 「指示の方略」として以下の2つの方略を導入している.

---

　[7] "Communication in general is not an ideal transfer of information; instead, it is more like a trial-and-error process that is co-constructed by the participants" (Kecskes and Zhang (2009)) を参照のこと.

　[8] 談話に初めて導入する指示表現が, 本稿では3人称として使用される場合に限る.

第1章　指示解決　　　　　　　　　　　　　25

(7)　1.　**最小指示の選好 (preference for minimization)**
　　　　「ただひとつの指示表現で指示するのがよい.」
　　2.　**受け手デザインの選好 (preference for recipient design)**
　　　　「可能ならば，認識用指示表現 (recognitionals) を用いるのがよい.」

(7-1) と (7-2) が衝突した場合は，(7-2) を優先させて聞き手に A なら A
という人・物の理解を得よという選好順序がある．(8) (9) を見ると，話し
手が指示する固有名詞を相手が認識できない（と話し手が想定する）場合，
話し手は認識できるまで，最小指示の選好を破り，繰り返すという作業が行
われている．(8) では，(7-1) により，ニックネームを使い指示理解を得よ
うとするが失敗した C は，試行マーカー (try marker) と呼ばれる，上がり
調子のイントネーションを用いながら，名前から名字の順で (7-2) にシフ
トしながら，最終的に指示理解を得ている．(9) も同様である．

(8)　(C is a caller on a telephone call)
　　C:　Hello?
　　B:　'lo,
　　C:　Is Shorty there?　　　　<-- nickname
　　B:　ooo jest- Who?
　　C:　Eddy?　　　　　　・　　<-- first name
　　　　Wood[ward?　　　　　　<-- last name
　　B:　　　　[oo jesta minnit
　　　　(1.5)
　　B:　Its fer you dear.
(9)　A:　… well I was the only one other than
　　　　than the uhm tch Fords?,
　　　　Uh Mrs. Holmes Ford? You know uh
　　　　[the the cellist?
　　B:　[Oh yes. She's she's the cellist.

（以上，Sacks and Schegloff (1979) より）

（8）（9）とも，下線部が，波線から実線へ，さらに二重線へと続くにつれて，なかなか聞き手が指示対象を認識してくれず（話し手側からの交渉が行われ），二重線のあとで最後に聞き手が指示を同定してくれる（共通基盤化）という構造になっている．波線部が phase 1（話し手の自己中心的な（ego-centric）な局面）となり，話し手はそこから指示をスタートさせ，phase 2 から phase 4 へと向かっている．

3.2. 聞き手が指示対象を知っている／知らない場合の指示解決：固有名詞の使用

　話し手が初めて指示対象を談話に導入する際に考慮しているのは，その指示対象の内容を聞き手が知っているかどうかである（Kushida（2015），須賀（2018: 48））．本稿では，特にこの最初に導入する際の指示表現の使用について注目する．表 4 は，発話冒頭位置に人やものを初めて導入する際，固有名詞を含めてどういう指示を使用するかについてまとめた．一般的に，初めて指示する場合，話し手は，聞き手が指示対象を知っていると想定できれば固有名詞や描写表現などの（非）認識用指示表現を，そうでなければ固有名詞以外の描写表現などの（非）認識用指示表現[9]を使用すると言うことができる．日本語で，特徴的に生じる「... という（って）」は，非認識用指示表現に相当する．

---

[9] 認識的指示表現（recognitional referring expressions）とは，話し手が聞き手が指示対象を認識できるとする指示表現（Sacks and Schegloff（1979），Schegloff（1996），須賀（2018: 31））であり，固有名詞詞や呼称，親族名称，また関係節付きの普通名詞からなる確定記述（the woman who sits next to me など）などである．非認識用指示表現（non-recognitional referring expressions）とは，「話し手が聞き手は指示対象を記憶の中から探す必要がないとする指示表現であり（須賀，前掲書），a woman called Alice や「... という人」などの非確定的表現がそれに当たる．聞き手が指示対象を知っていても知らなくても，（非）認識用指示表現はどちらでも生じうる．要は固有名詞を使用できるかどうかである．

第 1 章 指示解決 27

表 4：はじめての指示対象を指示する場合の名詞[10, 11, 12]

聞き手は指示対象を知っているかどうか			最初の指示位置	後続位置
I. 聞き手既知	SP（K＋）[ADR（K＋）] SP（BEL＋）[ADR（K＋）]	英語	固有名詞 描写（（非）認識 用指示表現）	代名詞
		日本語	固有名詞 描写（（非）認識 用指示表現）	（ゼロ）代名詞

---

[10] 厳密に言えば，聞き手が指示対象を知っているかどうかについて，話し手は知っているかどうかが問題となる．最初の指示位置とは，初めて指示対象を導入する場合，後続位置とは二度目以降に導入する場合である（名称は Sacks and Schegloff (1979) による）．表の中では「聞き手既知」を聞き手が知っている場合，「聞き手未知」を知らない場合として区別した．

[11] SP＝Speaker／ADR＝Addressee／K＝知識状態／BEL＝信念状態とすると，表 4 の I（聞き手既知）では，SP（K＋）[ADR（K＋）] と SP（BEL＋）[ADR（K＋）] は「（例えば John を）聞き手は知っていると話し手は知っている／と話し手は思っている」場合，裸固有名詞詞を最初に使ってもよい．II（聞き手未知）では，II-1 の SP（K＋）[ADR（K－）] と SP（BEL＋）[ADR（K－）] は，「（例えば John を）聞き手が知らないと話し手は知っている／と話し手は思っている」場合には，基本的に裸固有名詞は避けられ，日本語では「と言う（って）」が使われる．II-2 のように，聞き手未知の状態を知っていて（思っていて）も（II-1），あるいは聞き手既知の状態を想定していても裸固有名詞が使われる場合がある．

また，実際には話し手が聞き手の知識状態をそこまで把握しておらず，SP（K－）[ADR（K±）] と，「（例えば John を）聞き手が知っているかどうか話し手は知らない」場合もあるがここでは除いた．

[12] Kushida (2015) は，神尾（1990）の「情報の縄張り」に倣って，指示対象が話し手・聞き手の情報の縄張りにあるかどうかで，「という（って）」の（便宜的に）基本的な使用環境を記述している．

指示対象が	聞き手の縄張りの中	聞き手の縄張りの外
話し手の縄張りの中	①裸固有名詞	②という（って）
話し手の縄張りの外	③という（って）	④という（って）

表 4 に厳密に当てはめるのは難しいが，①が SP（K＋）[ADR（K＋）]，②が SP（K＋）[ADR（K－）]，③が「SP（K－）[ADR（K＋）]，④が「SP（K－）[ADR（K－）] に当たる．

Kushida (2015) は，本来なら裸固有名詞詞が用いられるはずの①の環境で「という（って）」が用いられる例を観察し，話し手と聞き手の間の指示対象に対する知識にアンバランスがある場合であるとしている．話し手がより authoritative である場合，聞き手の知識を

II. 聞き手未知	1. 話し手が聞き手の知識状態を**考慮する**場合（協調的で一般的）			
	SP（K＋）[ADR（K－）] SP（BEL＋）[ADR（K－）]	英語	描写（（非）認識用指示表現）	固有名詞代名詞など
		日本語	**固有名詞＋という（って）** 描写（（非）認識用指示表現）	固有名詞（ゼロ）代名詞など
	2. 話し手が聞き手の知識状態を考慮しない場合（自己中心的で特殊）			
	SP（K＋）[ADR（K－）]	英語	固有名詞	代名詞
	SP（BEL＋）[ADR（K－）] SP（BEL＋）[{ADR（K＋）}]	日本語	固有名詞	（ゼロ）代名詞

　本稿で問題とするのは，表4で網掛けをした部分（II-2）の，聞き手が指示対象を知らないはずなのに，その聞き手の知識状態を考慮せずに，話し手が固有名詞を使っている場合である．また，注11でも述べたように，聞き手が指示対象を知っていると（ある意味勝手に）話し手が想定していて固有名詞を使う場合もある．本稿では，一見したところ，こうした自己中心的なphase 1の局面が最も顕著に見られるはずの固有名詞の使用も，その自己中心性が発現するだけの十分な理由があることを主張する（以下，3.4節の議論を参照）．では，まずその前に，自己中心的ではないII-1から考察する．

3.3. II-1：聞き手未知（話し手が聞き手の知識状態を考慮する場合話）（「固有名詞＋という」の使用）

　日本語では，聞き手が知らないと話し手が考える固有名詞を導入する場合，「という（って）」を使い，聞き手が指示検索する際の認知負担を軽減する方略が好まれる．まず，話し手は聞き手に当該の人物の存在を知らせなければならない．これは「存在告知」と呼ばれ（須賀（2018: 134)），「固有名詞＋という（って）人（がいる）」の第一のプラクティスとしている．以下の例では，まず「白川さん」という存在を前提としなければ，歌詞の説明がで

低く見積もるという方策をとり，逆の場合は話し手自らの知識を低く見積もるという方策をとるとしている．本稿では，逆に，②③④で「という」のない場合を扱う．

きないと考えた発話である．当然，この「という（って）」は，本筋（主話題）に対して，副次的であり，埋め込みが見られる．また，構造上，「**固有名詞＋という（って）＋カテゴリーターム（あるいは「の」）**」となっており（詳細は須賀（2018: 第6章）を参照），まず聞き手の知らない固有名詞を呈示し，引用詞「という（って）」で，その指示対象が話し手だけの知識ではなく，より一般性の高い知識であることを聞き手に示し，最後にその指示対象が属する上位概念を説明するという流れになっている．[13]

(10)　**白川さん**『サワコの朝（松本隆）』2017/11/18 MBS&TBS
　　　　（1970年代に作詞家松本隆（ゲスト）が作曲し，大ヒットした太田裕美の『木綿のハンカチーフ』の歌詞の中の「東へと向かう列車」についての松本氏の説明とサワコ（ホストの阿川佐和子）の応答）
　　　01.　サワコ：　((歌詞ボードを指さして))　これはどうやっ
　　　02.　　　　　　て　出てきたんですか
　　　03.　松本：　　えっと：東へと向かう列車というのはね
　　　04.　サワコ：　°うん°
--> 05.　松本：　　**当時のディレクターの白川さん①という人**
　　　06.　　　　　　がいて
　　　07.　サワコ：　はい
--> 08.　松本：　　**彼①-1**は　え：と：九州なんですよ　炭鉱町
　　　09.　　　　　　で生まれて育ったんですけど
　　　10.　サワコ：　はい
　　　11.　松本：　　松本君の歌は　ずっと東京で生まれて育っ
　　　12.　　　　　　ているから　おしゃれすぎて　地方の人に

---

　[13]「という（って）」は本来的に「引用詞（quotatives）」である．引用詞は他者の表示が「メタ表示（metareppresetation）」であると合図する標識である．メタ表示とは，他者の発言・思考・命題を，自己の発言・思考・命題に表示するとされている（Sperber（2000））．例えば，「Xという人（a person/someone called X）」と言えば，「私以外の他者一般がその指示対象を，Xと言うと私と私以外の他者一般が信じている（知っている）」ことを言明し，その確証を聞き手に与えていることになる．そのため，このメタ知識は私だけではなく，他者一般の知識でもあることを聞き手に保証しており，「という（って）」はXがそれだけ一般性が高い，誰もが知っている知識であることを示す標識と言うことができる．

	13.		受けないっつうのね h h h ああなるほどな
-->	14.		って思ってね　で　ちょっと**白川さん①-2**
	15.		をテーマに書いてみよかなと思って
	16.	サワコ：	はあ :,.
-->	17.	サワコ：	**白川さん②**があの東京に出て来るまでの
	18.		物語みたいなものを
	19.	松本：	hh 炭鉱町で hh
	20.	サワコ：	育って：

　まず，5行目で「という人」を使って，松本からサワコへ，白川さんという当時のディレクターの存在告知が行われている。[14] 聞き手であるサワコは，知らないわけであるから，「という」が聞き手の指示対象検索にかかる認知負担を軽減する役目を果たしている．その意味では，phase 1 の自己中心性を上書きしていると言うことができる．また，この種の存在告知は「という人」を取ると不自然に響くようである．

　次に，8行目9行目と11行目から14行目までで，白川さんの追加記述が二度行われる．この追加記述は，1, 2行目のサワコの質問（なぜ東へ向かうのか）への答えともなっている．ここまでの白川さん（①と①-1）の記述は，過去の白川さんを現在から俯瞰した松本氏の客観的視点で述べられている．

　これに対し，14行目の「白川さん①-2」の「という」のない裸固有名詞では，直前の「ああなるほどなと思って」に引き続いて，過去の松本氏と同期した（気持ちを述べる）松本氏自身の思考引用である．「思った」ではなく「思って（ね）」と，内在的な思考をより主観的に，直接的に述べている．特に，直前の11行目から13行目の「松本君の歌は…っつうのね」も，白川さんの言葉をそのまま直接引用で述べているが，「と言ったのね」というように過去形ではない．

---

　[14] (10) はテレビのインタビュー番組であるため，前もっての資料や打ち合わせがあることは十分考えられる．サワコは白川さんの存在を前もって知っていることもあり得る．当然，視聴者は白川さんを知らないわけであるから，「視聴者の知識状態」を考慮した発言ともなってる．

ここで裸固有名詞（白川さん）が使用されるのは，すでに聞き手（サワコ）に存在を告げており（聞き手から応答・確認が得られ（4, 7, 10行目）），「という」が不要となっているからだけではなく，松本が過去の自分の心情を述べている主観的な用法だからである．過去の自分の心情を，いわば吐露する場合には，対人的な間主観性を示す必要がない．逆に言うと，「という人」（5行目）は，相手の認知負担を軽減する分だけ，いわば気を遣っている装置であり，間主観的な対話方略である．この「白川さんをテーマに書いてみようかな」の部分は，独話に近く，この部分だけ注目すると，「自己中心的」な発話モードとなっているが，この自己中心性は，話し手の思考動詞「思う」の中に埋め込まれており，5行目に次いで二度目の使用であることとも相まって，聞き手に指示対象の検索が不要であるという合図を送っている．

最後の17行目のサワコの発話に見られる，裸固有名詞（白川さん②）の使用とその記述の部分は，白川さん①-1と同期したサワコの主観的視点が見られる．この17行目以降で，完全な共通基盤化が達成されており，白川さんの同定（共通基盤化）だけでなく，サワコの松本氏への同期（共感）が見られる．この同期と共通基盤化の完成は，7, 10, 16行目のサワコの反応と確認を示す「はい」から累積的に理解が深まってなされたものである．その結果，サワコと松本にお互いの同期が見られ，8行目，9行目で得られた炭鉱町で育ったという白川さんの描写から，19行目（松本）と20行目（サワコ）による共同発話がなされている．以上をまとめると，次のようになる．

32　　　　　　　　　　　　第 I 部　共通基盤化

表 5：(10) の発話の流れ

行	発話者	表現	発話モード	指示対象への知識
05	松本	役職名＋ 白川さん①＋ という人	自己中心性ゼロ（「… という」で上書き）＋ 相手の認知負担軽減	SP[K＋]/ ADR[K－]
08	松本	彼①-1	客観的な記述＋ 直接引用	ADR[K－] から ADR[K＋] へ 向 かうためのサポー ト情報の展開
08-14	松本	九州～っつうのね		
14	松本	白川さん①-2	思考引用による主観 性の発現＋自己中心 性の埋め込み	
17	サワコ	白川さん②	共通基盤化による主 観性の発現と共感	SP[K＋]/ ADR[K＋]
18-20	サワコ ＋松本	炭鉱町で育って	共同発話	SP[K＋]/ ADR[K＋]

3.4.　II-2：聞き手未知（話し手が聞き手の知識状態を考慮しない場合）　（あえて裸固有名詞の使用）

　表 4 によると，日本語では，聞き手が指示対象を知らないと話し手が分かっている場合，「という（って）」を使わなければならず，裸固有名詞は話し手・聞き手双方が指示対象のことを知らないと用いられない．本節では，それを逸脱しているように見える例を考察する．[15] 聞き手が当該の人物やも

---

[15] Horton (2008) は，話し手の自己中心性が顕著に生じる例に，以下を挙げ，「話し手が聞き手の知識を高く見積もりすぎている例（聞き手が知っていて当然だと想定する例）」としている．

　　[#5273, CallHome American English corpus of telephone speech collected by the Linguistic Data Consortium] (Horton and Gerrig (2005), Horton (2008))

　　A:　And one of her students showed her how to get into *the X-500 directories*.

　　B:　Which are?

　　A:　Hm?

　　B:　What are *the X-500 directories*?

　　A:　Oh urn where you put- your um- How c- How can you not know?

ただし，この例もやみくもに A が X-500 directories を呈示しているのではなく，彼女（=A の母親）が最近（1990 年代中頃）メールアカウントをやっと取得したと B に電話で報告し，その際のメールアカウント取得の過程（母親の学生が手伝ったことも含む）を前段階

第 1 章 指示解決 33

のを知らないと分かっているのに，あえて裸固有名詞を使う場合や，話し手が勝手に聞き手は知っていると想定している場合である（この点では表4のII-2を逸脱する．むしろこちらの方が多い．注12参照）．すべて，自己中心的なモードで話を始めているように思われる例となる．（11）は他者修復が生じており，（13）は，自己修復として，追加的に言葉を足している例である．さらに，（自己・他者）修復は生じていないが，聞き手が知らないと思われる固有名詞（お菓子の名前）をいきなり言っている例が（14）である．

(11) **John Lee & 高橋さん** [#jpan 6228] CallFriend Japanese corpus of telephone speech collected by the Linguistic Data Consortium

01. A: °おれ°今度もしかしたらさ：　来年　年が
02. 　　　明けて　一月二十日ぐらいに　なんか：
03. B: °ん°
--> 04. A: あれ　**John Lee** って：知らないか：　°知って
--> 05. 　　　る¿°°知らない°？　ま　いいや　**John Lee**
--> 06. 　　　っていう [やつが
--> 07. B: 　　　　　　　[**John Lee**
--> 08. A: **John Lee** っていうやつがいて (.)　で　彼（ら）　と
09. 　　　合流して　もしかしたら：　レイクタホでスキー
10. 　　　やるかもしんない
11. B: あ　スキー　やんの
12. A: うん　一月の二十日ぐらい
--> 13. B: 誰？　**John Lee** って
14. A: う：んって　ダラスにいるんだよ　あの :TIJ の
15. 　　　やつだけど (0.1) うん
--> 16. B: ああ　↑**John** か：
17. A: °うん°　あ　知ってる？
18. B: ああ　この前　ダラスに行ったオパールの講習

で述べており，その最後の段階として，X-500 directories に入らなければならないという知識を述べているに過ぎない．

34　第Ⅰ部　共通基盤化

19.　　　　で行ってたから (.) ↑ John ね

20.　A:　あ わかる？ 目の大きいやつ (.) でコリアンのやつ

21.　B:　°そう°

22.　A:　コリアンね

23.　B:　そうそうそう　知ってる　知ってる　知ってる

24.　A:　そうそう　彼が

25.　B:　John ↑ね

26.　A:　うん　で 彼：と　あと誰か　あと　なんか

-->　27.　　　　**高橋さんが**　行くようなこと言ってたけど=

-->　28.　　　　**=[高橋さんって**　知らない？

29.　B:　　　[誰　知らない uhhh

-->　30.　A:　え：？知らない？あの：　彼　**ゆたか高橋さん**

31.　　　　今　アルプスにいる　元 TIA の　知らない？

32.　B:　え？　分かんない　え？　誰 ¿　どこの

(11) では，27 行目の「高橋さんが行くようなこと言ってたけど」と，A が「高橋さん」という裸固有名詞で述べているところが問題である．A は B が高橋さんを知っているかどうか，その知識確認を行っていないか，当然知っているものとして裸固有名詞を使っているかのどちらかであろう．[16]

　まず，John Lee の導入が 1 行目から始まり 25 行目で終了している．ここまでは，(10) の「白川さん」の導入と同じく，「という（って）」を使って，John Lee の「存在確認」を行っている．[17] この存在確認は，(10) と同様に，

___

[16] 聞き手が知っているものと（勝手に）想定していて（表 4 では SP (K+)[ADR (K+)]），実際には聞き手は知らなかった，そこで齟齬が生まれる場合も，この中に入れている．話し手が聞き手の知識状態を考慮していない場合であり，共通基盤化ができていないのに，裸固有名詞を使っている場合である．

[17] 田窪 (2010: 252-254) では，話し手と聞き手のメンタルスペース内の非均衡性に敏感なのが日本語の特性であるとして，「という（って）」は意味，指示対象が分からない場合に使用され，裸固有名詞は使えないと考えている（例：A: 田中さんにあったよ．B: 田中さんって誰．/田中さんってどの田中さん．/それ誰．）．(11) では 13 行目の B の応答がそれに当たる．ただし，7 行目では裸名詞だけが生じており，この場合の例外となる．ここでは，オーム返しに自問自答のような音調で強く発音されており，「田中さんって誰」のよう

本題（1月20日くらいにレイクタホにスキーに行く）に「埋め込み」の形を取っており，話し手側からすると，この存在確認がないと本題が進まないと感じているように見える．

16行目でBが（おそらくやっとのことで）John Lee を思い出したことで，存在確認に肯定の答えを与えられると，Aは次に一緒にスキーに行く人を呈示している．その際，27行目で「高橋さんが行くようなことを言ってたけど」と「って」とせず，裸固有名詞だけを本題の「スキーに行く」という構造にそのまま当てはめて使っている．本稿では，聞き手未知の場合の「って」なしの裸固有名詞の使用を，自己中心的モード（phase 1）での使用と考えることにするが，話し手がむやみ闇雲に自己中心的モードに入るのではなく，ある一定の制限があるというのが本稿の主張である．

須賀（2018: 第6章）では，「聞き手が知らない対象の存在を知らせるプラクティス」として，聞き手が知らないことが分かったあとの「聞き手デザイン」の方略について優れた分析をしている．その中で，「という（って）」が付かない裸固有名詞の例（須賀（2018:74-77, 142-145, 202-205））について改めて吟味してみると，前もってその指示対象が生じるカテゴリーあるいはそのカテゴリー成員が，明示的，非明示的に示される場合がほとんどである．(11) では，「スキーに一緒に行く人たち」というカテゴリー（上位概念）がいったん設定され，さらにその成員の第一番目として John Lee の存在確認が行われている．高橋さんは第二番目の構成員である．ただし，聞き手が知らない指示対象をわざわざ聞き手を無視してまで伝えているのではなく，「あと誰か」「なんか」「ようなこと」「言ってたけど」のように，高橋さんが行くかどうかの情報に戸惑いながら，一緒に行く人がまだ居るという主要な情報を独話的に伝えている．そのため，「って」は必要がなくなっていると思われる．Heritage（2007）に倣うと，「発話の進行性（progressivity）」が優先される例ととらえることができる．

(10) と (11) の固有名詞の言及の流れを表にしてみよう．

に「存在確認」への返事とはなっていない．

表6：(10) 自己中心性（表5を参照）

カテゴリー：「東へと向かう列車」のモチーフとなった白川さん			
指示対象：同一人物			
白川さんという人①	彼①-1	白川さん①-2	白川さん②
指示対象への視点の変化			
話し手（松本）			聞き手（サワコ）
聞き手寄り視点	客観的視点	自己中心性の埋め込み	間主観的視点

表7：(11) 自己中心性

カテゴリー：一緒にレイクタホヘスキーに行く仲間			
指示対象：違う人物（カテゴリーの成員）			
John Lee って	John Lee って誰	高橋さん	高橋さんって知らない？
指示対象への視点の変化			
話し手（A）	聞き手（B）	話し手（A）	話し手（A）
聞き手寄り視点	聞き手寄り視点	自己中心性の発現	聞き手寄り視点

表6 (10) と表7 (11) の灰色で網掛けをした部分が，両者とも，「という（って）」のない裸固有名詞が使われており，自己中心的視点が取られている場面である．ただし，(10) では共通基盤化が成立しており，その分聞き手に指示検索の負担をかける必要がなく，話し手（松本）は，自分の過去の体験として，自己の視点から，白川さんのことを述べているに過ぎない．それに対し，違う人物のことを初めて導入する際の (11) は，前もってその人物のカテゴリー形成ができていなければならず，それでも聞き手は対象人物を同定できない場合がある．日本語は，「という（って）」があるためか，聞き手未知の場合の裸固有名詞の使用には英語に比べて抵抗があるようである．

では，同じように，前もってカテゴリー形成ができているのに，(11) とは異なり，「って」が使われている例を検証してみよう．

(12) さとみって友達 [#1370] CallHome Japanese corpus of telephone
speech collected by the Linguistic Data Consortium（須賀（2018:

145-148）より一部抜粋）

（（ダラスで暮らす姉 A（まみ）が，実家で暮らしている妹 B（ひろ
み）にかけた電話．A が B にアメリカへ遊びに来るように薦め，
B もそのつもりだと応答する．その中で，友達も行きたいと行っ
ていることが明らかとなる））

01　A：　あ::もし↑よかったらさ:，あの:アメリカに遊
02　　　　びにおいでよ:，あの [子どもが　　　　]
03　B：　　　　　　　　　　 [あ　行くつもり]
　　　　（（13 行省略））

-->　16　B：[うん.] でもね　**友達も行きたいと言ってるの**:
　　　17　A：うん
　　　18　B：うん.そうすると大変じゃない？
　　　19　A：いやそんなことないよ？[あの:今度]
　　　20　B：　　　　　　　　　　 [あ　本当？]
　　　　（（14 行省略．大きな部屋を借りるから心配ないと A が言
　　　　う））

-->　34　A：だから来るのは**友達**と来てもかまわないよ？
　　　35　B：うん
　　　　（（55 行省略．A は B にアメリカに来た方がよいと薦め
　　　　る．夏は泳げるし，冬に来てもスキーができるし，ボス
　　　　トンまで近いという情報を与える））

-->　91　B：**さとみっていうね**，
　　　92　A：うん？
-->　93　B：**さとみって友達**がいるのね
　　　94　A：うん
-->　95　B：2 個下なんだけどさ:
　　　96　A：>うん<うん
-->　97　B：で　家出るときは**その子**と一緒に出ようって
　　　　　 言って [んの
　　　98　A：　　　 [うん

```
--> 99  B: で その子がね行きたがってんだ
    100 A: ふ：ん
```

須賀（2018: 149-150）は，(12) について，「話題に上っているカテゴリー成員の紹介をする」例であり，「姉の家を訪問する時期について，友達と予定を合わせたいという要望」を達成するために，「名前に言及し指示対象の存在を知らせる」必要があったとしている．ただし，「カテゴリー成員の紹介」という点では，(11) と同じ説明となる．それだけでは「って」があるかないかの判別にはならない．大きな違いは，(11) の場合，裸固有名詞がカテゴリー成員の二番目に生じる項目であり，(12) ではカテゴリー成員その人である点である．図式化すると以下のようになる．

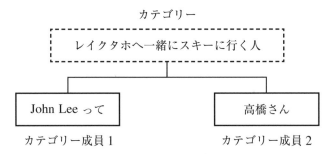

図1：(11) 裸固有名詞への発話の流れ（カテゴリー成員2名）

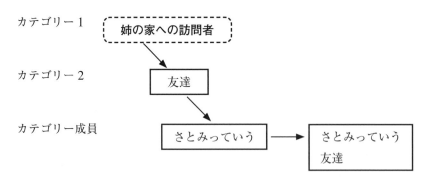

図2：(12) 「って」への発話の流れ（カテゴリー成員1名）

カテゴリーを波線で示すと（(11) では「レイクタホへ行く人」，(12) は「姉の家への訪問者」），(11)（図 1）では，カテゴリー成員は（少なくとも）2人であり，(12)（図 2）では 1 人である．前者では，成員のリストアップが行われており，高橋さんという名前の人に焦点が置かれているのではなく，レイクタホへ一緒に行く友達がまだいるのだという情報提供に焦点が移っている．最初の John Lee のように，相手が友達の名前を知らなければ，話題が進行しないというのではないのである．B が高橋さんを知らず，確認同定を行っているのはたまたまに過ぎない．それに対し，後者では，ある特定的なカテゴリー成員を最初から念頭に置き，話題の主目的を達成するために，まず友達と一緒に行ってもいいか，次にその友達の名前を出さなければ要請が通らないのではないかという意識が働き，固有名詞の存在確認を行っている．

　一般的に，固有名詞の存在確認は，主話題の達成に必須であり，多くの場合，「という（って）」で初めて導入される固有名詞は，主話題に埋め込み型の形で付随的に用いられる．これに対し，特にリストアップの形で二番目に使用される裸固有名詞は，（その後，存在確認が行われるにせよ）主話題に対しては，いわば直線型である．

　ただし，以下の例のように，リストアップ型ではない例も存在する．

(13)　**ヘリ空母**（2014/02/11 収録）（（映画『ゼロ』の話題中，映画に出てきた空母の話題になる．そのつながりで，T（年上）と K（年下）が，当時海上自衛隊が導入を決定したヘリコプター搭載護衛艦（ヘリ型空母）に話題を展開する．護衛艦と言ってもヘリ型空母であり，離着陸距離が短いか，垂直離着陸型の航空機（ライトニング）なら搭載が可能であるという K の知識の披露．A は K の友人．））

　　01.　T:　日本の自衛隊も　あれ (.) 空母やろ　ほとんど

　　02.　　　°乗ってんの°

　　03.　K:　新しやつでしょ．

　　04.　T:　°うん°

　　05.　K:　こないだ　出たやつでしょ？

06. T: °うん°

07. K: °あ° そうです

08. T: あの: 乗せられるんは (.) ヘリだけか

09. K: ヘリだけで°す°.

10. T: う (ん) ヘリ空母ゆうても °なんかあの° ち

11. っちゃい 飛行機やったら ばあっと 行け

12. るんやろ？

--> 13. K: だから**ライトニング**買ったじゃないですか **F35**[18]

14. T: ああ あ そうなん

15. K: ((軽くうなずく))

16. A: 買ってたなあ

17. T: °うん°

--> 18. K: °う° わからんけど でも **ライトニングゆう**

19. **ても** 安い方のライトニング 垂直に上がる

(13) では，「ライトニング」が「ちっちゃい飛行機」の言い換えあるいは特定化に使われていること，また，ライトニングという航空機が，ヘリ型空母に搭載可能な航空機としてのカテゴリー化が前もって行われていることが，裸固有名詞の使用動機であると考えられる．特に，10 行目から 12 行目で，T はヘリ型空母と言っても（ヘリだけではなく）「ちっちゃい飛行機」なら搭載可能であるとしか述べていないが（購入しているかどうかまでは言及していないが），K はすでにその「ちっちゃい飛行機」を購入済みであることを伝え，T の知識を修正し，特定している．ここで，「ライトニングというの（という飛行機）」としてしまうと，K は T が「ライトニング」という名前を知らないことを明言してしまうことになり，K の発話行動としては余計な行為となってしまう．K は，とりあえず，ある特定の（ヘリ空母搭載型の）航空機をすでに買っているとすればいいわけである．K にとっては，T が「ライトニング」を知っているかどうかは，この際，考慮しなくてよい．

---

[18] ステレス製戦闘機，短距離離陸・垂直離陸型などがある．

第 1 章　指示解決　　　　41

　ただし，その直後に，F35 と言うことで，聞き手である T の知識状態を
考慮して，情報の詳細化が行われる．ここでは，F35 なら T は知っている
のではないかという K の見積もりが感じられる．本稿の冒頭で述べた（8）
（9）の例にあるような，記述の詳細化である．これは，須賀（2018: 144）
も引用・考察しているように，Schegloff（2000）の提唱する「粒度（granu-
larity）」に相当する．さらに，19 行目で，「という（ゆう）」を使って，ライ
トニングに関する知識状態の一般性を高め（注 13 の議論を参照），T にさら
なる理解を求めている．

　このような裸固有名詞からのその指示対象の記述の詳細化は，よく見られ
る現象である．

（14）　**これナボナ**（C002-004『日本語日常会話コーパス』モニター公開
　　　　版）[19]（（母親と息子の会話．買ってきたお菓子について母親が説明
　　　　している．テーブルの上にお菓子類が雑多に置かれている.））（S =
　　　　息子，M = 母親）

　　　01.　S:　（（ナボナの方を見て））（あれ）それなんだっけ
--> 02.　M:　（（ナボナに手を伸ばしながら））これ**ナボナ**（.）お菓
--> 03.　　　 子のホームラン王ですっ**てやつ**
　　　04.　S:　マ 開けても見れるやつ？
　　　05.　M:　開けていいよ
　　　06.　S:　（（ナボナを手にとって））軽いんだけど　これ
　　　07.　M:　あの このぐらいの（1.337）ふわふわしたスポンジ
　　　08.　　　 の中にクリーム入ってるやつ
　　　09.　S:　自由が丘
　　　　　　　 （（5 行略））
　　　15.　M:　で この ク 中に入ってるクリームが違うの
　　　16.　　　 ミックスベリーなんてあるよ
　　　17.　S:　ああ

---

[19] 小磯（他）（2019）を参照のこと.

18. M: なんか（0.601）あれか随分ちっちゃくなったんだ
--> 19.　　　　ね ナ **ナボナ**って

　まず，なぜ第一番目に裸固有名詞で答えているのかについて，(14) では，S の「それなんだっけ（=「それなんというのだっけ」）」という問いに M は裸固有名詞だけで答えている．テーブルの上には，買ってきたお菓子類が雑多に置かれており，指示対象のカテゴリーは視覚情報としてすでに示されているためと考えられる．S の「なんだっけ」は「前に見たこと（聞いたこと）があるように思えるが，名前が思い出せない」ことを含意しており，M が裸名詞で答えるのは不思議ではない．この 2 行目で，M が「ナボナっていうの（っていうお菓子）」とまで述べると，お菓子というカテゴリー情報を含んで与えることになり，お菓子であることは見れば分かるため，裸名詞の名前だけの答え方で済ませている．自己中心性を発現させる必要がない状況と考えて良いと思われる。[20]

　次に M にとって情報提示のために必要なのが，その「ナボナ」がどんなお菓子であるかである．M はここで「ナボナはお菓子のホームラン王です」とコマーシャルからの引用を行い，若干の滑稽感も込めて，記述的にその属性を追加している．ここでの「って」は「引用」であり，単なる引用符である．

　最後に，「ナボナ」が（自分の知っているものより）「随分ちっちゃくなった」と，情報の詳細化が行われている．特に，ここでは M は単なる独話ではなく，「ね」で相手に確認を求める形式を選択しており，Kushida (2015)（注 12 を参照）の主張する「知識のアンバランスの呈示」が行われている．「って」という「引用符」は，注 13 でも述べたが，より一般性の高い知識を要求したり，呈示したりするときに使われることが多い．固有名詞で示された対象の X が，「私以外も知っていると私は知っている」というメタ知識を言明する引用標識であるためである．X という名称の属性についての知識

---

[20] ホームラン王だった巨人軍の王貞治氏を起用したテレビコマーシャルのセリフで，王氏に言わせたセリフ．亀屋万年堂のサイトを参照のこと（https://www.navona.co.jp/homerun/）（定延利之先生の指摘による）．ただし，若い S（おそらく息子）が王貞治氏のコマーシャルを知っているかどうかは分からない．そのため，知らなくても中身が分かる言い方をしている．

第 1 章　指示解決　　　43

は，α, β, γ... と行けば行くほど詳細化され，一般に，それだけ確証が持てる知識になることが多い．

4.　おわりに

　本稿では，初めて固有名詞を使ってある指示対象について述べるとき，話し手が聞き手に指示対象についての知識がないことを分かっているのに，固有名詞を使う場合を考察してきた．一般的に，日本語では話し手が聞き手未知であると認定した指示対象には，話し手の側から「という（って）」をつけて，聞き手の指示対象検索の緩和が見られる（(10) の「白川さんという人」，(11) 前半の「John Lee って」，(12) の「さとみって友達」）．ところが，聞き手未知だと話し手が分かっている場合や，聞き手未知かどうか考慮しない場合でも，「という（って）」をつけずに裸固有名詞を使用する場合がある（(11) 後半の「高橋さん」，(13) の「ライトニング」，(14) の「ナボナ」）．前者は前もっての「協調性」の発現（「聞き手デザイン（audience design）」），後者は「自己中心性」の発現ということができる．

　本稿の中心課題であった「自己中心性」は，闇雲に発現するものではなく，そこにいたる前段階に，話し手内部での合理的な理由付けや推論，あるいは聞き手との交渉が行われているとした．合理的な理由付けの１つが，(11) で述べた「カテゴリーの明示化」である．その中のカテゴリー成員を述べる際に，話し手内部での合理化が行われる．(11) のように第二の成員を述べる際に，「という（って）」を使わずに裸名詞で済ませているのであるから，話し手は交渉している聞き手があたかも了解したかのように振る舞い，話し手内部での聞き手との（想像上の）共通基盤化がすでにできていると考えることができる．また，(11) では名前より第二の成員であるという属性，(13) では属性そのものに焦点が移ってしまっており，純粋な固有名詞とは考えないほうが良いとも思われる．

　Clark たちの一連の研究にあるように，新規の指示対象の名称を作り出したり呈示する際，話し手と聞き手はお互いに「協働（collaborate）」しながら，話し手は聞き手デザインを駆使していく様子が述べられている．

Enfield (2008) はこれを「情報的規範 (informational imperative)」と呼び，「共通基盤が増大すればすれほど，情報上，かかる労力は小さくなる（すなわち，お互いに既知の情報が増えれば増えるほど，言葉は少なくて済む）」とまとめているが，情報上の観点からだけ見た場合，この協働的な現象が話し手内部だけでも生じているのではないかと思われる．そのためには，本稿ではふれなかったが，Enfield (2008) の言う「所属的規範 (affiliational imperative)」（相手との関係，信頼度，親密度や関わり度が，お互いの共通基盤を維持しようとし，発話のそれぞれのステップで測られていること）といった，話し手と聞き手の関係性が補助的に「自己中心性」の発現を助けているのかも知れない．Kushida (2015) の「って」の過剰使用も情報上のアンバランスを補った形で，医者と患者という関係性の上に成り立っていると考えることができる．

トランスクリプトに用いる記号とその意味

[	重複の始まり	↑	直後で急激に音が上がる
]	重複の終わり	文字	下線部分が周辺と比べて大きい音量・高い音
=	切れ目ない接続	°文字°	周辺と比べて小さい音量, 低い音
(0.7)	間隙（秒）	hh	呼気音
(.)	0.1 秒前後の間隙	.hh	吸気音
:	音声の引き延ばし	<文字>	周辺と比べて速度が遅い
.	下降調の抑揚	>文字<	周辺と比べて速度が速い
?	上昇調の抑揚	（文字）	聞き取りが不確実な発話
,	継続を示す抑揚	(…)	聞き取れない発話
¿	直前が多少上昇調	(( ))	転記者による注釈

参考文献

Clark, Herbert. H. (1996) *Using Language*, Cambridge University Press, Cambridge.

Clark, Herbert H. and Catherine R. Marshall (1981) "Definite Reference and Mutual Knowledge," *Elements of Discourse Understanding,* ed. by Aravind K. Joshi, Bonnie L. Webber and Ivan A. Sag, 10-63, Cambridge University Press, Cambridge.

Clark, Herbert. H. and Susan E. Brennan (1991) "Grounding in Communication," *Perspectives in Socially Shared Cognition*, ed. by Lauren B. Resnick, John M. Levine and Stephanie D. Teasley, 127-149, American Psychological Association, Washington, D.C.

Enfield, Nicholas J. (2008) "Common Ground as a Resource for Social Affiliation," *Intention, Common Ground and the Egocentric Speaker-Hearer*, ed. by Istvan Kecskes and Jacob Mey, 223-254, Mouton de Gruyter, Berlin.

Heritage, John (2007) "Intersubjectivitiy and Progressivity in Person (and Place)," *Person Reference in Interaction: Linguistic, Cultural and Social Perspectives*, ed. by Nick J. Enfield and Tanya Stivers, 255-280, Cambridge University Press, Cambridge.

Horton, William S. (2008) "A Memory-Based Approach to Common Ground and Audience Design," *Intention, Common Ground and the Egocentric Speaker-Hearer*, ed. by Istvan Kecskes and Jacob Mey, 189-222, Mouton de Gruyter, Berlin.

神尾昭雄 (1990)『情報のなわ張り理論──言語の機能的分析』大修館書店, 東京.

Kecskes, Istvan (2014) *Intercultural Pragmatics*, Oxford University Press, Oxford.

Kecskes, Istvan and Fenghui Zhang (2009) "Activating, Seeking, and Creating Common Ground: A Socio-Cognitive Approach," *Pragmatics & Cognition* 17 (2), 331-355.

Keysar, Boas, Dale J. Barr and William S. Horton (1998) "The Egocentric Basis of Language Use: Insights from a Processing Approach," *Current Directions in Psychological Sciences* 7, 46-50.

小磯花絵・天谷晴香・石本祐一・居關友里子・臼田泰如・柏野和佳子・川端良子・田中弥生・伝康晴・西川賢哉 (2019)「『日本語日常会話コーパス』モニター公開版の設計と特徴」『言語処理学会第24回年次大会発表論文集』, 367-370.

串田秀也 (2008)「指示者が開始する認識検索──認識と進行性のやりくり」『社会言語科学』10(2), 96-108.

Kushida, Shuya (2015) "Using Names for Referring without Claiming Shared Knowledge: Name-Quoting Descriptors in Japanese," *Research on Language and Social Interaction* 48(2), 230-251.

Rubio-Fernández, Paula (2008) "On the Automaticity of Egocentricity: A Review of the Egocentric Anchoring and Adjustment model of Perspective Taking," *UCL Working Papers in Linguistics* 20, 247-274.

Levinson, Stephen C. (2007) "Optimizing Person Reference-Perspectives from Usage on Rossel Island," *Person Reference in Interaction: Linguistic, Cultural and Social Perspectives*, ed. by Nick J. Enfield and Tanya Stivers, 29-72, Cambridge University Press, Cambridge.

Sacks, Harey and Emanuel A. Schcgloff (1979) "Two Preferences in the Organization of Reference to Persons in Conversation and their Interaction," *Everyday Language: Studies in Ethnomethodotogy*, ed. by George Psathas, 15-21, Irvington, New York.

Schegloff, Emmanuel A. (1996) "Some Practices for Referring to Persons in Talk-in-Interaction: A Partial Sketch for a Systematrics," *Studies in Anaphora*, ed. by Barbara A. Fox, 437-485, John Benjamins, Amsterdam/Philadelphia.

Sperber, Dan (2000) "Introduction," *Metarepresentations: A Multidisciplinary Perspective*, ed. by Dan Sperber, 3-13, Oxford University Press, Oxford.

須賀あゆみ (2007)「相互行為としての指示——日本語会話における指示対象の認識を確立するプラクティス」『奈良女子大学文学部研究教育年報』3, 63-73.

須賀あゆみ (2018)『相互行為における指示表現』ひつじ書房，東京.

田窪行則 (2010)『日本語の構造——推論と知識管理』くろしお出版，東京.

田中廣明 (2017)「語用論の新しい流れ——Istvan Kesckes の社会認知的アプローチ (Socio-cognitive Approach to Pragmatics) について」『語用論研究 (Studies in Pragmatics)』第 19 号，118-125.

田中廣明 (2018a)「動的語用論の構築に向けて——共通基盤化 (grounding) の実際を例証する——（全体趣旨）」『日本語用論学会　第 20 回大会発表論文集　第 13 号 (2018) (Proceedings of the 20th Conference of the Pragmatics Society of Japan)』，287-290.

田中廣明 (2018b)「指示解決に見られる自己中心性 (egocentricity) と共通基盤化」『日本語用論学会　第 20 回大会発表論文集　第 13 号 (2018) (Proceedings of the 20th Conference of the Pragmatics Society of Japan)』，291-294.

第2章

多人数インタラクション場面における
共通基盤化と動的語用論
── 折り紙作成場面を事例に ──*

秦かおり

大阪大学

1. はじめに

　本章は，本書田中論文ならびに田中（2018a, b）において提唱された共通基盤化における発話産出と理解の過程が多人数会話にどのように援用可能であるかを検証することを目的とする．その際，Goffman のフッティング（footing: 1981）を基礎として話し手・聞き手双方の参与者役割をモデル化した「参与フッティングのモデル（types of participation footings: Kádár and Haugh（2013: 128））」を用いた多人数インタラクション分析が有効であることを主張する．このことにより，共通基盤化がやりとりを開始した当初の話し手と聞き手によって閉じられて行われのではなく，様々な役割を有するその場の参与者らのインタラクションを通して構築される道程を示すことを可能とする．さらにそのことは，結果として言及指示的情報のやりとり以外にも社会的「位置付け（positioning）」を行うものであり，自然談話において混沌として映る複雑な多人数インタラクションを紐解く方法を示すものである．

---

　* 本章は第 20 回日本語用論学会でのワークショップのプロシーディングス（秦（2018））を元に大幅に加筆修正したものである．ワークショップにて貴重なご意見をいただきました方々，片岡邦好氏，論文執筆段階で数多くのコメントをいただいた研究チームの田中廣明，吉田悦子，山口征孝各氏にはここに記してお礼申し上げます．また本調査にご協力下さったすべての調査協力者の方々に心から感謝致します．尚，本研究は JSPS 科研費（15K128760）の助成を受けて行われたものです．

第 I 部　共通基盤化

　本章で用いるデータは，多人数の大人と子供が寄り集まって，折り紙の解説が書かれた本（以下「折り紙本」）を見ながら 1 つの折り紙作品を折り上げて行くプロセスを追ったものである．折り紙本に書（描）かれた解説や図，手順を著者の意図通りに理解し再現せねば，折り紙作品は完成しない．作品が複雑になればなるほど，折り紙制作者は本の解説と自らの過去の経験を動員しつつ完成させる．つまり，筆者と制作者の共通基盤がなければ達成し得ず，理解するには一定の経験値が必要である．本章は，このような「正解」が最初から介在するが正しく理解されていない，「正解が書かれた本はあるが誰一人折り紙の正しい折り方を理解していない」という状況の中で，このような折り紙の折り方を記した手本を見ながら共に折り紙を折り上げていく行為を，タスク遂行型の共同行為（joint action）とみなし，多人数で共通基盤化（grounding: Clark（1996））が構築される様子を検証していく．

　加えて，これまで「話し手」と「聞き手」という 2 つの役割により遂行されることが自明の前提条件として捉えられることが比較的多かった共通基盤化モデルについて，参与枠組み（Goffman（1974, 9181））と，参与フッティングのモデル（Kádár and Haugh（2013: 128））とを援用し，この折り紙制作過程を分析することによって，私たちが日常的に行っている多人数インタラクションの複雑性の一部をより明確に理解することを目指す．

　さらに，本研究で最も重要な点は，この折り紙制作場面において行われていることは，「誰がイニシャティブをとるか・とらせるか」というジャッジのせめぎ合いであり，メタフレームとしての解釈能力の評価のし合いが別のレイヤーで働いている点である．参与者がこの場面に何者として関わるか，参与者のポジショニング（positioning）を明確にしていく．まとめると，本章では折り紙を折る過程で多人数が折り紙本を見たり，知識のせめぎ合いを行いながら折り紙制作の 1 つ 1 つの過程についてその都度誰かがイニシャティブを取りながら共同行為として小さな共通基盤を積み重ねつつ折り紙を折り進め，最後に折り紙を仕上げるというタスク達成に至る最大の共通基盤達成を成し遂げる過程を分析していく．

第2章 多人数インタラクション場面における共通基盤化と動的語用論　　49

2. 先行研究：発話の phase モデルの発展と参与フッティングモデル

2.1. 発話の phase モデルと共通基盤化

　本書田中の発話の phase モデルでは，特に固有名詞について述べられて
いるが，それは固有名詞に限らず，例えば，認識や知識など，共通基盤化
に関わるものであれば何であれ当てはまるだろう．ここに phase 1-4 を再
掲する．

表1：発話の phase モデル（田中（2018b: 288））

Phase 1	話し手の自己中心的な（egocentric）な局面（エラーが起こりやすい）.
Phase 2	聞き手（や話し手自身）による修復や指示対象の検索が行われる局面.
Phase 3	話し手が聞き手デザインを駆使したり，聞き手が推論・連想などに よって会話の共同構築が行われる局面.
Phase 4	最終局面．共通基盤化の完成.

　上記の共通基盤化の例として，本章で取り扱う折り紙制作の一場面を取り
上げる．一般的に共通基盤化の例が想定している話し手，聞き手役割は単数
だが，ここでは3人の参与者 S，Y，K が登場する．また，先の発話モデル
では固有名詞で説明されていたがここでは指示代名詞を用いて説明する．下
記の抜粋 a では，冒頭の 24 行目で S が折り紙本を横目で見ながら折り紙
を折っている．K は S の向かい側に立ち，逆さまから折り紙本が読み取れ
る位置でかがみこみ，S の所作を見守っている．Y は開け放たれた扉の外
側から部屋の中に入ろうとしているところで，S の言動はやや距離があると
ころから見聞できても本の内容を伺い知ることはできない.

50 第Ⅰ部　共通基盤化

抜粋（a）[1]

24.　S:　こうゆう(.)ここに被せるように折るだからここに→指示代名詞の多用
25.　　　中に入れ込むんですよ↑ね　　　　　　　　　]　→敬体の使用
26.　Y:　　　　　　　　　[そうだね:　　　　　]
27.　　　　　　　　　　　[((部屋の外側から口を出す))]
28.　K:　°そうですね°

　単独で作業をしていた S は,「ここに被せるように折る」(24行目)作業について,「こうゆう」「ここ」(24行目)という指示代名詞を使いながら折り紙と折り紙本から目を離さず, 誰かに話しかける.「ここに被せるように折るだから」という日本語はそのままでは語用としておかしく,「ここに被せるように折る」までが本の引用と解釈できる. そして,「ここに被せるように折る」結果,「ここに中に入れ込む」ことになるということを「ですよね」(25行目)と S が敬体で語りかける相手は, これまでの会話のスタイルから考えて, この場においては K しかいない. しかし, 25行目の S の発話が敬体であることが判明する前に, このやりとりを少し離れたところから見ていた Y が S に近づきながら「そうだね:」(26行目)と返答する. その後, 折り紙本と S の仕草を覗き込んでいた K が小さく「°そうですね°」(28行目)と返答している.

　これを phase 1-4 に当てはめて解釈すると, まず phase 1 において, S が折り紙のどこの段階を折っているのか, どの部位を「ここ」という指示代名詞によって指し示しているのかを他者に理解識別が不可能な状態で, しかも最後まで聞かない限り誰を聞き手に想定しているかすら不明瞭な状態から質問を投げかけている. これは phase 1 特有の話し手の自己中心的な(egocentric)な局面とも言うことができるだろう. これに対し, Y は本を視認せず, S の折り紙本の解説の直接引用を信頼して,「ここに被せるように折る」ならば S の解釈「ここに中に入れ込む」に整合性があるだろうという推量,

---

[1]　トランスクリプション記号は本章末尾に記載する. ここでは四角は指示代名詞, 角の丸い四角は敬体の助詞を指す.

あるいは折り紙ができ上がっているという状況判断により「そうだね：」(26行目) と返答し，S の解釈に同意する．これは「聞き手が推論・連想などによって会話の共同構築」を行う phase 3 にあたるだろう．一方，S が折り紙を折る過程をずっと身をかがめて覗き込んでいた K は，「ここ」の指示代名詞が指示する対象がどこかを目視しながら検索し，本の中に対象を見つけ，S の手元の折り紙にその該当箇所を見つけてそれが正解であることを確認してから一瞬遅れて「そうですね」(28行目) と同意している．これは「聞き手（や話し手自身）による修復や指示対象の検索が行われる局面」である phase 2 と，「よね」(25行目) と S が述べた確認事項の共同構築である phase 3 にあたる（田中は phase 2 と 3 は互換，反復，省略可能であると述べている）．phase 1 から phase 2 と 3 を経て，3 人は S が言う「ここ」という指示代名詞が指標する指示物の曖昧さをそれぞれの手段で解消し，S の提案である今の折り紙の工程として，入れ込む場所はここであるという共通基盤の構築に達し，合意を形成している．

　このように，あるできごとの共通基盤化のプロセスを理解するためには phase 1-4 という段階は有効である．しかしながらこれには大きく 2 つの留意すべき点があると考えられる．1 つは，この発話の phase の設定は，「話し手」と「聞き手」を単一的に設定していること，もう 1 つは，今回本章で扱うようなタスク達成型のインタラクションにおいては達成すべき共通基盤は単一ではなく大小複数に渡るという点である．

　まず，多人数インタラクションからの留意点に関し，本章ではタスク達成プロセスにおける Y と K の役割の違いについて何らかの説明ができることが重要であるが，どのような参与の役割が共通基盤化のプロセスに影響を与え得るのか，現在の phase 1-4 の解説からこれを読み込むことは難しい．この点にさらに踏み込み，ある「意味・行為が未解決な状態から最適な解決」(田中 (2018a: 288)) に達するには，参与者がどのような立ち位置 (positioning) で発語に挑むのかを明確にできる参与フッティングモデル (types of participation footings: Kádár and Haugh (2013)) を用いた分析が有効となる．

　また，本研究では「折り紙を折り上げる」という最も重要なタスクを達成

すること」が目的であり，その方法を理解し共通基盤化を確立することが最大命題ではあるが，そこに至るまでの過程で，小さな共通基盤化をいくつもくぐり抜けていく．折り紙はそれを折る過程でいくつもの難関が待ち受けており，その度に参与者たちは話し合い，試行錯誤を繰り返しながらも共通基盤化を達成し，次の段階へと進んでいく．それはすなわち，1つ1つが小さな共通基盤化の達成であり，それぞれに phase 1-4 があり得る（必ずしもいつもすべての過程が揃うわけではない）．このように本章では，共通基盤化は，タスク達成において 1 回しか起こらないわけではないために，phase 1-4 も当然ながら複数回繰り返し起こる複雑で入れ子式なものとして捉え，分析していく．

2.2.　参与フッティングモデルと多人数インタラクション

　Goffman（1974, 1981）は，フッティングについて，「相互行為における参与者間のスタンス，姿勢，自己像などの整合（alignment）の様式」と定義した（Goffman（1981: 128），片岡・池田・秦（訳）（2017: 4））．フッティングには，身体配置や声のトーンといったものまでもが含まれるため，話し手の発話の産出や聞き手の受容の変化や調整は，その発話を特定の人物像へと結びつけ変化させることになり，それがフッティングの変化へと繋がる．そのようなフッティングを参与者の役割に枠付けたモデルが「産出フォーマット」(production format)（Goffman（1981））と「参与枠組み」(participation framework）である．

　参与枠組みとは，会話における参与者のさまざまなステータスを説明した概念である．例えば先の抜粋（a）では，最終的に参与者 3 名による共通基盤化が達成されているが，この 3 名には明らかに参与者としてのフッティング（footing: Goffman（1979, 1981））に違いがある．そもそも，Y は S によって返答を求められた聞き手であったかというと，そこには疑問が残る．Y は S が発話を始めた時，部屋の外におり，その時点では「盗聴者(eavesdropper)」にすぎなかった．しかし想定外に部屋に入り込んできて割り込み発話を行い，S にとって承認と評価を与えた「解釈者（interpreter）」(Kádár and Haugh（2013））の 1 人となっている．つまり，参与枠組みによ

る役割のフッティングは流動的であるからこそ，Y はまず会話に自然に参与することができ，聞き手としての重要な役割を果たすことが可能となるのである．このように，Kádár and Haugh (2013) では話し手と聞き手は入れ替わるものとしてフッティングが図式化されている（表2）．

表2：参与のフッティングモデル

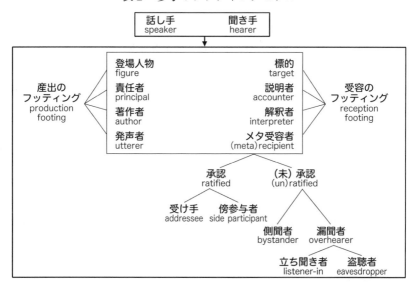

表2の参与のフッティングモデルは，Kádár and Haugh (2013: 128) を元に山口 (2018: 48) が一部紹介していたものを筆者が補完したものである．「登場人物 (figure)」・「責任者 (principal)」・「著作者 (author)」・「発声者 (utterer)」[2] が「話し手役割」としての産出のフッティングであり，「標的 (target)」・「説明者 (accounter)」・「解説者 (interpreter)」・「メタ受容者 ((meta)

---

[2] 「登場人物」とは姿形としてそこにいる者，「責任者」とは産出された具体的な語彙や感情表現に責任を持つ者，「著作者」はその表明された言説や信条の主体となる人物や組織を指す．「発声者」はそれらを発声する者であり，Goffman (1981) では animator とも呼ばれ，一種の装置とみなされている．また，傍参与者の位置付けが異なるなど，Clark and Carlson (1982) でもやや異なるカテゴリー分けを採用しており注意が必要である（片岡・池田・秦 (2017) 参照）．

recipient)」[3] が「聞き手役割」としての受容のフッティングである．上記の各
4種類の産出と受容のフッティングは対応関係にあるわけではなく，また1
対1の関係でもない．受容のフッティングには様々な立ち位置があり，承
認されている参与者（ratified participant），（未）承認参与者（(un)ratified
participant）に別れた後にも，そのあり方（相手に見えているか，漏れ聞い
ているかなど）次第で呼ばれ方が変わってくる．産出のフッティングも受容
のフッティングも，それぞれが複数の役割を担うことが可能であり，例え
ば，聞き手の「標的」となった者が評価・解釈を行う「解釈者」を担うこと
は十分にあり得る．また，未承認参与者の位置にいても，聞き手役割を担
い，重要な「解釈者」や「説明者」の役割を果たすこともあり得る．このよ
うに，フッティングは非常に柔軟であり，メディアの向こう側にいるとされ
る「メタ受容者」ですら，今日では積極的な聞き手役割を担うことも可能だ
ろう．

　本章においては，主として本来「標的」の位置にいない人物が未承認参与
者の位置からなんらかのきっかけで，聞き手役割を担い，それが phase 1-4
の中で重要な役割を果たし，共通基盤化を推し進めていく様子を観察する．
このことが，もともと聞き手役割が固定されている「話し手」「聞き手」が1
対1の対話では起こらない多人数会話の特徴となっている．

3. データについて

　本章で検証した抜粋は 1-1 から 3 まで，折り紙を折り進め，実際に1つ
の折り紙が折り上がるまでの一連のデータである．その8名の登場人物を
含む基礎情報は表1の通りとなっている．

---

　[3]「標的」とは発話の受け手として（姿形として）そこにいる者，「説明者」は発話された
内容について説明をする者，「解説者」は発話を解釈・評価する者，そして「メタ受容者」
は間接的な聞き手（例えばメディアを介した視聴者など）である．

表3：データ基礎情報

撮影時期	2014年8月			
実施場所	英国ロンドン南東部，Kとyの仮住居，YとSには馴染みの場所			
参与者	大人3人 Y, S, K，子供5人 h, a, w, y, m ＊大人は大文字，子供は小文字で示す			
参与者の属性	YとS＝英国在住の日本人女性 K＝日本在住の日本人研究者			
関係性	YとS＝親友同士 Y, SとK＝5年来の調査協力関係・友人			
親子関係 親	Y	S	K	―
子	h	a　　w	y	m

　本データは，本研究とは全く異なる研究のためにインタビュー準備をしていたKが，テストを兼ねてあらかじめスイッチをオンにしていた時に偶然写り込んだ折り紙を折るシーンを分析している．したがって，K以外はスイッチが入っていたこと自体も知らない．また，折り紙を折り始めた理由も子供たちが偶然仮住居に置かれていた折り紙本を見つけ，訪問中のSに折り紙を折るようにねだったためである．つまりこれは，用意された本を使用した折り紙の実験場面ではなく，完全な自然発生場面であり偶発的な談話である．

　図1のように，手前にはこの後の別のインタビュー用にセッティングされた机があり，その奥のソファと周囲に参与者が集合している．Sはソファの前の床に座り，ソファの上に本を広げてそれを見つつ折り紙を折っている．折り紙は参与者のうちSのみが折っている．その様子をYが立って見ており，mだけは終始ソファに座っており折り紙本の隣でSや本の内容を目視している．他の子供たちはSを取り囲んで見たり，動き回ったりしている．Kは時々Sやその他の子供と会話しながらインタビュー準備のためにあちこち立ち歩いており，フレームイン・アウトを繰り返している（図1）．

図1：データの場面と人物配置

　折り紙本はKとyの仮住居にあったもので，本の所有者はその場におらず，参与者全員にとって本に書かれた情報は完全に新しいものである．ごく一般的な市販の子供向けの折り方本で，簡単な文字列と図解の組み合わせで成り立っている．また，その時に折っていた折り紙作品はその場にいる誰も折った経験がないもので，本体と蓋が別々の構造になっている四角い飾り箱で難易度が高く，折り鶴のように誰もが折ったことがあるような一般的な折り紙の類ではない．

　基本的には，この例は，S，Y，KとKの子供であるy，その日たまたま預かっていた子供mの5人が軸になって会話が進んでいく．

4. 共通基盤化の動的プロセスと4つの phases

　分析に使用する抜粋1-1から抜粋3まで合計6つの断片の前に，Sは子供たちにせがまれ，すでに数種類の折り紙を制作している．最後に難易度の高いこの蓋つきの箱の折り紙を注文され，本を見ながら折り進み，途中で行き詰まり始めたところから抜粋が始まる．

　抜粋中，Sは難しいと言いながら，それでも折り紙を折り続けている．そのSの態度をKは言葉だけを切り取って誤解し，折り紙を折り続けられないものと勘違いをしてSの折り紙を手伝うようにyに声をかけ部屋に呼び込む．ここから行為が複雑化し，主としてS，Y，K，y，mを軸に，試行錯誤を繰り返しながら，最終的に1つの折り紙ができ上がる．

以下では，S によってなされる言語行動と非言語行動の微妙な不一致や，話し手と聞き手が 1 対 1 ではなく，解釈の誤りを起こした人物に対して直接修復をかけず，別の聞き手に対して修復への同意を求め，それが入れ子式の同意形成という形の共通基盤化を引き起こす複雑性を帯びる様子を分析する．

4.1 節は S の折り紙熟達者としてのポジショニング（positioning: Bamberg（1997, 2004））が二転三転するという揺れを伴う egocentric な局面である phase 1 にあたる．それに対し K は折り紙を折れないと誤解するという解釈の誤りを起こしている（phase 2）．4.2 節ではその解釈の誤りを「他者間で」修復し，共通基盤化を起こしている例を見る．また，最後の 4.3 節では，最終的に S と y が本の解釈の完全な理解を達成する phase 3 から phase 4 に至った時，オーバーラップの急激な増加と先取り発話，同時発話を行う様子を観察する．

4.1. S の positioning の揺れ〈phase 1〉と K の解釈誤り〈phase 2〉

次の抜粋 1 では，その冒頭，S が自らの positioning に関わる様々な言語・非言語行動を展開する．そのやりとりを K と繰り返しながら，解釈や共通基盤の達成（に見える応答）を繰り出していく．

抜粋（1-1）S の positioning と K の解釈

11. S: °わかんない°
12.   [((折り紙の手を止め右手で大きな音をさせて
13.   自分の膝を叩き K を見る))   ]
14. K: [(((入室，S の手元を覗き込む))   ]
15. S: ((再び折り紙を始める))
16. S: こう
17. K: こういう（　　　）
18. S: 被せるようにしてだから：
19. K: ((S の方に身を乗り出す))
20. S: もうやですね：こういうの

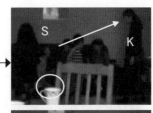

図 2．（上段）S が折り紙の手を止めて自分の膝を叩き K を見る（12, 13 行目）
図 3．（下段）K が S の方に身を乗り出し折り紙を見守る（19 行目）

抜粋 1-1 では，最初に S が「分かんない」(11 行目) と折り紙を作る手を止めて膝を大きく叩き，目線を折り紙から外して K を見つめる（図 2) といった行動を取るなど，このタスクが達成できない者として自身を表象し，positioning を形成したかのように見える．それを受けて K は 14 行目で S に近寄り，腰をかがめて子供たちとともに図 3 の囲み線に見られる円形のような O 空間を囲う F 陣形[4]（Kendon (1990, 2004)) を形成して，その後 S は「被せるようにして」と本の直接引用に「だから」(ともに 18 行目) を加え，本の解釈の結果，自身が非言語行動として折り紙を折るという動作を導き出し始める．「分からない」と自身が宣言したことに再び挑戦し始めた S を，K は覗き込み（図 3)，身を乗り出して見守っている．S は「もうや」だと言いながら（20 行目）折り紙を折り続けている．

抜粋 (1-2)

24. S: こうゆう(.)ここに被せるように折るだからここに
25. 　　　中に入れ込むんで [すよ↑ね　　　　　　　]
26. Y: 　　　　　　　　　　[そうだね：　　　　　　]
27. 　　　　　　　　　　　[((部屋の外側から口を出す))]
28. K: °そうですね°
29. 　　　(.2)

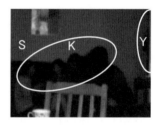

図 4. S が折り紙本を見ながら折り紙を続ける．それを K と子供たちが取り囲んでいる．Y は部屋の外側にかかるところで S を見ながら口を出す（27 行目)．続いて K も返答をする（28 行目)．

抜粋 1-2 の冒頭ではやはり本を直接引用し，それに終助詞「ね」を使用し（25 行目)，26, 28 行目で Y と K の同意を引き出し，共通基盤を達成したのは本章抜粋 (a) で分析した通りである．このことから，当初の S の「分

---

[4] ただし，この F 陣形を形成している参与者には参与の発話権に明らかな不均衡性がある．S に発話権があり，F 陣形の中でそのような強い発話権がある立ち位置について Kendon (1990) では head-position と呼ぶ．また，牧野・小山・坊農 (2015) では発話権に異なりがある陣形について H 陣形と呼び F 陣形と区別している．また，多人数インタラクションにおける陣形については坊農・高梨 (2009) に詳しい．

第 2 章　多人数インタラクション場面における共通基盤化と動的語用論　　59

かんない」は段階を踏んで解決されつつあったと言える．しかしその後の S
の行動を詳察すると，言動に揺れがあることがわかる．

抜粋（1-3）

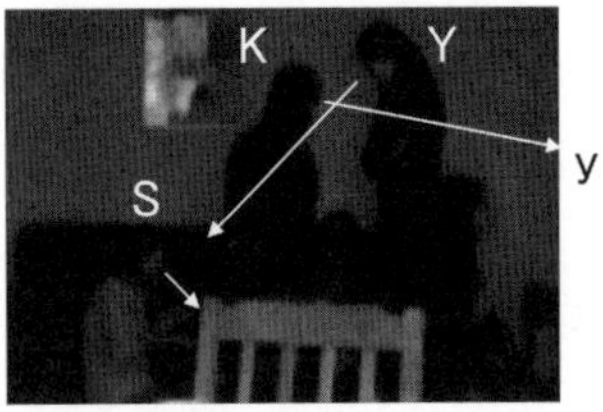

31.　S:　[最後に難しいの選んだな：君たち：
32.　Y:　[((入室, ソファに近寄り S の様子を見る))
33.　　　なに [こ↑れ
34.　S:　　　　[逆ぎれ
35.　K:　@@@
36.　Y:　hh
37.　S:　君たち [難しいな（　　　　　　　　　　　　　　　）]
38.　K:　　　　　　[y(.3) あの：ちょっと折り紙教えてあげてよ]
39.　y:　折り紙？
40.　K:　[うん
41.　S:　[あ：ごめん

図 5. S が折り紙を続けられないと考えた K は，折り紙を得意とする y を部
　　　屋に呼び込む（38 行目）．この時 F 陣形は子供を含めて崩れている．

　抜粋 1-3 では，S は 31，37 行目で「難しい」を連発する．その裏には難
しいものに挑戦する自分の熟達者としての立場，「最後に難しいの選んだ」
（31 行目）ため，それまでの折り紙はできていたのだから自分の技術が足り
ないのではなく今回の折り紙が難しいという状況デザインを示している．さ
らに，34 行目では「逆ぎれ」と述べているが，その言い方は K と Y の笑い
と笑い混じりの呼気を誘っており，且つ，だからと言って折り紙を放り出す
わけでもないため，逆ぎれをしながらも挑戦を続ける S を演出する結果に
なっている．

　　しかし，繰り返される「難しい」や「逆ぎれ」などの言動は，エラーが起
こりやすい egocentric な局面でもある．自己表象に揺れが産出されており，
言語行動と非言語行動も一致していない．このような典型的な phase 1 の
段階に反応した K は，次の段階 phase 2 として，S の熟達者としての上記
の演出を見誤り，更なる折り紙熟達者としてその場に y を呼び込んでしま

う（38行目）．つまりKに，phase 1でSとしては「難しい」の連発や「逆ぎれ」による含意で産出したつもりがない非産出の意味である「できない」という含意を勝手に解釈して汲み取るという誤りを起こす離齬が見られたのである．

これに対し，Sは41行目で「あ：ごめん」と一旦それを受け入れる．しかし，その後SはK相手ではなくY相手にKの誤りを修復していく．

4.2. 話し手の修復の試み：誰と修復するか〈phase 3〉

抜粋1-3の後，間をおかずエラー修復が始まる．

抜粋（2-1）SのKによる誤解修復とYの承認

45. S: ちょっと待ってたぶんね ここまで

46. 　　 あってると思うんですよ

47. Y: （（yが入室））

　　 （中略）

53. S: ここまで いけてる ［これ

54. Y: 　　　　　　　　　　 ［お

55. 　　 やる

56. S: いけてる ↑よ 　　　　　　→自己反復＋承認欲求

57. Y: やるじゃないです↓か 　　→承認

58. S: ややっちゃった↑よ 　　　→確認・共通基盤の確立

59. 　　 ここまで は いけてる 　　→自己反復による宣言

上記抜粋2-1では，聞き手と話し手が1対1の双方向性で成立しているのではなく，思わぬところから返答が戻ってくるなど多人数インタラクションの複雑性を示しながらも誤りの修復と折り紙制作のタスクはスムーズに進んでいる点で興味深い．抜粋の中では，誤りを起こしたKではなく，Sは53行目で本来「傍参与者（side-participant）」の位置にいたYに向けてKによる誤りの修復を行おうとしている．「ここまではいけてる」（53行目）の「いけてる」は短いやりとりの中で合計3回（53，56，59行目）反復さ

第 2 章　多人数インタラクション場面における共通基盤化と動的語用論　　61

れ，その間に S と Y の間で，S が正確に「ここまで」(45, 53, 59 行目)
折り紙を正確に折り上げるタスクを達成しているという共通基盤が確立され
た様子が観察される．

抜粋 (2-2) S の K による誤りの修復と m の承認

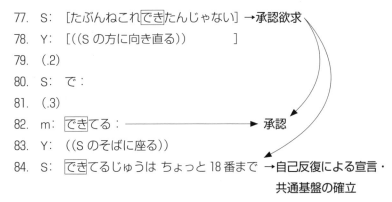

抜粋 2-2 では，S と Y のやりとりにおいて，S が Y に承認を求めた 77
行目の発話「たぶんねこれできたんじゃない」に対して，Y は S の方に向
き直ったものの，それができているかどうかの承認を与えずに S の要求を
満たさず沈黙したままやりとりが進んでしまう．そこで，冒頭からそれまで
ほぼ「漏聞者 (overhearer)」の位置にいた m が初めて口を開き，「できてる」
(82 行目) と修復を評価・承認し，それを 84 行目で S が宣言することに
よって S が折り紙タスクを「これ」の部分までできているという事実の共通
基盤が達成されるのである．

　以上の抜粋 2 例で見られるように，誤りの修復はその誤りを起こした本
人に直接行われるとは限らない．53-58 行目で行われている S と Y のやり
とりでは，S は熟達者としての立ち位置を S 自身が Y に提案し，Y がそれ
を 55 行目では「やる」，57 行目では敬体を使って正式に「やるじゃないで
すか」と畳みかけて評価し承認する「解釈者 (interpreter)」となっている．
このことにより，S の熟達者としての positioning は Y に承認されるだけ
でなく，S と Y のやりとりという言語化を通してその場にいる参与者との

共有知識として共通基盤化され，S は，S が折り紙を折れないと勘違いした K の誤解を解くことに成功し，y に折り紙を折る権利を明け渡さずにそのまま折り紙を折り続けている．

77-84 行目においては，S にできているかどうか問いかけられた Y はそれができているか判断できずに返答していない．Y に代わって m が返答している．m は，それまでのやりとりの漏聞者ではあるが，本の一番近くに座っており，その場において本の内容を確認していたという一種の権威性があり，（結果としてそれが正解か不正解かはさておくとしても）m はその場で「解釈者（interpreter）」となり，その発言は 84 行目で S に「できてる」と反復・確認される．その後，「18 番まで」（84 行目）できていると S が報告したのは目線の動きから y に対してと理解できる．

以上のように，本来誤りを起こした K になされるべき誤りの修復は S-Y 間，そして本来やりとりの宛て手ではない漏聞者であった m まで加わって他者の目線を介して行われた．またその過程で，隠されていた m の解釈者という立ち位置までもが明確となる．そして最終的に参与者全体への共通基盤として S の熟達者としての立ち位置は共有されたと捉えられるのである．

4.3. 共同行為：共通基盤の確立〈phase 3-4〉

抜粋 1-1 から 2-2 までにおいて，S が熟達者としての立ち位置を確保し，y はもともと熟達者としてその場に呼び込まれている．結果としてこの 2 人がここから折り紙を折り上げていくこととなる．以下の抜粋 3 では，S と y がお互いに先取りやオーバーラップを繰り返しながら共同行為を行い，共通基盤を確立していく．

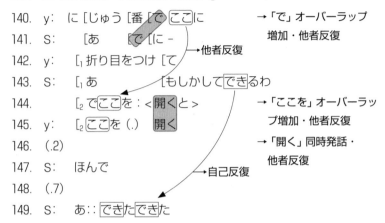

　上記の抜粋3では，140行目から急激なオーバーラップの増加が観察される．また，140行目と141行目では「で」の助詞のみによる先取り発話が確認され，yのターンへのSの介入が確認される．さらに144行目ではSが140行目のyの「でここ」を他者反復しており，それと同時にyが若干の先取りをしながら「ここ」（145行目）と発話している．そのすぐ後には，Sとyが全く同時に「開く」（144，145行目）と発話している．ここで考察されるのは，お互いに発話を聞き本の解説への解釈を深め，目前の折り紙との結びつきが確立された時，それぞれの予測（presumption）に従って確信的に折り紙を折る行為の内容に関するオーバーラップや先取りができるようになるということである．

5. 結語

　本章では「折り紙を折る」という，偶発的に生起した正解が提示されているタスク遂行場面の多人数インタラクションにおいて，その正解の解釈を巡る動的なプロセスを参与のフッティングモデル（Kádár and Haugh (2013)）を援用し，共通基盤化の観点から検証した．その結果，(1) 発話の未解決性には，言語の語彙解釈，含意と様々なレベルの理解への解決への道筋があ

り，それらすべてが誤解や解釈誤りを引き起こす要因となり得る．また，本章に最も大きく関わる点としては，タスク達成の大きな流れの中に入れ子式の小さな解釈誤りや修復，承認が多く隠されており，それら1つ1つが共通基盤化を担っており，それらが解決するごとに次の未解決課題へと進んでいったことがあげられる．(2) さらに何よりも特徴的なのは，解釈誤りの修復が誤りを起こした人物に対してなされず，むしろ別の人物に対して間接的に成されていたことである．そしてそれがその場全体で共有され，解釈誤りの修復がその場全体の共通基盤として達成されることが多人数会話の特徴として挙げられる．このことは，共通基盤化理論を多人数に解釈を拡げた参与枠組みで考察する有効性を示唆している．

　本人には直接誤りを指摘できない，指摘しては失礼にあたるといったポライトネスの観点や，配慮や遠慮，あるいは指摘する能力の不足や自信の無さといった様々な理由で他者に間接的な解釈誤りの修復を行う可能性は多人数会話では往々にしてあり得る．このことは，従来の1対1の関係性を想定した共通基盤化理論では解明しづらい．また，そこに社会的地位も含む参与の枠組みを考慮できる柔軟な参与のフッティングモデルによる考察があれば，誰がどの立場で，何を言った時，何が許されて物事が程を成していくのか，理解可能となるだろう．その意味で，共通基盤化理論と参与枠組み理論は今後も有機的に協働していくべきであろう．

トランスクリプト記号一覧

[	オーバーラップ	< >	周辺よりも遅い音
(.)	マイクロポーズ	[(( ))	ジェスチャー等非言語行動の解説
(0.0)	マイクロポーズ以上の沈黙	° °	周辺よりも小さい音
↑	音の上昇	:	長音
@	笑い	-	言いさし表現
(空欄)	聞き取り不能	発話 などの飾り文字	分析上の強調
h	呼気	]	オーバーラップ終了

参考文献

Bamberg, Michael (1997) "Positioning between Structure and Performance," *Oral Versions of Personal Experience: Three Decades of Narrative Analysis, A Special Issue of the Journal of Narrative and Life History* 7, ed. by Michael Bamberg, 335–342.

Bamberg, Michael (2004) "Form and Functions of 'Slut Bashing' in Male Identity Constructions in 15-Year-Olds," *Human Development* 47, 331–353.

坊農真弓・高梨克也（編）（2009）『多人数インタラクションの分析手法』オーム社, 東京.

Clark, Herbert H. (1996) *Using Language,* Cambridge University Press, Cambridge.

Clark, Herbert H. and Carlson, Thomas B. (1982) "Hearers and Speech Acts," *Language* 58(2), 332–373.

Goffman, Erving (1974) *Frame Analysis: An Essay on the Organization of Experience*, Harvard University Press, Cambridge, MA.

Goffman, Erving (1981) *Forms of Talk*, University of Pennsylvania Press, Philadelphia.

Kádár, Dániel Z. and Haugh, Michael (2013) *Understanding Politeness*, Cambridge University Press, Cambridge.

片岡邦好・池田桂子・秦かおり（2017）「参与・関与の不均衡を考える」『コミュニケーションを枠づける――参与・関与の不均衡と多様性』, 片岡邦好・池田佳子・秦かおり（編）, 1-26, くろしお出版, 東京.

Kendon, A. (1990) "Spatial Organization in Social Encounters: The F-formation System," *Conducting Interaction Patterns of Behavior in Focused Encounters*, 209–237, Cambridge University Press, Cambridge.

Kendon, Adam (2004) *Gesture: Visible Action as Utterance*, Cambridge University Press, Cambridge.

秦かおり（2018）「タスク達成場面における共同行為――折り紙場面を事例に――」『日本語用論学会　第 20 回大会発表論文集第 13 号（2018）(Proceedings of the 20th Conference of the Pragmatics Society of Japan)』, 299–302.

牧野遼作・古山宣洋・坊農真弓（2015）「フィールドにおける語り分析のための身体の空間陣形：科学コミュニケーターの展示物解説行動における立ち位置の分析」*Cognitive Studies* 22(1), 53–68.

田中廣明（2018a）「動的語用論の構築に向けて――共通基盤化（grounding）の実際を例証する――（全体趣旨）」『日本語用論学会　第 20 回大会発表論文集第 13 号（2018）(Proceedings of the 20th Conference of the Pragmatics Society of

Japan)』, 287-290.

田中廣明 (2018b)「指示解決に見られる自己中心性 (egocentricity) と共通基盤化」
『日本語用論学会　第 20 回大会発表論文集第 13 号 (2018) (Proceedings of the
20th Conference of the Pragmatics Society of Japan)』, 291-294.

田中廣明 (2019)「指示解決――自己中心性と共通基盤化」本書所収.

山口征孝 (2018)「聞き手の参与枠組み再考――聞き手役割のモデル化の有用性――」
『聞き手行動のコミュニケーション学』, 33-57, ひつじ書房, 東京.

第 3 章

やりとりの不均衡さをどう調整するか
──課題達成場面における共通基盤化*──

吉田悦子

三重大学

1. はじめに

　本章の目的は,「共通基盤化（grounding）」（Clark（1996））に基づき,共通基盤（common ground: CG）が達成される動的プロセスを検証するという田中（2019,本書収録）の趣旨に則り,課題達成対話における共通基盤化の実際を分析することである.特に,言語運用力に違いがある二人の参与者（英語母語話者と日本人英語学習者のペア）が関わる課題達成場面を対象とする.[1] 両者は,対話場面において与えられた情報や役割が異なっており,相互行為におけるやりとりの不均衡さをどう調整して課題を達成するのかが焦点となる.そして,どんな共同行為（joint action）が問題解決や課題達成のプロセスに影響を与え,相互行為場面に貢献しているのかを明らかにする.

　論点として,対話参与者の役割（教示者と作業者）の違いによる情報の不均衡さがどう調整されていくのかに注目する.そして両者が,どんな言語,非言語的リソースを用いて,情報共有に向けて相互にモニタリングを行い,

---

　* 本章は,吉田（2018）を大幅に加筆修正したものである.日本語用論学会第 20 回大会ワークショップの発表時に多くのコメントをいただいたすべての方々には,心より感謝を申し上げる.特に,共同研究者の谷村緑氏,研究チームの田中廣明,秦かおり,山口征孝の各氏にはここに記して感謝する.本研究は科研費（基盤研究 C）課題番号 25370663（代表：谷村緑）の助成を受けた研究成果の一部である.利用したすべてのデータはこちらに属しており,対話収録に協力していただいた方々には心より御礼申し上げる.
　[1] 英語母語話者の役割は教示者,日本人英語学習者の役割は作業者である.

67

課題達成までのやりとりに従事しているのかを例証する (Clark and Wilkes-Gibbs (1986)).

さらに両者は，対話コミュニケーションでありながら，条件が異なる3つの環境で，同じ課題に取り組んでいる．こうした条件の違いが，共通基盤化の実践にどんな影響を与えているのかを具体的に分析・考察する．本章は，まず，2節で研究の背景を述べ，3節で分析データと研究方法，4節で分析と結果，および事例を検討する．そして，5節で考察し，6節でまとめる．

2. 研究の背景

従来の発話理解研究は，話し手は意図を伝達し，聞き手が受けとるというそれぞれの一方向的な autonomous view に基づいている．例えば，Austin の言語行為論 (Austin (1962)) やその後継者である Searle の発語内行為 (Searle (1969, 1975)) では，話し手の意図が発話行為の中心であり，伝達先である聞き手の理解に焦点が当たる発話モデルは構想されていない．しかしながら，発話理解に貢献するのは相互に積み重ねられる様々なレベルの共同行為 (joint action) であり，Clark (1996) はこうした参与者間でのやり取りによって基盤化が形成されるという仮説に基づき，どのように CG が積み重ねられて，相互理解を形成していくのか，というプロセスに着目する．Clark (1996) は，この会話のプロセスを担うのは，話し手聞き手という関係ではなく，貢献者 (contributors) と反応者 (respondents) として，共同行為を基盤化する (ground their joint actions) 努力によって会話に貢献できる参与者らであると捉える．[2] そして「貢献者は反応者に信号を送り，両者は協働することで，送られた信号が当面の目的を果たすのに十分な理解を得られているという相互信念に到達できる．」(Clark (1996: 252)) と主張する．本稿は，このプロセスの実際を現実の会話場面で検証し，その仕組みを考察することに意義があると考える．

---

[2] Clark (1996) は，聞き手によって正しく理解された発話を談話の「貢献」(contribution) ととらえる．詳細については，石崎・伝 (2001) を参照．

共通基盤の形成に貢献している証拠として，言語リソースを手がかりとし，具体的に課題が達成されていくプロセスを考慮する．基盤化はコミュニケーションのすべてのレベルで起こり得るため，発話連鎖を分析することで得られると考えられる (Clark and Brennan (1991)，Clark and Schaefer (1989)，Clark and Wilkes-Gibbs (1986))．基盤化にかかわる具体的な証拠は，聞き手が話し手からのメッセージに対して，その都度示すさまざまな言語的・非言語的反応（たとえば，あいづちやうなずき，反復や修復，笑い）が手がかりになる．こうした基盤化の具体的な証拠をどう取り扱っていくかに関して，参与者同士が従事しているコミュニケーションの種類や，両者が共有しているコンテクストが問題になる．異なるコミュニケーションの特徴を分けるために，Clark and Brennan (1991) は，複数の条件を挙げている：共存性，可視性，可聴性，共時間性，同時性，連鎖性，見直し可能性，推敲可能性である．通常，対面会話では，見直し可能性，推敲可能性を除くすべてを含む．しかし，例えば，電話の会話では，対面会話では保証されている可視性と共存性を欠いている．[3] 対面対話であっても，こうしたコンテクストの異なりが生じていれば，共通基盤化のしかたにも影響があることは容易に想像できるだろう．したがって，現実の会話場面で条件の異なりやそれによる制約に直面した時に，当事者同士がどう調整して，共通基盤化を行っているかを検討することが必要である．

3. 分析データと研究方法

本章で取り扱うデータは，二人の対面対話を基盤とするコーパスの一部で，子ども用 LEGO ブロックを使用した課題達成対話データである．Clark and Krych (2004) の実験デザインに基づき，構築された（コーパスの詳細は谷村 (2013) を参照のこと）．条件統制は以下のようになる：

---

[3] 「空間的リソースを共有していないことによる不都合」であり，空間的に離れるが同時性を満たすメディアにも限定的な制約がある．（高梨 (2016: 46)）

- 課題遂行の対象者は，英語母語話者（Native Speaker of English: 以下 NSE）と日本人英語学習者（Japanese Learner of English: 以下 JLE）である．
- 対話者の役割は固定される．教示者（NSE）と作業者（JLE）は向かい合い，教示者は，写真の完成モデルを見ながら説明し，作業者はそれに従って LEGO ブロックを積む．作業者により完成されたブロックが教示者の完成モデルと同じであることを教示者が確認してタスクが終了となる．
- 対話は，ワークスペース（相手の手元：以下 WS）が見える条件（visible: V）か（図1），ついたてで WS が見えない条件か（図2）で収録された．ただし，WS が見えない条件には2種類あり，顔は見えるが手元が見えない対面条件（Hidden face to face: Hf）と，顔も手元も見えない非対面条件（Hidden NO face to face: HNf）がある．
- 複数パターンの連続作業を WS が見える条件で 10 トライアル（V1-10），[4] 続いて見えない条件（対面）で 5 トライアル（Hf1-5），さらに見えない条件（非対面）で 5 トライアル（HNf1-5），合計 20 トライアルの活動を行ってもらう．[5] データの詳細については，谷村（2013）を参照．

図1：WS が見える（NSE vs. NSE）

---

[4] 条件 V, Hf, HNf に後続する番号はトライアルの順番を示す．V は 1-10, Hf, HNf は共に 1-5 である．

[5] データ全体は，英語母語話者同士の対話 5 組，英語学習者同士の対話 15 組（中・上級）英語母語話者と英語学習者の対話 10 組，日本語母語話者同士の対話 5 組である．

第3章　やりとりの不均衡さをどう調整するか　　　　　　71

図2：WS が見えない（対面）(JLE vs. NSE)

　研究方法は，課題を行う WS に設定された異なる3つの条件を考慮して，特徴的な場面を質的に分析する．特に，基盤化を構成する4つの phase（局面）で見られる，言語，視線，ジェスチャーの同期を手掛かりに，情報が精緻化されていくプロセスを，「動的語用論の分析」によって解明する．[6]「動的語用論の分析」とは，会話プロセスの4つの phase を抽出し，その組み合わせの連鎖から導かれる合意の積み重ねに留意し，談話と語用論のインターフェイスが関わる会話の局面を明らかにする方法論である．詳細については田中 (2019) を参照されたい．

　田中 (2019) で導入された基盤化の4つの phase をこの LEGO タスクによる対話データの流れに当てはめると，以下のように推定される．

---

[6] ジェスチャーの同期について詳細な分析は省略した (Holler and Wilkin (2011), Louwerse et al. (2012) を参照)．岡本 (2017) は「ジェスチャーによって構築される仮想世界と実際のレゴブロックの場を一致させようという基盤化への志向の存在」に言及している．

表1：LEGO タスクにおける 4 つの phase

Phase 1	話し手の自己中心的な（egocentric）局面は，指示者から作業者への指示，情報提供の段階に相当する．
Phase 2	聞き手による修復や指示対象の検索が行われる局面は，作業者がタスクを実行し，確認，修正，承認する段階に相当する．
Phase 3	話し手が聞き手デザインを駆使したり，聞き手が推論・連想などによって会話の共同構築を行う局面は，指示者／作業者両者による作業状況のモニタリング，質問応答発話のやりとりに反映される．ただし，トライアルによってはこの phase を含まない場合もある．[7]
Phase 4	最終局面はブロックの完成場面である．ただし，作業はブロックのパーツごとに段階的に行われるため，最終局面までの間に複数回現れる．

分析の視点として，タスクの条件が異なると発話のやりとりはどう変化するのかに注目する．2 節で示した Clark and Brennan (1991) による参与者間で共有される特徴からこの課題の条件を考慮すると，WS が見える場合は，完全な対面性を確保できるが，WS が見えない場合には「共存性」と「可視性」に影響がある．つまり，WS が見えない場合（対面）では部分的に作業する手元のブロックの共存性と可視性が損なわれ，WS が見えない場合（非対面）ではほぼ全面的にこのブロックの共存性と可視性は損なわれる．そうなると，共通基盤化の進め方は変化することが予測される．

先行研究では，こうした条件の違いがやりとりの方法に与える影響に注目しており，ワークスペース（相手の手元）が見える場合と比べて，見えない場合には，教示者の質問発話とそれに対する作業者の応答発話の頻度数が圧倒的に増大する結果が得られた（谷村 (2013))．この結果は，2 つのことを示唆している．1 つは，対話場面の違いにより，視覚情報へのアクセスは，課題達成への共通基盤化の方法に影響を与えるということ，もう 1 つは，教示者の質問発話が増大したのは，作業者から情報を得るためであり，参与者の役割が固定されているにもかかわらず，制約された条件下ではお互いの共有知識をモニタリングして正確な情報交換をする傾向が強まったというこ

---

[7] WS が見える条件では，この phase を含まない場合がある．

とである．教示者と作業者の役割交代が起こると，教示者は話し手の役割から聞き手の役割へと移行する場面も見られることから，「参与者にとってその発話が理解可能なものとなるようにするための言語的・非言語的手段」（高梨ほか（2005: 1237））として，聞き手デザインを駆使する傾向があることを示唆している．したがって，場面ごとに何が起きているかを突き止める必要がある．

　その手がかりの1つとして，この課題は，教師と英語学習者が非対称的な関係にある教室談話の延長上にあることに注目する．教師が次になにをするかといった指示を学生に出すときなどの場面の切り替えに inclusive "we" を使用するという指摘（Lee（2016））に注目し，谷村ほか（2019）では，聞き手とのやり取りを含め，対話参与者が行為の連鎖の中で inclusive "we" が不均衡な対話場面でどのように使用されるかを検討した．その結果，母語話者（NSE）と学習者（JLE）ペア（以下，NSE-JLE ペア）は，母語話者同士のペア（以下，NSE-NSE ペア）よりも "we" をおよそ4倍多く使用しているということがわかった（NSE-JLE ペア：251 件，NSE-NSE ペア：57件）．そして，NSE-JLE ペアの場合，NSE は自分の行為だけでなく JLE の行為を把握し，モニタリングする．そして，言語的・社会的に弱い立場にある JLE が課題達成のための行為に含まれているようにふるまうために "we" を使用する．一方，JLE は逆に NSE がアフォードする言語的社会的優位性を認識し，NSE の "we" が表象する意味を理解し，非対称性を受け入れていたと谷村ほか（2019）は報告している．

　本章では，この結果に基づき，さらに可視性条件が異なると，こうした使用にも変化があることを指摘し，その証拠を示していく．母語話者と学習者との非対称的な関係における3つの異なる条件で，こうした we の使用は変化するだろうか．可視性条件が悪くなると，教示者から学習者への要求を示す I want you 型の使用や，you を主語にした教示の頻度が増えるだろうか．この比較による変化を分析することで，共通基盤化のヒントになるような有益な示唆を得ることができると考えられる．共有場面に制限がかかると，さらに他の言語リソースに関わる表現にも変化があるのか，その変化は共通基盤化を支える場面とどう関係するのかを分析，考察する．

4. 分析：課題遂行対話と基盤化プロセス

本節では，3 節で議論した we の用法に加え，I と you の人称表現を含めて，3 つの異なる条件下での使い分けを軸に分析する．まず，4.1 節で，3 つの条件によりどのように人称表現の分布が異なるかを示す．4.2 節は，WS が見える条件における Phase 1 と 2，さらに Phase 3 の展開を分析する．4.3 節では，2 段階に異なる WS が見えない条件における Phase 1 と 2，さらに Phase 3 の展開を分析し，比較する．最後の 4.4 節では，WS が見えない条件で，どのように情報の不均衡さの調整がなされるのか，問題への言及と修復に焦点を絞り，特徴的なパターンを分析する．具体的な分析に使用するのは，母語話者と学習者ペア 1 組の合計 20 回分のトライアルで，WS が見える条件で 10 回分と WS が見えない条件で 10 回分（対面で 5 回分と非対面で 5 回分）の対話データを検討する．

4.1. 分析結果

まず，参与者同士がどのようにお互いを認識し合い，相互にモニタリングし合いながら，作業しているかを人称表現に注目して観察した．通常，母語話者である指示者が学習者である作業者に指示を出しながら，プロセスが進行しており，そのパターンを調べると大きく分けて次の 3 つとなる．

I. I と you を明示化した要求表現：I want you to …, I'd like you to …, I need you to … （例：*now I want you to take the blue*）

II. you で始まる表現（主に教示）：you need …, you have …, you take …, you put …, you can see … （例：*you need two big red*）．このほか，疑問文（例：*How many red circles do you see?*）も含む．

III. we で始まる表現：we have …, we need …, we can see … （例：*we have nice long shape*）．このほか疑問文 *Can we start over?* や開始場面で *we are gonna make another tower*，終了場面で *we're done* のような発話，*we got it*, *here we go* などの慣用表現も含む．

大まかに分類すれば，I は，指示者が作業者に対して具体的な行為を要求す

る場合，IIは指示に加えて，相手の現在の状態を確認する場合，IIIはお互いの現状の確認や，開始，終了の合図などの定型表現で多く用いられる．

　教示者の役割は，いくつかのブロックが積み上がった完成モデルと同じように作業者に正しくブロックを積ませることにある．各トライアルの最初の段階から1つ1つのブロックを積み上げる複数の作業段階を小分けにして，各段階ごとに確認を入れながら行わせるというパターンが特徴的である．動作の教示は，指示者から作業者に対して行われ，その典型的な形式はI want you 型である．同時にyouで始まる平叙文を併用し，共有を表すweは談話セグメントの最初や最後に出現する．相手が見えない場合は，こうした直示的な人称代名詞を明示化させて，作業プロセスを重ねることが予想される．

　こうしたIからIIIの表現からは，相互行為の方向づけを調節する役目があると思われる．教示行為から確認行為，共有状態へと課題の様々な段階で使い分けられている傾向がある．この3つの用法の分布を3つの条件で比較した．以下にその結果を示す．

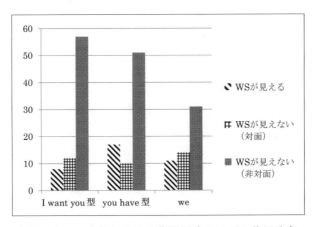

図3：3つの条件による人称別用法タイプの使用分布

結果は，3通りすべての人称表現の使用頻度において，WSが見えない場合（非対面：HNf）が最も頻度が高かった．WSが見える場合とWSが見えない場合（対面）を比べると，weとI want you 型では，WSが見えない（対面）場合がやや上回るが，you have 型では，WSが見える場合がやや上回

り，頻度的には，両者の条件はそれほど大きな差はないようである．つまり，可視性の全く得られない WS が見えない場合（非対面）が最も頻繁に明示的な指示表現を利用する傾向があるといえる．それでは次節で，具体例を検討する．[8]

4.2. 事例分析：WS が見える条件〈Phase 1 と 2〉

　まず，談話冒頭の抜粋 1 では，教示者は作業者に対して "You need two big red"（1 行目）や "I want you to take the one red"（10 行目）のように直示的に言及するやり方で，具体的な行為を促す指示（need, take など）を出している（Phase 1）．一方，作業者は OK や uh-huh のような承認応答や，導入された談話要素 "two big red"（2 行目）を語彙反復して（Phase 2），相互に確認反復（3 行目から 8 行目まで）を行い，共通基盤の形成を始める段階が観察される．（D: director, 教示者；B: builder, 作業者）

```
(1)  →  01D:  OK, number one.  OK.  You need two big red
     →  02B:  two big red
        03D:  one big blue
        04B:  one big blue
        05D:  one big yellow
        06B:  one big yellow
        07D:  one big green
        08B:  one big green
        09D:  one small blue
     →  10D:  OK, great.  I want you to take the one red
     →  11B:  uh-huh
     →  12D:  and one blue
        13B:  uh-huh                                    (V-1)
```

次に，（2）の抜粋では，教示者の指示の中断と，それに伴う教示者の視線の

---

[8] 文字化資料の記号は Jefferson（2004）を参考にした．

移動に反応して，作業者は視線を教示者に向けながら作業を進行させる様子が認められる（Phase 3）．ここで，教示者は共同行為が円滑に進行しているかを確認しようとする「暗黙的な修復開始」（岡本（2016））と解釈され，問題の所在を相互に承認する様子が視線の一致により認められる．

(2)　　01B:　((視線を教示者に向けたまま)) OK

→　02D:　((視線を作業者へ移動しながら))
　　　　　ummmm. ? flipping it so that I can see your
　　　　　((B はブロックの向きを変える（修正)))

　　　03D:　yeah that's right, that's right, that's [right]
　　　04B:　((視線を教示者に向けたまま)) [OK]　　　　　　(V-1)

WS が見える場合，両者は視覚的に同じ場面を常に共有していることから，2 行目から 3 行目にかけて，教示者は作業に対して直ちに修復や確認ができる．このため最終局面までのプロセスは短時間で，誤解も生じにくく，生じても解消が容易である．例えば，次の (3) の場面では，ブロックの凸部分の数を確認しており，学習者から "so we can see six"（1 行目）と教示者へ確認すると，同じ文法構造の反復により教示者から four への訂正を示される（2 行目）．学習者は直ちに four を重複反復する（3 行目）．ここでは談話標識の so を含めた構造と inclusive "we"，"four" の反復により正確な情報の確認がなされ，共同作業を進めている．

(3)　　01B:　so we can see six ((教示者を見る))

→　02D:　so we can see [four] ((指を 4 本立てて見せる))

→　03B:　　　　　　　[four] OK

→　04D:　uhn OK. Now take the yellow block　　　　　　(V-10)

作業者が発話する we の使用例は，WS が見える条件では，全 11 発話中この 1 行目の 1 例のみであるが，we can see … を含めた形式での we の使用

は教示者と学習者の間で相互にやりとりされる傾向にある.[9]

　また，二人称代名詞 you は，平叙文の形式で教示的な意図で用いられている．抜粋 (4) ではこうした構文の連鎖が見られ (3 行目, 5 行目, 9 行目)，教示者は聞き手デザインを利用して情報提供を行っている．このやり取りの間，教示者の視線は主に作業者のブロックに，作業者の視線は教示者に向けられている.

(4)　　　　01D:　now take the next blue block

　　　　　02B:　uh-huh

→　　03D:　you are goanna put it you goanna put it on top of the
　　　　　　　　yellow and the red

　　　　　04B:　uh-huh

→　　05D:　so that you can see two circles of yellow

　　　　　06B:　uh-huh

　　　　　07D:　and two circles of red

　　　　　08B:　OK

→　　09D:　you want to [be able to see two circles] of

→　　10B:　　　　　　[two circles, two circles] uh, OK　(V-8)

このような you の使用は，教示者が，phase 1 の段階からも聞き手デザインを意識していることを示唆している．同時に，手元は見えているため，10 行目に作業者はやや先取りして "two circles, two circles" と確認しており，教示者とオーバーラップしている．ここでは phase 2 も同時に生じているといえる.

4.3. 事例分析：WS が見えない条件〈phase 1 と 2〉

　一方，WS が見えない条件でも，phase 1 の言語特徴には，WS が見える条件と同様の傾向が見られる．すでに 4.1 節で指摘したような話し手と聞き

---

[9] 作業者が発話する we の使用例は，WS が見えない（対面）では全 14 発話中 5 例，WS が見えない（非対面）全 31 発話中 8 例である.

手を明示化した指示表現 "you need two big red" や "I want you to take the one red" は典型的な phase 1 の段階であり，we を含む表現 phase 2 への移行を示し，いずれも頻度的にはそれほど顕著な差は見られない．しかしながら，図 3 で示したように，WS が見えない条件（非対面）ではすべての人称表現で頻度が高くなる．WS が見える条件よりもトライアルの回数が半分であるにもかかわらず，参与者のターン回数はすべてのトライアルで増えていることから，タスクの協働作業がより困難になったことは間違いない.[10] つまり，タスクの困難さが増したことで，参与者間のやり取りは，より相互に共同注意を高めることに向けられていると想像できる．

そして，WS が見える条件と同様に，作業者は OK や uh-huh のような承認応答や，導入された談話要素 two big red を語彙反復することにより，共有知識のすり合わせを行っている点は共通する．しかしながら，語用論的に微妙な違いがある．以下，同様に発話冒頭からの抜粋（5）を見てみよう．

(5) → 01D: that's right. OK, so I want you to take the two greens and one yellow

02B: OK

→ 03D: and put it in front of you,

04B: OK

→ 05D: OK, we are going to make a rectangle

06B: OK　　　　　　　　　　　　　　　　　　　　　　　(Hf-1)

教示者の指示は，"I want you to"（1 行目）で始まる要求から，"in front of you"（3 行目）と教示者からは実際に見えない作業者領域への介入が示され，さらに "we are going to"（5 行目）で，inclusive "we" による場面の共有が想定されている．こうした we の使用に至るまでのプロセスは，共同行為を通して，話し手が積極的に聞き手の領域にも入っていくことを示し，共同行為的な局面への移行を示唆する．とりわけ，教示者が課題作業の初期段階か

---

[10] WS が見えない（非対面）条件では，1 トライアルごとのターン数が最も多く，課題達成までの所要時間も最も長い．

ら聞き手デザインを採用し，会話の共同構築を強く意識していることがうかがわれる．

　すでにこうした連鎖は，谷村ほか（2019）では非対称的な関係にある英語話者教師と英語学習者の課題達成対話に見られる inclusive "we" の使用分析について指摘されている．その結果，inclusive "we" は話し手のカテゴリー化と行為の連鎖から立ち現れることが示された．非対称的関係を背景に，立場的に優位な英語教師は "we" を用いることで，自身が中心となって相手を取り込むこと，一方それを受容する立場的に弱い立場にある学習者は非対称性を受け入れながらも，一部では ラポートにつながる会話構築の学習が起こっていたと考える．[11] すでに，4.1 節で示したように，条件により異なるが，"we" の使用は，可視性条件が悪くなるほど教示者を中心に増える傾向にある．

　さらに，WS が見える条件ではあまり見られないが，WS が見えない条件では，次の談話への準備（ready）を確認する OK や，次の談話へ移行することを示す so のような談話標識，その連鎖が特徴的である．OK と so の連鎖は教示者が常用しており，双方の話題共有が推論されるプロセスを示す，同時に，OK は確認する機能（checking）も持つ：

　　(6)　01D:　[con]nect them with the yellow and green block
　　　　 02B:　[OK]
　　　　 03D:　OK? OK. so now you have uh a kind of strange L shape
　　　　　　　　　　　　　　　　　　　　　　　　　　　　　　　(HNf-1)

　こうした checking 機能を持つ OK（3 行目）は Phase 2 に属し，これに作業者が応じる場面がある．例（4）では，作業者も we を使用し，会話の共同構築が双方から行われている．

---

　[11] 一方で，同等の関係にある英語話者同士の場合では，発話の順番が来ると聞き手から話し手となるため，自分を中心に "we" を使用することが可能であると考えられる（谷村ほか（2019））．

第3章 やりとりの不均衡さをどう調整するか　　　　81

```
(7)      01D:  and connect the green yellow green
         02B:  OK
         03D:  OK?
    →    04B:  so we can see the the that sid[e]
         05D:                              [uh-huh]
    →    06B:  uh, we can see >one two three four five six seven,<
               seven                                      (Hf-1)
```

4.4.　事例分析：WS が見えない条件の共同行為：〈Phase 3-4〉

　すでに3節で述べたように，WS が見えない条件には2つの段階があり，対面よりは非対面の方が作業の進行が困難であると考えられる．その理由は，相手の様子が視覚的に確認できない状況から，聞き手の反応がつかみにくいためである．この条件は参与者双方にとって負担となるが，特に教示者にとって負担が大きいと想定される．

　こうした状況を克服するために，教示者は，基盤化につながる複数の工夫を行っている．WS が見えない条件で共通している発話のストラテジーはどのようなものだろうか．

　Phase 3 の段階は，すでに2節で，「教示者による作業状況のモニタリング，質問応答発話のやりとりに反映される」と述べた．共通基盤化において聞き手デザインを積極的に利用する根拠として，教示者が質問する場面のやりとりとして例（8）と，修正を求めるやりとり（9）（10）を提示する．以下の抜粋（8）では，作業者の手元が見えない状況から，教示者が聞き手デザインを駆使して，情報提供を求める質問発話が連続する場面である．

```
(8)   →  01D:  OK. now how many blue circles can you see?
         02B:  how many blue circles, six
      →  03D:  good. OK. how many red circles?
         04B:  two
         05D:  good. take a small blue square ↑
         06B:  OK
```

07D: and put it on top of the red

08B: uh OK

→ 09D: OK. how many red circles can you see?

10B: uh, zero

11D: very good.

12B: ahhhh (HNf-1)

　教示者による連続した2つの質問発話である "how many blue circles can you see?"（1行目）"how many red circles"（3行目）は，情報提供を求めている場面と解釈される．後続する指示の命令文と組み合わせになり，1つのプロセスを構成する．さらに教示者の質問 "how many red circles can you see?"（9行目）が続き，作業者の応答を確認している．教示者は，実際には視覚的に確認することができない情報を得るために，質問発話を多用し，作業者の作業状況をモニタリングすることで，基盤化を形成しているといえる．

　では，修正はどのように行われるのだろうか．前節の抜粋（7）の後，教示者は（9）のような修正発話を行っている．"I only wanna see six"（1行目）は，教示者から作業者への明示的な修正要求がなされている段階（Phase 3）である．これに対し，作業者の承認発話 "OK" の反復（2行目），教示者の確認発話 "OK?"（3行目）が続く．

（9）　→ 01D: I only wanna see six

02B: six, OK. uhh, OK OK

03D: OK?

04B: I got it (Hf-1)

さらに，抜粋（10）では，教示者からの発話に対して，談話要素を認定した後，教示者からの確認 OK?（5行目）を受けて，説明を行う場面は，作業者である聞き手が推論を働かせている状況を示している．作業者は，視線を教示者に向けながら，"so, so the small blue doesn't touch with the greens"（6行目，8行目）と否定構文で発話し，これに対して教示者は同じ構造を利

第 3 章　やりとりの不均衡さをどう調整するか　　83

用した修正発話 'it touches with the green on this side"（9 行目）で応答している．反復された肯定文は，対比された部分 'on this side' が焦点化され，phase 3 と捉えられる．さらに，作業者による認定 uh, OK（10 行目）の後，談話標識 so（11 行目，12 行目）は次の局面へ移行するための確認として機能し，重複発話は，双方向で合意が想定されている段階，すなわち共通基盤が確立されていると考えてよい．

(10)　　01D:　ne? a an on top of the green and yellow

　　　　02B:　green yellow

→　03D:　so, I can only see two yellow circles

　　　　04B:　uh, OK

→　05D:　OK?

→　06B:　so, so the small blue

　　　　07D:　uh-huh

→　08B:　doesn't touch with the greens（（教示者へ視線移動））

→　09D:　it touches with the green on this side

　　　　10B:　uh, OK

→　11D:　[so]

→　12B:　[so]　　　　　　　　　　　　　　　　　　　　　(Hf-1)

ここでは同じ用法の so が，談話の中で 2 つの異なる機能を持つことがわかる．3 行目と 6 行目の so の用法は談話標識として先行談話で示されたものを受けてまとめる 'connecting or summarizing marker'（Carter and Mc-Carthy（2006））の用法である．同様に，まとめの機能を持つ so（11 行目，12 行目）は，独立的であり，同時反復されて談話の終結を示している．[12]

　こうした事例から，指示者は聞き手デザインを駆使して，正確な情報を引き出し（抜粋 8），作業者は，教示者の情報から推論を行って修正し，手元のブロックが間違っていないかを確認する（抜粋 9，10）ことで，課題遂行を達成に導き，修復から合意へと結びつく会話構築を実現しているといえる．

---

[12] 西川（2017）では，話題調整機能的談話標示として分析されている．

5. 考察

　本節では，4節で示された分析結果と事例分析に基づき，提案された phase のモデルの有効性を考察する．3通りのすべての人称表現の使用頻度を調べた結果，WS が見えない場合（非対面）が最も頻度が高かった．つまり，可視性の全く得られない非対面の状況では，明示的な人称表現を頻繁に利用することでお互いの共有情報を常に把握する必要があることがわかった．具体的な phase を検討すると，phase 1 の段階で教示者は明示的な指示を出し，phase 2 の段階で双方の質疑応答などにより正確な情報が確認され，phase 3 で反復や推論を利用した修正発話をへて，課題の達成へ向かうという過程が認められた．

　こうした具体的な証拠から，教示者を中心に，直示的な I, you, we を繰り返し使用するという事実は，損なわれたお互いのコンテクスト間の共存性を言語使用において回復させ，共有情報の更新を常に行うことで基盤化を図る有効な手段に他ならない．とりわけ，I can see, you see, we can see などの表現は，双方で多用され，明示的に可視性を回復させる言語リソースとして活用されている証拠を示しているといえる．

　そして，I から III の人称表現の分布から，相互行為の方向づけを調節する役目を検討することで，教示行為から確認行為，共有状態へのプロセスは，課題遂行の4つの phase で使い分けられる傾向があることが確認された．しかしながら，この4つの phase は必ずしも順番に進行するわけではなく，phase を積み重ねて，段階的に課題を達成する方略には，条件によって異なりが見られた．たとえば，WS が見える場合には，phase 3 の段階を持たない発話連鎖があることから，問題がない場合は phase 3 を必要とせず，phase 4 へ移行することがある．phase の理想的な順番は存在するが，phase を積み重ねて，段階的に課題を達成する方略には，コンテクストの条件と参与者役割によって異なりがある．したがって，phase のモデルは有効であるが，実際のやり取りはよりダイナミックに変化すると想定するのが妥当であろう．

6. まとめ

　本章では，課題達成対話における共通基盤化の実際を分析し，相互行為における対話の不均衡さがどのように相互行為に影響を与え，課題達成に向かうのかについて phase の動的プロセスを検証した．まとめると，(i) phase を積み重ねて，段階的に課題を達成する方略には，条件によって異なりが見られた．つまり，共有場面が少なくなるほど，具体的な人称表現を伴う情報提供と認定，教示者からの修復要求，作業者からの説明提供，相互の話題調整機能的談話標示などが，言語的リソースとして利用され，共通基盤化の進行を担っていると考えられる．そして，(ii) 教示者と作業者の役割は，いずれも聞き手デザインを駆使することで調整され，共同行為を通して共有知識が重層化されていくプロセスを示すことができた．

　こうした課題対話のプロセスは，対話環境が変化しても共通基盤化の段階に応じた相互調整力が有効に働いているという一面を示唆している．現実の会話では，多人数でより複雑な場面への対応や，目的やジャンルにより異なる方略を持つことからモデルを拡張する必要もあるだろう．今後は非言語的リソースの質的分析も視野に入れて，課題対話の動的語用論的アプローチから，現実の対話場面への応用につなげていきたい．

転記記号とその意味

[	重複の始まり	,	継続を示す抑揚
]	重複の終わり	↑	周辺と比べて大きい音量・高い音
.	下降調の抑揚	> 文字 <	周辺と比べて速度が速い
?	上昇調の抑揚	(( ))	転記者による注釈

参考文献

Austin, J. L. (1962) *How to Do Things with Words*, Oxford University Press, Oxford.

Carter, Ronald and Michael McCarthy (2006) *Cambridge Grammar of English: A Comprehensive Guide*, Cambridge University Press, Cambridge.

Clark, Herbert H. (1996) *Using Language*, Cambridge University Press, Cambridge.

Clark, Herbert H. and Susan E. Brennan (1991) "Grounding in Communication," *Perspectives in Socially Shared Cognition,* ed. by Lauren B. Resnick, John M. Levine and Stephanie D. Teasley, 127-149, American Psychological Association, Washington, D.C.

Clark, Herbert H. and M. A. Krych (2004) "Speaking while Monitoring Addressees for Understanding," *Journal of Memory and Language* 50(1), 62-81.

Clark, Herbert H. and Edward F. Schaefer (1989) "Contributing to Discourse," *Cognitive Science* 13, 259-294.

Clark, Herbert H. and D. Wilkes-Gibbs (1986) "Referring as a Collaborative Process," *Cognition* 22(1), 1-39.

Holler, J. and K. Wilkin (2011) "Co-Speech Gesture Mimicry in the Process of Collaborative Referring During Face-to-Face Dialogue," *Nonverbal Behavior* 35, 133-153.

石崎雅人・伝康晴 (2001)『談話と対話』東京大学出版会，東京.

Jefferson, Gail (2004) "Glossary of Transcript Symbols with an Introduction," *Conversation Analysis: Studies from the First Generation*, ed. by Gene Lerner, 13-31, John Benjamins, Amsterdam/Philadelphia.

Lee, J. J. (2016) "There is Intentionality behind it … : A Genre Analysis of EAP Classroom Lessons," *Journal of English for Academic Purposes* 23, 99-112.

Louwerse, M. M., R. Dale, E. G. Bard and P. Jeuniaux (2012) "Behavior Matching in Multimodal Communication is Synchronized," *Cognitive Science* 36(8), 1404-1426.

西川眞由美 (2017)「談話標識 so の話題調整機能について」『日本語用論学会第 19 回大会発表論文集』第 12 号，147-154.

岡本雅史 (2017)「課題達成対話の基盤化を実現する言語・非言語情報の多重指向性」『日本語用論学会第 19 回大会発表論文集』第 12 号，293-296.

Searle, John R. (1969) *Speech Acts: An Essay in the Philosophy of Language*, Cambridge University Press, Cambridge.

Searle, John R. (1975) "A Taxonomy of Illocutionary Acts," *Langue, Mind and Knowledge: Minnesota Studies in the Philosophy of Science*, ed. by K. Gunderson, 345-369, University of Minnesota Press, Minneapolis.

田中廣明 (2018a)「動的語用論の構築に向けて——共通基盤化 (grounding) の実際を例証する——(全体趣旨)」『日本語用論学会　第 20 回大会発表論文集』第 13 号 (2018), 287-290.

田中廣明 (2018b)「指示解決に見られる自己中心性 (egocentricity) と共通基盤化」『日本語用論学会　第 20 回大会発表論文集』第 13 号 (2018), 291-294.

田中廣明 (2019)「指示解決——自己中心性と共通基盤化」本書所収.

谷村緑 (2013)『日英対照マルチモーダル音声対話データベースの構築——応用認知言語学の観点から』(平成 22-24 年度科学研究費補助金基盤研究（C）（一般）研究成果報告書.

谷村緑・吉田悦子 (2017)「課題達成対話における日本人英語学習者の基盤化形成とジェスチャーの同期」『日本語用論学会第 19 回大会発表論文集』第 12 号, 289-292.

谷村緑・吉田悦子・仲本康一郎 (2019)「課題遂行対話における協働行為と inclusive "we"——英語を母語とする教師と英語学習者の非対称性に注目して——」『第 43 回社会言語科学会研究大会予稿集』, 142-145.

高梨克也 (2016)『基礎から分かる会話コミュニケーションの分析法』ナカニシヤ出版.

高梨克也・藤本英輝・河野恭之・竹内和広・井佐原均 (2005)「会話連鎖を利用した態度情報と参与者間関係の特定方法」『第 11 回言語処理学会年次大会発表論文集』, 1237-1240.

吉田悦子 (2018)「学習者と母語話者の共同行為 (joint action)：課題達成場面における共通基盤化」『日本語用論学会第 20 回大会発表論文集』第 13 号, 295-298.

第4章

指示解決の動的語用論
——リンガ・フランカとしての英語使用
における共通基盤化の事例——*

山口征孝

神戸市外国語大学

1. はじめに

　本章の目的は，田中（2018a, b, 2019）が提起した「共通基盤化における
発話産出と理解の過程」を解明するという課題を，アメリカ英語母語話者と
日本語母語話者が英語で行った多人数会話の分析により考察することである
（Yamaguchi（2009），山口（2018a））．本章で用いる主なデータは筆者がア
メリカ合衆国のフィールド調査中に録音した会話であり，特に指示解決の問
題に焦点を絞って分析を行う（須賀（2018））．本章の出発点は，会話分析の
理論的貢献とその限界の認識である．つまり，会話分析というアプローチは，
「動機のない分析」が前提であり，相互行為者が文化的に共有する知識や彼
らの意図の解明という問題を回避する一方（早野（2018）），「修復（repair）」
を中心にした会話の手続きを発見することを主な課題としている．従って，
話し手による「指示対象（referent）」の導入後，聞き手が不理解の反応を示
すという問題発生時に，どのような手続きが解決のプロセスに存在するのか，
という問いに対し有益な視座を提供してくれる（Levinson（2007），Sacks
and Schegloff（1979），須賀（2018））．しかし，「どのような意図でそのよ
うな修復が行われるのか」，あるいは「どのような認知的状態において指示
対象が話し手と聞き手の共通理解となるのか」という問いに答えることがで
きない（あるいは関心を示していない），という限界を呈している（山口
（2018b））．

それに対し，社会認知的側面を射程に入れた語用論へのアプローチでは，言語使用により外在化された発話のトークンだけではなく，相互行為者の認知的状態に対する理論化が試みられている．その代表的なものに，Clark (1996) による「共通基盤 (common ground)」という概念がある (Enfield (2008) も参照)．これは，「話し手と聞き手が相互行為を行う際に用いる共通の知識」と定義できる．更に，そのような知識を共同で構築するプロセスを「共通基盤化」とすると，この概念は，相互行為者が会話で用いる文化的知識に注意を向けさせてくれる点で会話分析の限界を補うと言える．しかし，Kecskes and Zhang (2009: 332) が指摘する通り，Clark (1996) の理論は，コミュニケーションを理想化し「透明な意志伝達 (communication-as-transfer-between-minds)」の道具とみなしている．後述するが，会話分析もこの点で同様であり，「聞き手に合わせたデザイン (recipient design)」という原理も相互行為者の協力 (cooperation) を前提とした理想化されたコミュニケーション観から来ている (須賀 (2018: 29-36) 参照)．このようなコミュニケーション理論では，認知心理学や認知言語学の実験で実証されている相互行為の初期の段階で頻繁に起こるエラーを生み出す原因となる「自己中心性 (egocentricity)」という現象をうまく説明できない．自己中心的発話は話し手にも聞き手にも見られ，コミュニケーションを相互行為者が共同構築する試行錯誤のプロセス ("trial-and-error, try-again process") (Kecskes and Zhang (2009: 332)) として捉えることではじめて説明されるのである (Kecskes (2014) も参照)．

　本章では，Kecskes and Zhang (2009) に従い，上記の「透明な意志伝達」と「試行錯誤のプロセス」という 2 つの一見相反するコミュニケーション観を統合するために，「共通基盤」を 2 種類に分けて理論化することでデータ分析を行う．前者の見方を取ると，言語共同体に存在する規範や知識は，会話を行っている相互行為者が当然共有しているだろうとみなされる共通基盤であり，それを「核となる共通基盤 (core common ground)」とする．後者の言語観からは，相互行為のダイナミックなやり取りの中で生起する共通認識を概念化する必要があり，それを「創発的共通基盤 (emergent common ground)」と呼ぶことにする．この区別が実際の会話でどのように展開され

るのかに関し，前述の田中（2018a, 2018b, 2019）のモデルを参照してデータ分析を行う．

　ここで，本章の概観を示す．本節導入に続き，第2節では先行研究で本章にとって最も重要なKecskes and Zhang（2009）および田中（2018a, b, 2019）を「共通基盤化」に焦点を置き記述する．その後，第3節では上記の会話の背景を述べる．第4節では，主に田中のモデルを使いデータ分析を行う．最終第5節では2種類の共通基盤の概念に関して考察を行い，田中のモデルに関してもその有用性と限界を述べる．さらに，今後の課題を述べ結びとする．

2. 先行研究

2.1. 共通基盤(化)と発話の phase モデル

　前節で概観したように Kecskes and Zhang（2009）は「共通基盤」という概念に注目し，それを2種類に分類している．まず，グライス（H.P. Grice）のコミュニケーション観に基づき，話者の意図（intention）を前提とした，発話に先立ち（*a priori*）存在する心的表象としての「核となる共通基盤（core common ground）」がある，としている．次に，認知心理学で報告されている，発話開始時に見られる自己中心性から生じるエラーの問題がある．このようなエラーを修正し，コミュニケーションの中に見られる際立ち（セイリエンス（salience））に注意（attention）を向けることで，相互行為の結果，事後的（*post factum*）に生じる「創発的共通基盤（emergent common ground）」もある．このようなダイナミックな共通基盤の創造という言語観は，会話分析にも見られる．しかし，注記すべきは，会話分析では話者の意図に関しては不可知論的立場を採っており，また共通基盤という認知的概念は使用しないが，相互行為の秩序は「創発的な共同構築物」であると考えている点である（Kecskes and Zhang（2009: 335））．この2種類の共通基盤は，一見矛盾するように見えるが，コミュニケーションには両面が存在すると考えることが妥当であり，社会認知的（socio-cognitive）なアプローチによって統合すべきであると主張している（同掲（2009: 338））．

より具体的には，「核となる共通基盤」は，（1）（世界の一般性に関する）「常識的知識（common sense）」，（2）（社会，共同体，国家などの）「文化的知識（culture sense）」，そして（3）（言語体系からなる）「言語的知識（formal sense）」の 3 つの範疇からなる（同掲（2009: 347））．それに対し，「創発的な共通基盤」は，（共同体ではなく）個々人の経験から得られる「共有された知識（shared sense）」と今・ここで行われている会話の知覚から生じる「現場の知識（current sense）」の 2 つの範疇に分けることが可能である（同掲（2009: 348））．ここで Kecskes and Zhang（2009）の評価を述べる．この論考は，共通基盤をキーワードに，語用論と認知科学の一見矛盾する考え方を理論的に統合した点で大いに有益である．しかし，例証で用いられているデータは作例であり，実際の会話を分析したものはないので注意が必要である．また，発話の初期段階でのエラーや修復など，コミュニケーションにおける「段階（phase）」について触れてはいるものの，具体例がないため経験的データを用いた実証的研究の必要性があると言えるだろう．

　田中（2019，本書所収：第 1 章）は上記 2 種類の共通基盤に関する経験的妥当性の欠如という限界を認識し，Kecskes and Zhang（2009）の洞察を更に発展させて，実証研究への道を開いている．つまり，認知心理学の知見である，発話の初期段階における自己中心性（egocentricity）と，会話分析における「修復」という手続き及び「聞き手デザイン」という原理を統合し，話し手の指示物導入が聞き手により理解されるまでの試行錯誤の過程を 4 段階（phase）のモデルにしている（表 1）．この発話の段階モデルは固有名詞に限定して述べられているが，固有名詞に限らず，その他の指示表現の共通基盤化に関しても適用可能な汎用性のあるモデルであるという立場をここでは採る．以下 1-4 段階を再掲する．

表1：発話の phase モデル（田中（2019））

Phase 1	話し手の自己中心的な（egocentric）な局面（エラーが起こりやすい）.
Phase 2	聞き手（や話し手自身）による修復や指示対象の検索が行われる局面.
Phase 3	話し手が聞き手デザインを駆使したり，聞き手が推論・連想などによって会話の共同構築が行われる局面.
Phase 4	最終局面．共通基盤化の完成.

　本節をまとめると，田中（2019）の参照した論考の一つである Kecskes and Zhang（2009）を中心に「共通基盤（化）」という概念を2種類に分類して，説明した．それを踏まえて田中（2019）の発話の共通基盤化に関する4段階のモデルを示した．以下では，Phase 1 におけるエラーを分析の出発点とすることにする．更に，コミュニケーションにおける共通基盤化のプロセスを理解するために，田中が提案している Phase の4段階モデルを用いて実証的に自然会話を分析していく.

3.　会話データの背景

　本章のデータは，筆者が 2003 年の3月及び4月にアメリカ合衆国の南部にある都市で集めたアメリカ人日本語学習者との会話を用いる（Yamaguchi（2009））．Yamaguchi（2009）では，会話分析の「修復」を出発点にして，広く社会文化的に共有された知識をボトム・アップ方式に探求することで，アメリカ社会に存在する戦争とテロリズムに関する「文化モデル（cultural model）」を構築するという目的で分析した．しかし，本章ではその目的に合わせ，以下では指示解決の問題に絞り2つのデータを再分析する．その際，リンガ・フランカとしての英語話者の観点から「創発的共通基盤」を発見し，その後「核となる共通基盤」をアメリカ人話者の観点から探るという手順を踏む.

4. 分析

4.1 節で見るデータ（1）では「奇襲攻撃」という意味の "surprise attacks"（複数形である点に注意）という指示表現の導入が，日本語を母語とする英語話者である筆者（Masa）に理解されていない点に注目する（4 行目）．4.2 節のデータ（2）では 3 人称複数代名詞の "they" と定冠詞がついた普通名詞の "the palaces" という 2 つの指示表現が理解されていない点に注目し分析する（7 行目）．

4.1.

データ（1）：ランチでの会話（200 年 3 月 28 日録音）

1.	Ace:	My host family asked me what I <u>thought</u> about **it**
2.		(.) I told them Americans do not like **surprise attacks.**
3.	Jane:	ha ha [ha
⇒ 4.	Masa:	[Huh?
5.	Ace:	(.) M:y <u>host</u> family when I was in Japan, they go, what do
6.		you <u>like</u>-,what do you- what do you think of ((unintelligible))
7.		**September 11**th? I told them-, I said
8.		Americans do <u>not</u> like **surprise attacks.**
9.	Masa:	[Uh uh
10.	Jane:	[ha ha ha ha ha
11.	Ace:	(.) I was- I was trying to <u>hint</u> at **Pearl Harbor**
12.	Dan:	Yeah yeah, [that's what-, that's what I was thinking <u>too</u>
13.	Jane:	[Yea:h ha ha
14.	Masa:	Did they <u>get</u> that?=
15.	Ace:	=Yeah yeah they kinda <u>got</u> it. They were all [like ((gesture))

94　　　　　　　　　　第 I 部　共通基盤化

16.　Dan:　　Americans do not like surprise attacks.

17.　　　　　　Like, yeah, remember what happened the last time

上記データ（1）は，アメリカ人大学生の Ace が日本にホームステイした際のホストファミリーとの会話のエピソードを筆者に語っている部分である．ここで，田中（2019）の phase 1 をこのデータのどこから見つけていけばいいのかを「エラー」から探る．ここでは，1-2 行目の Ace の発話を理解できずに，修復を求める不理解の合図（Huh?）に注目する（4 行目）．そこで，1-2 行目を「話し手の自己中心的な局面」と同定する．5-6 行目は話し手自身による「修復」であり，phase 2 に相当する．この修復が不理解を示した聞き手により理解されたと思われるのは 9 行目（"uh uh"）であるが，11 行目で Ace は「奇襲攻撃（surprise attacks）」という複数形の指示表現で「9.11 テロ攻撃（September 11th）」と「真珠湾攻撃（Pearl Harbor）」の両方を指していることを明示している．そこでこの部分は phase 3（「話し手による聞き手デザインの駆使」）に相当していると考える．14 行目以下は 13 行目までの確立した共通基盤に基づき更に会話が発展しているので共通基盤化が完成した最終局面としての phase 4 であろう．

4.2.

データ（2）大学のコンピューターラボで日本語の宿題をしている際の会話（2003 年 4 月 7 日録音）

　　1.　Masa:　Things changed drastically =

　　2.　Dan:　　= Drastically. (2.0) Man, that's crazy

　　3.　Ace:　　All of us are that way with something right? =

　　4.　Dan:　　= Yeah, in a hundred and fifty years

　　5.　　　　　Iraq will be like everybody =

　　6.　Ace:　　= This weekend, **they** captured one of **the palaces** =

⇒　7.　Masa:　= [Huh?

　　8.　Dan:　　= [Oh really?

　　9.　Ace:　　= **They** captured one of **Saddam Hussein's palaces** =

第4章　指示解決の動的語用論　　　95

```
10.  Masa:    = Uh-huh
11.  Ace:     = And the troops went in there to use the bathroom
12.           and like, took all his like, they took all his like stuff,
13.           took his fancy decorations and some of the troops took like
14.           souvenirs. They were like, there's this statue like in uh-,
15.           in Baghdad of like Saddam Hussein like on a horse
16.           or something like that waving and they blew it up =
17.  Dan:     = They blew it up ((while laughing))
```

この会話は，第二次世界大戦の敵であった日本とアメリカの関係が大きく変わったことを日本人話者（Masa）とアメリカ人話者（Dan）が述べた後，戦争という関連性（relevance）から，当時起こっていたアメリカ軍によるイラク侵攻に話題が変わる（4-5 行目）．6 行目で，「今週末（this weekend）」「彼ら（they）」が「（特定の）宮殿（the palaces）」の1つを攻略した，という内容の発話に対し，7 行目で不理解を示す合図で修復を求めている．そこで6行目をエラーとして phase 1 とする．9 行目は6行目の修復であり，主語は"they" のままであるが，「宮殿」が「サダム・フセインの宮殿」に言い換えられることで phase 2 の修復が行われている．その後，11 行目で「軍隊（"the troops"）」が「彼ら（"they"）」の代わりに使われることで修復がより完全な形で行われており，phase 3 の聞き手デザインの駆使と考えられる．この会話では筆者（Masa）が phase 4 に達したかどうかは，データからは読み取れないが，事後的に「バグダットに駐留するアメリカの軍隊（American troops in Baghdad）」を指して "they" を使っていることがデータからは浮かび上がる．

5.　考察

　この節ではデータ（1）および（2）に見られる「創発的な共通基盤」を今・ここで行われている会話の中で生じる「現場の知識（current sense）」から見ていく．言うまでもないことであるが，上記の会話は英語で行われており，

筆者はアメリカ人話者と会話を進行させることができる程度の核となる共通
基盤である「言語的知識（formal sense）」と「常識的知識（common sense）」
は持っていただろう．にもかかわらず，上記のデータ（1）および（2）では
会話についていけず，修復を要請し，その後，創発的な共通基盤化が行われ
ている．データ（1）では，「奇襲攻撃（surprise attacks）」という指示表現で
「9.11 同時多発テロ」と「真珠湾攻撃（Pearl Harbor）」を指すことは，その
場の会話の中で得られた「現場の知識」で理解したと言える．データ（2）で
は人称代名詞の "they" および "the palaces" はアメリカ人話者の Ace と
Dan には共通基盤化されていたが，筆者には理解できない指示表現であっ
た．その後の修復された表現を手がかりに事後的に「現場の知識」とその当
時のニュースで流れていたアメリカ軍のイラク侵攻という「常識（common
sense）」を使い，共通基盤化に成功した．

　ここで分析したデータ（1）および（2）で注意すべき点は，筆者の立場か
らは「エラー」であったものがアメリカ人の参与者には「エラー」ではなかっ
た点である．つまり，データ（1）では，3 行目で Jane が「笑い」によって
理解を示しているし，データ（2）では，8 行目で Dan が「え，本当に（Oh
really）？」と言うことで Ace の「自己中心的」発話に応答している．つま
り，リンガ・フランカの英語話者には「核となる共通基盤」ではない指示表
現も，アメリカ話者の間では「核となる共通基盤」となる場合があるという
ことである．データ（1）で言えば，「奇襲攻撃（surprise attacks）」という表
現は歴史的には 9.11 以前は日本の真珠湾攻撃を指して使われていたのであ
り，2003 年のイラク侵攻の際は，2 つの出来事が同期され，それが多くの
アメリカの人々に共有された「核となる共通基盤」となっていたかもしれな
い．一方，データ（2）では Dan と Ace は毎日イラク侵攻のニュースについ
て話しており，"they" という代名詞で「バグダットに駐留するアメリカ軍」
を指すことがその場の状況で理解されたと推察される．このような共通基盤
化は「創発的」なものであり，Dan と Ace の個人的な「共有された知識」か
ら生まれたものであろう．

　最後に田中の phase を使ったモデルに関してその有用性と限界を述べる．
このモデルは本章で分析したデータに関する限り，会話にエラーが生じた際

の正しい進行の「段階」を示しているものと言えるだろう．ただし，データ(2) のように phase 4 が会話で明示的に示されない場合もあれば，多人数会話の場合，ある参与者にとって「エラー」となる発話も，別の参与者にとっては「エラー」ではない場合もあることが分かった．今後の課題として，本章で分析したようなより複雑な事例を分析していくことで田中のモデルの妥当性を検討していく必要があると思われる．管見では，語用論の現段階では，実際の会話に見られる共通基盤化を田中が提案したモデルを使い分析することは，実証的な語用論研究にとって有益であり，更なる研究が俟たれる．

参考文献

Clark, Herbert H. (1996) *Using Language*, Cambridge University Press, Cambridge.

Enfield, Nicholas J. (2008) "Common Ground as a Resource for Social Affiliation," *Intention, Common Ground and the Egocentric Speaker-Hearer*, ed. by Istvan Kecskes and Jacob Mey, 223-254, Mouton de Gruyter, Berlin.

早野薫 (2018)「レヴィンソンが牽引するインタラクション研究」『語用論研究 (Studies in Pragmatics)』第 20 号，160-167.

Kecskes, Istvan (2014) *Intercultural Pragmatics*, Oxford University Press, Oxford.

Kecskes, Istvan and Fenghui Zhang (2009) "Activating, Seeking, and Creating Common Ground: A Socio-Cognitive Approach," *Pragmatics & Cognition* 17 (2), 331-355.

Levinson, Stephen C. (2007) "Optimizing Person Reference: Perspectives from Usage on Rossel Island," *Person Reference in Interaction: Linguistic, Cultural and Social Perspectives*, ed. by Nick J. Enfield and Tanyia Stivers, 29-72, Cambridge University Press, Cambridge.

Sacks, Harvey and Emanuel A. Schegloff (1979) "Two Preferences in the Organization of Reference to Persons in Conversation and their Interaction," *Everyday Language: Studies in Ethnomethodology*, ed. by George Psathas, 15-21, Irvington, New York.

須賀あゆみ (2018)『相互行為における指示表現』ひつじ書房，東京.

田中廣明 (2017)「語用論の新しい流れ—Istvan Kescskes の社会認知的アプローチ (Socio-cognitive Approach to Pragmatics) について」『語用論研究 (Studies in Pragmatics)』第 19 号，118-125.

田中廣明 (2018a)「動的語用論の構築に向けて—共通基盤化 (grounding) の実際を

例証する――（全体趣旨）」『日本語用論学会 第 20 回大会発表論文集 第 13 号 (2018) (Proceedings of the 20th Conference of the Pragmatics Society of Japan)』, 287-290.

田中廣明 (2018b)「指示解決に見られる自己中心性 (egocentricity) と共通基盤化」『日本語用論学会 第 20 回大会発表論文集 第 13 号 (2018) (Proceedings of the 20th Conference of the Pragmatics Society of Japan)』, 291-294.

田中廣明 (2019)「指示解決――自己中心性と共通基盤化」本書所収.

Yamaguchi, Masataka (2009) "Non-understanding as a Heuristic to Hypothesizing Cultural Models: A Meta-oriented Sociolinguistic Strategy," *Journal of Sociolinguistics* 13(3), 387-410.

山口征孝 (2018a)「聞き手の参与枠組み再考――聞き手役割のモデル化の有用性――」『聞き手行動のコミュニケーション学』, 33-57, ひつじ書房, 東京.

山口征孝 (2018b)「書評『話しことばへのアプローチ――創発的・学際的談話研究への新たなる挑戦（鈴木亮子ほか編）』」『語用論研究 (Studies in Pragmatics)』第 20 号, 135-143.

第Ⅱ部

歴史語用論・
文法化

第 5 章

「発話頭 (左の周辺部；**LP**)‐主観的，発話末 (右の周辺部；**RP**)‐間主観的」仮説の再考

—— 動的な立場から ——*

小野寺典子

青山学院大学

1. はじめに

　1980 年代に，談話分析という日常の話しことばを研究する分野が始まり，まだ 40 年に満たない．しかし，言語研究は，語用論分野の発展も伴い，語や文を対象としていた「言語そのもの」の構造や内部性質の解明にとどまらず，今や，人のインタラクションやそれを取り巻く社会・文化との関連において解明されるようになってきた．

　言語学において，研究対象となる言語単位が談話・文・語・形態素であるならば，それをサイズ順に並べると次の通りとなる．

　　談話 (discourse) ＞ 文 (sentence) ＞ 語 (word) ＞ 形態素 (morpheme)

これまでの文文法や理論言語学で文以下の単位を扱い，言語について多くの真理が解明されてきたが，20 世紀から 21 世紀にかけては，談話という言語のより大きなかたまりを対象にして，人のインタラクションという様相が少しずつ明らかになってきた．しかし，理論言語学に比べ歴史も浅く，概念についての共通の理解・認識や，共通の理論的基盤を欠くことも多いため，研究においては，難しさを感じることもしばしばであった．そんなところに，

---

　* 動的語用論研究会や本書を企画され，研究会にも招聘くださいました田中廣明先生に御礼申し上げます．

第5章　「発話頭（左の周辺部；LP）−主観的，発話末（右の周辺部；RP）−間主観的」仮説の再考　101

動的語用論というアプローチの構築を目指す潮流に出会うことが出来たと感じている．動的語用論に名を連ねると思われる「動的」なアプローチとして，以下で，歴史語用論と周辺部研究を簡単に概観する．

2.　歴史語用論

ヨーロッパ言語の研究や日本語史研究には，以前から言語使用についての通時的研究が存在していたが（例 Brown and Gilman (1960)），「歴史語用論」として明示的に分野が始まったのは，Andreas H. Jucker による論文集 *Historical Pragmatics* (1995) の刊行によってであろう．以来，国内外で論文集・入門書・学術専門誌（*Journal of Historical Pragmatics*）・ハンドブックなどが刊行されてきた（Fitzmaurice and Taavitsainen (2007), Jucker and Taavitsainen (2010) 他）．日本でも，歴史語用論という冠のついた入門書・論文集が複数刊行されており，分野について詳しく紹介されている（高田・椎名・小野寺（編）(2011)，金水・高田・椎名（編）(2014)，高田・小野寺・青木（編）(2018)）．

歴史語用論は，大きく2つのアプローチ「語用論的フィロロジー」(Pragmaphilology) と「通時的語用論」(Diachronic Pragmatics) に分類できる．語用論的フィロロジーは，ある言語の特定の時代の社会的状況や相互行為の型をマクロな視点から解明しようとする．通時的語用論は，さらに「通時的な形式−機能の対応づけ」(Diachronic Form-to-Function Mapping) と「通時的な機能−形式の対応づけ」(Diachronic Function-to-Form Mapping) に分けられる（高田・小野寺・青木（編）(2018: 7–20) 他）．前者は特定の言語形式の機能の通時的変遷を，そして，後者は特定の機能を定め，その機能の通時的変遷を明らかにしようとする．

語用論的フィロロジーがマクロな視点を持つ一方で，通時的語用論はよりミクロな視点から研究を行うと言える．1980年頃から，いわゆる文法化研究が日本の国内外で盛んにおこなわれるようになったが，文法化は「通時的形式−機能の対応づけ」分野の代表的トピックである．

3. 周辺部

周辺部研究は，上の歴史語用論より規模の小さい研究分野であるが，1995年頃に歴史語用論分野の論文内で言及され，次第に研究が広がってきた．周辺部は，発話 (utterance) の左と右の端 (周辺部)，すなわち「発話頭と発話末」という場所を指す．発話頭は，通例，左の周辺部 (left periphery, 略して LP)，発話末は右の周辺部 (right periphery, 略して RP) と呼ばれている．[1] 例えば (1) のような英語の自然発話の場合を見てみよう．人は話し始めの多くの場合，*Hey*, *Say* などの間投詞＋呼びかけ語 (address term; 固有名詞など) といった要素で相手の注意を引き，そしてメッセージの主要な部分である概念的核 (命題)（「財布を落とした」）を提供する．そして，発話の最後で *didn't you?* と相手への確認を行っている (Onodera and Traugott (2016 online version), 小野寺 (編) (2017a: 4-5) も参照)．

(1) Hey, Bill, you dropped your wallet, didn't you?

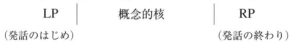

発話冒頭の対人的働きかけの部分が「発話のはじめ」部分 (左の周辺部；left periphery, LP)，発話末が「発話の終わり」(右の周辺部；right periphery, RP) である．

2014年に周辺部研究についての初めての論文集 (Beeching and Detges 2014) *Discourse Functions at the Left and Right Periphery: Crosslinguistic Investigations of Language Use and Language Change* が刊行され，2016年には *Journal of Historical Pragmatics* 特集号『周辺部』(*Periphery*) (Higashiizumi, Onodera, and Sohn (eds.) (2016)) が出版された．また，日本でも2017年に周辺部研究プロジェクトの成果として『発話のはじめと

---

[1] 周辺部とは，「何の」周辺部を問題とするのか，分野でも時々議論となる．順番 (turn), 発話，節の周辺部なのかについて，今も議論は続いている (Beeching and Detges (2014: 1-4), 小野寺 (編) (2017a: 12-13) など)．

終わり』（小野寺（編）（2017a））が出版されており，この分野についての理論・方法やリサーチクエスチョン，研究史といった詳細が記され，また多くの研究例が報告された．

周辺部研究では，話しことばの発話のはじめと終わりで，人は何をしているのか，どのような表現を用いて，その機能はどのようなものなのか，を観察する．*Journal of Historical Pragmatics* 17.2 特集号の掲載論文をまとめた報告では，英語・韓国語・中国語・日本語・フランス語といった複数言語の発話末（RP）に共通して，「相手への確認」（seeking confirmation）という機能が起きることが見つかっており，周辺部で通言語的に人に共通した行為がなされている可能性がある（Onodera and Traugott（2016 online version））．[2]

周辺部とは，「談話ユニットの最初あるいは最後の位置であり，談話標識／語用論標識また他の語用論的要素が現れやすい．そして，それらの語用論的要素が，話者の談話（会話）運営上の意図や行為を知らせたり，話者の態度や対人機能を表す場所」である．[3]

発話頭・発話末はまた，文法化・構文化プロセスを経て起きてきた定型的表現が多く出現する場所でもある．第 7 回動的語用論研究会のシンポジウム『「歴史語用論」と「発話のはじめと終わり（周辺部）」に見られるダイナミズム』でも，周辺部が文法化・構文化の産物の多く出現する場所であることと，その産物の例を以下のように報告した．

(2) 文法化・構文化の産物が多く出現する LP・RP（小野寺（2018b））

　　　LP　英語：　談話標識 *indeed, in fact, having said that*（文法化）
　　　　　　　　　 'cause（主節化）

　　　　日本語：　談話標識（*d* 接続表現）「だから，だけど，でも，だって」
　　　　　　　　　　　　　　　　　　　　　　　　　　　　　（構文化）

---

[2] RP の「確認」を表す表現としては，英語の付加疑問や *then*，フランス語の *alors, donc,*（*donc euh*），韓国語 *mwe*，日本語「でしょ（う），だろ（う）？」などが見つかっている．

[3] この周辺部についての説明は，2014–2015 年度青山学院大学総合研究所プロジェクト「英日語の「周辺部」とその機能に関する総合的対照研究」の成果を踏まえた暫定的定義（小野寺（編）（2017a: 9））をもととした．

RP	英語：	付加疑問形（構文化），general extenders（構文化）
	日本語：	対者敬語「です・ます・ございます」（文法化）

卑罵語「動詞－やがる」（文法化）

名詞化節（形式名詞）「‥こと．‥もの．‥の．

‥わけ．‥ところ．等」

（文法化）

言いさし「‥し．‥けど．‥から．」（文法化）

(2) の例の最後に付した（　）内の通時的プロセスは，暫定的にそのプロセスの産物として説明できるという意味である．LP の英語の談話標識 *indeed, in fact* 等は Traugott (1995) 他で，*having said that* は大橋 (2018) により，日本語の談話標識「だから，でも，だって等」は小野寺 (2018a)，RP の日本語の対者敬語は金水 (2005) 他，卑罵語「―やがる等」は澤田 (2017, 2018) によって，名詞化節「‥こと等」は宮地 (2007)，小野寺 (2017b) など，「‥わけ」は Suzuki (1998) において，それぞれ分析されている．

4.　「LP-主観的，RP-間主観的」仮説の「動的」立場からの再考

4.1.　非相称仮説の問題点

　周辺部研究の最初の論文集 Beeching and Detges (2014) *Discourse Functions at the Left and Right Periphery* では，左の周辺部（LP；発話頭）と右の周辺部（RP；発話末）に現れる言語形式の機能（用法）を表 1 のようにまとめ，LP と RP の機能には差異があり，非相称的であると提案している．この提案は仮説的だとしながらも，今日まで，この分野の研究にかなりの影響力を持っている．

第 5 章 「発話頭(左の周辺部；LP)-主観的，発話末(右の周辺部；RP)-間主観的」仮説の再考　　105

表1：左と右の周辺部の用法についての［非相称的］仮説（Beeching and Detges (2014: 11 Table 1.4)，小野寺（編）(2017a: 25) 他）

LP（左の周辺部）	RP（右の周辺部）
Dialogual（対話的）	Dialogic（二者の視点的）
Turn-taking／attention-getting （順番を取る／注意を引く）	Turn-yielding／end-marking （順番を譲り，次の順番を生み出す／ 終結を標示する）
Link to previous discourse （前の談話につなげる）	Anticipation of forthcoming discourse （後続の談話を予測する）
Response-marking（返答を標示する）	Response-inviting（返答を促す）
Focalising, topicalising, framing （焦点化・話題化・フレーム化）	Modalising （モーダル化）
Subjective（主観的）	Intersubjective（間主観的）

　本論では，主にヨーロッパ言語の周辺部研究に端を発した，この非相称的機能仮説のうち，特に一番下の「LP-主観的，RP-間主観的」[4]という仮説の再考を試みる。[5]左の周辺部に現れる要素には主観的な機能が見られ，右の周辺部に現れる要素は間主観的な機能を遂行しているという仮説である。

　本論文の提案を簡約すれば次のとおりである。Beeching and Detges (2014) によって，特にヨーロッパ言語を対象とした研究をもとに「LP-主観，RP-間主観」という非相称的な機能分布が多くの言語に見られる（つまり普遍的）と提案されたが，日本語の LP・RP の観察からは LP・RP の両方で「主観的・間主観的」機能の両方が見られ，機能分布は非相称的とは言いがたい。英語の LP にしても，人の交流（発話）の多くの始まりで間投詞 *Hey* や *Say* 等（＋名前（例 John，太郎）など）で呼びかける（summons）といった間主観的機能が観察されるため，やはり，非相称というまとめ方には検討

---

[4] 本論文で「主観的」「間主観」という場合，主に Traugott (2010: 33) などの考えを用いている。

[5] 本論文の一部は，2012 年度日本語用論学会大会で発表した「「左と右の周辺部（Left and Right Peripheries）」と「主観性・間主観性」との関係は？——歴史語用論における考察」（12月1日 大阪）の内容に加筆・修正したものである。発表に際し，頂戴したご質問・コメントに感謝申し上げます。

が必要である.

　現在の分野にある Beeching and Detges による仮説的提案と，それに反し，本論文で提案するポイントは (3) のようにまとめられる.

　(3)　LP と RP の機能

〈Beeching and Detges (2014) の提案〉		
機能	機能	LP vs. RP
LP　主観的	RP　間主観的	非相称的
〈本論文の提案〉		
LP　主観・間主観的	RP　主観・間主観的	相称的

Beeching and Detges (2014) によって，LP・RP の非相称仮説が提案された背景には，これまでの英語文を対象とした先行研究 (Ghesquière (2010), Adamson (2000) など) で「英語文において主観性の高いものほど左に移動する」と報告され，「主観性の高い要素ほど左に現れる」と考えられるようになったことがあるだろう．ところが，これらの研究は文中の名詞句の中の現象 ("left periphery of the NP structure" Ghesquière (2010: 277)，「名詞の前につく形容詞の連鎖の語順」Adamson (2000)) を問題としており，本書のような，人のダイナミックなインタラクションを動的に捉えようとする観察とは異質なものではないかという点を考察してみたい．図 1 がこの問題意識を示している.

　図 1 において，1 つの発話の冒頭部分が発話頭 (LP)，終わりの部分が発話末 (RP) であり，人の発話 1 回の中で，メッセージの主となる命題部分は中ほどに位置している．この発話において，Ghesquière や Adamson が見ている「名詞句」は，通常，命題の中に出現すると思われる.[6] やはり，図 1 で見るように，発話の LP と名詞句の左方部分は，異なるレベルの性質を有する場所だと思われる.

---

　[6] もちろん例えば人への呼びかけで，"Hey, gentleman sitting over there" (「ホラ，そこにお座りの方」) といった名詞句 (下線部分) は LP にも現れる.

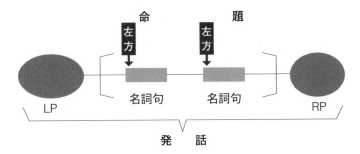

図 1：Ghesquière (2010), Adamson (2000) による「名詞句内の左方部」と周辺部研究の LP（発話頭）（小野寺 (2012) より）

　Ghesquière (2010) や Adamson (2000) の「文」を対象とした精巧な研究から，英語の形容詞の連鎖 (horrible jealous old man のような，名詞の前の 3 つの形容詞などの場合) においては，主観性の高いものほど名詞句内の左方に現れるという興味深い事実がわかってきた．しかし，この事実から，人のインタラクションの中で生産される発話全体の始まり部分（LP）で，発話全体を通して最も主観性の高い要素が現れるということまでは導き出せないのではないだろうか．

　話しことばの談話においては，例えば Schiffrin (1987) が提唱した談話モデルにあるような，インタラクションという動きのあるものを捉える複数の面（観念的構造・行為構造・やりとり構造・参加者構造・情報構造）が働いており，書きことばとは様相の異なる立体的な談話状況を構成している．上の 5 つの構造（structure または plane）においては，各構造内で順に，命題・人の行為・順番（turn）・話し手や聞き手といった参与者・旧情報や新情報といった情報，が捉えられており，5 つの構造（面）が重層的に同時に働いている．こうした同時に作用する 5 つの構造からの情報をもとに，会話参与者はそのインタラクション中の複雑な意味や含意を理解することができる[7]（高田・小野寺・青木（編）(2018: 5-6)，小野寺（編）(2017a: 19-21) 参照）．

---

[7] 会話の中でしばしば直面する「含意」や，「この，あの，それ (this, that, it)」といった直示，また，「新情報・旧情報」なども，すべて 5 レベルの構造からの情報があってこそ，私達は正しく解釈（推論；infer）できているのだろう．

108 第 II 部　歴史語用論・文法化

　上のような談話モデルを通して人の発話を見れば，発話頭（LP）では，会話展開のための行為，話者の自分の順番を取るための努力（順番を取ろうとすること）など，ダイナミックな偶発的・創発的（emergent）な言語使用を捉えることができる．そうした行為や，例えば英語の談話標識 *well* などによる聞き手への配慮なども LP で起きており，LP で多くの間主観的機能が観察される．つまり LP では主観性だけが観察されるのではない．

4.2.　Ghesquière (2010)，Adamson (2000) による，名詞句内形容詞連鎖の語順：主観性の高いものほど左に現れるという研究

　この節では，上で述べた Ghesquière (2010)，Adamson (2000) による「名詞句内では，主観性を強めた形容詞が左方へ移動する」という研究を紹介する．

　Ghesquière (2010: 278) によれば，"the same old handsome charming Henry" といった名詞句があったとき，名詞の前の連鎖は，左から右へ「主観的-客観的」という並び方になっているという．この事実は共時的な観察として，それ以前の言語研究（Quirk et al. (1972)，Halliday and Hasan (1976)，Vandelanotte (2002) 他多数）の多くにおいて指摘されてきた．この事実から次のような通時的仮説を行ったのが Adamson (2000) である．つまり，「名詞の前の要素（prenominal elements）が主観的な意味を獲得すると，名詞句の中のより左方向へ移動する」（Ghesquière (2010: 278)）．

4.3.　Adamson (2000) の形容詞語順の左方移動仮説
4.3.1.　文副詞の左方移動

　本書そして本論文の趣旨は，つまるところ Adamson のような文内の観察とは性質が異なる，文より大きい言語単位（談話）を見る動的なアプローチを提唱することだが，関連研究に大きな影響力を持つ Adamson の仮説を概観し，再考の際の比較対象としたい．[8]

---

　[8] 本論文は，結局 Adamson 仮説とは異なる動的なアプローチを支持するわけだが，Adamson の文を対象とした研究は精巧であり，言語への理解の助けとなるため，概説するこ

第5章 「発話頭（左の周辺部；LP）－主観的，発話末（右の周辺部；RP）－間主観的」仮説の再考　109

　まず Adamson (2000: 39-40) では，現代英語の文法における様態副詞と文副詞の異なる機能について述べている．

(4) a.　He will answer *hopefully*.
　　 b.　*Hopefully*, he will answer.
(5) a.　He will not answer *frankly*.
　　 b.　*Frankly*, he will not answer.

様態副詞 (4a) と (5a) と文副詞 (4b) と (5b) の異なりは，位置と意味だとしている．様態副詞の標準的位置は動詞のすぐあとだが，文副詞は節頭に現れ，話しことばならイントネーションにより，書きことばなら句読点で句切られる (ibid: 39)．意味の異なりは，しばしば作用域 (scope) の異なりで表すことができる．様態副詞は動詞または動詞句を修飾するが，文副詞はその名の通り，文 (節) 全体に意味が作用する．

　この二種の副詞の対比は，否定文の場合により明解となる．すなわち，様態副詞は (5a) のように「否定の作用域内」で機能するが（彼は率直には答えないだろう；frankly は否定される），文副詞 (5b) は，否定文作用域の外で働いている．（率直に言えば，彼は答えないだろう；frankly は否定されない）．

　Swan (1988) が，こうした文副詞・節内副詞の両機能を持つ要素の通時的考察を行い，様態副詞が歴史的に先行し，あとから文副詞に発達することと，そうした発達には節頭への左方移動が伴うことを報告した．

　さらに Traugott (1995) らが，談話標識の文法化プロセスに，上の節内副詞 → 文副詞の発達によく似たパタンがあることを報告した．すなわち，

Clause-internal Adverbial > Sentence Adverbial > Discourse Particle
　　　節内副詞　　　　　　＞　　　文副詞　　　　＞　　　談話詞

という意味と統語的立場の発達傾向 (cline) を，*indeed* を例に示した．Traugott (1995) によれば，1300 年ごろ *in dede* という前置詞句において

─────────────

ととする．

dede はまだ名詞「行為」の意味を持っており，*in thought*（考えにおいて）や *in speech*（ことばにおいて）と対比的な「行為において」という意味の節内副詞的に用いられていた．1500 年代になると，副詞句が（修飾していた）動詞句から主語のすぐ前の位置へと移動し，節全体を修飾するようになる．統語的作用域が広がったということである．1600 年以降となると，*in* と *deed* が 1 語 *indeed* で表され，談話標識としての機能として「前述の内容を確認し，次の節では詳説する」ことを知らせるメタ言語的なものとなる．

Frankly の発達と *indeed* の発達の両者に，統語的カテゴリの変化とともに，指示物に焦点を当てた意味から話者へ焦点を当てた意味へ，そして，描写的機能からメタ言語的意味へという変化が見られる．そしてどちらも左方へ移動するという共通点があると Adamson（2000）はまとめている．確かに両者の発達は類似しているが，ここで，談話標識として発話頭に出現するようになると，主観的意味だけでなく，すべての談話標識に共通して（少なくとも）「相手へ知らせる」という間主観的機能や他の間主観的意味を表しうる立場となるという点を加えなければならないと思う．Adamson による先行研究にこの点を付け加えれば，動的なインタラクションを見る本書などのアプローチと同様ということが出来る．

4.3.2. 名詞句内形容詞の語順と主観性

Adamson（2000）による主観性についての論文は興味深く，考えさせられるものであり，4.3.1 節の文副詞の観察は歴史語用論にとっても示唆的であるが，やはり Adamson にとっては，この節で述べる「名詞句内の形容詞の語順」の問題が中心的関心事であった．「名詞句内のカテゴリシフト」の問題は興味深いが，「名詞句の中の」観察である点が動的な談話研究とは一線を画するものであり，周辺部の「LP-主観的，RP-間主観的」という機能仮説（Beeching and Detges（2014: 11 Table 1.4），本論文の表 1）の理論的基盤とはなりにくいことを以下で実証してみたい．

名詞の前で，名詞の修飾を行う複数の形容詞（pre-modifying adjectives）a, b, c があるとき，a, b, c の並び方は自由ではなく，（母語話者には）優先的順番があるだろう（例：*fresh crisp lettuce* なのか *crisp fresh lettuce* なの

第 5 章 「発話頭（左の周辺部；LP）-主観的，発話末（右の周辺部；RP）-間主観的」仮説の再考　　111

か）ということが Adamson の主要な関心だったようである．Dixon（1982: 6）がこうした形容詞の優先的順番について，提案を行っている．形容詞を意味的に 7 つの下位クラスに分け，同じクラス内であれば，どのような順番も可能だが（例：*fresh crisp/crisp fresh*），異なるクラスの形容詞が並ぶ場合は 1-7 の順で左から右へと並ぶと提案した．

(6)　**左**　1. VALUE（評価）good, nice, excellent, horrible, delicious …

　　　2. DIMENSION（寸法）small, long, thin, large, wide …

　　　3. PHYSICAL PROPERTY（物質的性質）crisp, hard, soft, heavy, smooth …

　　　4. SPEED（速度）fast, quick, slow …

　　　5. HUMAN PROPENSITY（人の性質）gracious, kind, proud, generous …

　　　6. AGE（年齢）new, young, old …

　右　7. COLOUR（色）black, green, red …

つまり (7) (8) において，a は提案された順に並んでおり，b は違反であるという（Adamson (2000: 43)）．

(7) a.　horrible jealous old man (1-5-6)

　　b.　?jealous old horrible man

(8) a.　nice large soft green cushions (1-2-3-7)

　　b.　?green soft nice large cushions

非母語話者が作文する際も苦慮しがちな形容詞の順であるが，(7a)，(8a) が意味的に無標の順を示しているという．Whorf（1956: 93）も，指示物の生来の性質を表す形容詞が生来的でない性質より，修飾する名詞のそばに配置されるとしたが，(6) の Dixon の提案もまた生来的性質の等級（(6) の 7 から 1（生来的から非生来的））を表しており，例えば年齢や色は評価や寸法よりも生来的だとしている．このとき，最も左に来る (6) の 1「評価」の形容詞は，2-7 の形容詞とは異なり，話者の情緒を表すもの（affective）で，

112 第 II 部 歴史語用論・文法化

(6) の 2 から 7 が指示物の [客観的] 描写を行う形容詞だと Adamson (2000: 44) は指摘する．つまりは，(6) の 1 から 7 の形容詞のうち，最も主観的なものが最も左に現れるという説である．

Adamson の主観性の考察は，さらに形容詞 *lovely* の通時的主観化（主観性を強める）プロセスにも及ぶ．まず，古英語において *lovely* は人の性質 (Dixon の分類の 5)「愛想のいい（現代語の amiable），愛すべき (loving)」を表していたが，中英語において「外見が美しい」(beautifully shaped, good-looking) (Dixon の分類．(6) の 3) という意味も表すようになる．18 世紀には後発の意味が優勢となる．そして 18 世紀半ばともなると，(6) の 5 と 3 のどちらの意味でもない，話者の評価を表す意味が現れる（「良い」．例：a lovely time）.

また，Adamson は ARCHER コーパスを用いた精細な分析から，*lovely* が修飾する指示物の変遷も明らかにした．1650 年から 1750 年までは「(すべての）人」が指示物であり，おおよそ外見の美しさを表していたようだが，1750 年から 1850 年までは「女性」が指示物となっており，典型的意味として女性の美しさが表され，そして，1950 年以降は共起する名詞は非常に様々となり，*lovely* が修飾しない名詞はない状況となる．このことから，現代英語では，[主観的]「話者の評価」（良いという意味）が *lovely* の典型的意味となっているさまが見て取れると述べている．

Adamson (2000: 55) は，最後に，ARCHER より規模の大きい OED データベースを用い，*lovely* の意味発達と，最終的にはこの語が強意詞 (intensifier) となる（再分析）文法化の様子を描き出している．詳細な分析を簡約すると次の通りである．描写的意味（人の性質 → 物質的性質）→ 情緒的意味（主観的評価）→ 強意詞という変遷である．これまでに提唱されたいくつもの文法化の一方向的傾向 (cline) に加え，(9) も加えられると提案されている．

(9) Descriptive adjective > Affective adjective > Intensifier
　　　描写的形容詞　　　　　情緒的形容詞　　　　強意詞

1500 年から 1700 年頃，*lovely* の主要な意味は人の性質を表していたが，

第 5 章 「発話頭（左の周辺部：LP）-主観的，発話末（右の周辺部：RP）-間主観的」仮説の再考　　113

1700 年から 1800 年頃は，主要な意味は物質的性質を表すようになり，1800年から 1850 年頃，主観的評価が主な意味となる．そして 1850 年から 1900年にかけて新しい統語機能「強意詞」が登場し，それまで形容詞としては別の形容詞との共起は選択的だったものが，別の形容詞との共起が義務的になる．

　この *lovely* の文法化の進み方についての Adamson（2000: 55）の考察も注目に値する．「描写から情緒的意味という発達［主観化］が，［*lovely* を］形容詞連鎖の左方へと移動させ，その左方移動が今度は形容詞から強意詞へというカテゴリの再分析の引き金となっている．」

　Adamson の名詞句内の分析により，確かに左方要素と主観性との関連性があることがわかった．しかし，やはり，話しことばの「動的な」側面を観察する談話分析や会話分析では，人の発話の冒頭（LP）において，名詞句内で見られることとは別次元[9]の多くの間主観性が出現するさまを捉えている．次節では，LP に現れる間主観性を概観する．

4.4.　英日語の LP に現れる間主観性

　ここでは 4.1 節で言及した「LP-主観，RP-間主観」仮説（Beeching and Detges（2014））に反し，英語と日本語という両言語の話しことばにおいて，LP に間主観性が頻出する様子を見る．（10）は英語，（11）は日本語の例である．

(10)　（COCA 話しことば：CBS　FaceNation 2017.3.9）
　　　（Kerry 上院議員が議員活動のための資金集めに関して，意見を述べた後で）
　　　1.　Schieffer:　　All right, I guess we'll leave it there.
　　　2.　Sen-Kerry:　Hey, Bob, I love your tie.

---

[9] ここでいう別次元とは，例えば Schiffrin（1987）が提唱する談話モデル（小野寺（編）(2017a: 19-21)，小野（2018a: 5-6)）においてあげられた 5 つの構造（参加者・観念・行為・やりとり・情報）のうち，命題が中心となる観念構造を除く 4 つの構造が，人の動的なインタラクションを捉える次元だと考えられる．

3.	Schieffer:	Thanks to both of you. OK. We'll be back in a
4.		minute to talk with one of the vice president's
5.		closest advisers over the years, in just a minute.
6.	Schieffer:	And with us now is Jack Quinn. He's the former
7.		White House counsel, before that, the first two
8.		and …

CBS のテレビ番組放送中，番組ホストの Bob Schieffer と Kerry 上院議員とのやりとりの中，2 行目で，議員が「さて，ボブさん，素敵なネクタイですね」とホストの装いを褒めている．"Hey, Bob, I love your tie." という発話の命題部分は I love your tie であり，その前に発話された Hey, Bob という呼びかけ部分は相手に「これから私が発言しますよ」と注意喚起する機能を持ち，この部分が発話の左周辺部 (left periphery；LP) と考えられる (Onodera and Traugott (2016: online version 163-164) 参照)．複数の辞書で hey は「おや，へえ，やあ，まあ」と訳され，間投詞とされている．

COCA（1990 年から 2017 年）において，"hey" は 40106 回，"hey,"（hey のあとにコンマが入る形）は 31385 回の用例を数え，後者をジャンル別でみると「話しことば 15023 回，全体の 48 %」「小説 10875 回，全体の 35 %」以下「雑誌」「新聞」「学術文章」の順で用いられている．

「注意喚起」(attention-getting) は，Beeching and Detges (2014: 11) の論集による周辺部の機能についての仮説（本論文の表 1）においても LP の機能の 1 つに数えられているが，話者がコミュニケーションの相手に注意を喚起するという行為は，相手の主観性への働きかけであり，よって，話者の主観的ではなく，間主観的な機能である．つまり，この事実からだけでも，Beeching and Detges (2014) 仮説（表 1 参照）の中の「LP-注意を引く，LP-主観的」という点には齟齬があることになる．

(11) は日本語会話に見られる呼びかけの例である．

第 5 章 「発話頭(左の周辺部;LP)-主観的,発話末(右の周辺部;RP)-間主観的」仮説の再考　115

(11)　(ゼミトランスクリプト：母と娘ゆうこの会話)[10]

　　1.　母：　ね,ゆうこね,ビクトリアステーションの帰りにね,
　　2.　　　　高橋屋寄ったんだけどね,
　　3.　娘：　いなかった？
　　4.　母：　いなかったよ＝
　　5.　娘：　＝バラエティにいたんだもん.(会話つづく …)

昼食時の家族の会話で,母が,娘がアルバイトをしているスーパーマーケット高橋屋に立ち寄ったものの,娘がいなかったと伝えているくだりである.
1 行目で,話者の母が娘に語りかけようと,「ね,ゆうこね」で,娘の注意を喚起している.冒頭の「ね」は感動詞(間投詞),「ゆうこ」は呼びかけ語(address term)で,(10)英語例の "Hey, Bob" の部分と同様の構成を持つLP 部分を形成している.話者の母は,そのあと「高橋屋に寄ったが,(娘は)いなかった」というメッセージ(命題)部分を発話しようとして,途中で,その含意を察した娘の発話にさえぎられている.

　日本語例 (11) 1-2 行目と英語例 (10) 2 行目は,「呼びかけ部分 (LP) +命題」という機能の構造をしている.英日語のどちらでも発話をし始めるという人の営みにおいて,「まず呼び掛けて注意喚起してから,命題を述べる」という共通した方法が認められた.呼びかけによる注意喚起は,典型的な間主観的機能だと考えられる.

4.5. 日本語の RP に現れる主観性・間主観性

　今度は,「LP-主観,RP-間主観」仮説 (Beeching and Detges (2014),本論文 4.1 節表 1) に反し,日本語話しことばの RP に主観性・間主観性のどちらも頻出する様子を見る.

　日本語では,奈良・平安時代より (8 世紀以降),例えば主観性を表す終助詞「な」の使用が見られ,終助詞は古くから使用されてきたといえる.

---

[10] 会話例 (11) (12) のトランスクリプト内の記号は,①発話末の＝と次の発話の冒頭の＝が,「認識できる間なしに,続けざまに発話される」様子,②[が「複数の発話の重複」を表す.「,」は継続のイントネーション,「.」は下降調イントネーションを表す.

116　第 II 部　歴史語用論・文法化

(12) は，男子大学生 4 人の会話からの抜粋である．日本語会話において，主観性を表す終助詞，間主観性を表す終助詞共によく用いられているさまが見られる．

(12)　(ゼミトランスクリプト：塾の先生（弘）と元生徒 3 人（雄一，友明，隆）の会話)

　　(会話　略)

　1.　雄一：　先生さあ，眉毛も濃い<u>よ</u> ＝
　2.　弘　：⎡＝笑
　3.　友明：｜＝笑
　4.　隆　：⎣＝何いまさら言ってんだ<u>よ</u>．
　5.　友明：　そんなんもう俺ら二年位前からわかってたことだ．＝
　6.　雄一：　＝でもこの前先生電車で言ってた<u>よね</u>？ ＝
　7.　弘　：　＝なに？ 聞こえない．

　　(会話つづく)

大学 3 年生の弘は，塾で雄一・友明・隆を教えたことがあり，入試で 3 人が合格した後，久しぶりに会い，レストランで話している．

　1 行目で，雄一が久しぶりに会った先生（弘）の「眉毛が濃い」というメッセージを発信し，終助詞「よ」で発話をしめくくっている．「よ」によって話者の主観的主張を表している．4 行目の終助詞「よ」は強調を意味するのではないかと考えられる．一方，6 行目では，雄一は発話の終結部分に「よ＋ね」という 2 つの終助詞のコンビネーションを用いている．「よ」は前述の主観的主張を表す終助詞，「ね」はここでは「問い」という間主観的機能を持つ終助詞である．

　6 行目の雄一の発話の後，間髪入れずに，先生（弘）が「何？ 聞こえない」と答えているが，6 行目の「ね」が問いを表していたことがデータから実証できる．6 行目で，隣接応答ペア (Schegloff and Sacks (1973)) の 1 つ「問い－答え」の第 1 ペア部分「問い」がなされたと弘が認識し，間髪入れずに，7 行目で「なに？」と発話している．これは，問いに対する第 2 ペア部分「答え」が来るべき場所で，答えの代わりに，（雄一の質問が聞き取れなかった

第5章 「発話頭(左の周辺部；LP)-主観的, 発話末(右の周辺部；RP)-間主観的」仮説の再考　117

ため) 確認のための質問を行っている場面である.

　終助詞「ね」はまた会話の中で「相手の同意を求める」(seek agreement) こともある, 日本語会話で頻出する終助詞である.「よ」は主観性,「ね」は間主観性を表すと考えられる.

　上の短い会話例からも垣間見えるように, 主観的終助詞「よ」, 間主観的終助詞「ね」, そして「よ＋ね」のコンビネーションは, いずれも日本語会話で多用される, 発話の終結形式と言える. 日本語の RP では主観性・間主観性のどちらも多く出現するようである.

5. 結論

　本論文では, Beeching and Detges (2014) で提唱された周辺部の機能についての仮説「発話頭 (LP) に主観性が現れ, 発話末 (RP) に間主観性が現れる」について, 再考した. 最近の研究でもよく言及されるこの仮説の理論的根拠の 1 つが, Adamson, Ghesquière らによって見出された「名詞の前の形容詞の語順において, 主観性が高い形容詞ほど左に現れる」という事実であった. 興味深い現象だが, これらの研究が文文法や伝統的理論言語学の枠内で行われているものであり, 研究の対象が「文内の名詞句」であることから, そこに見られる「左—主観性」という傾向だけから, 人のインタラクションを含む話しことばにおける「発話頭 (LP)」「発話末 (RP)」の機能まで言及するのは難しいのではないか. 本論文では, 上のような「LP-主観的, RP-間主観的」という機能の非相称性仮説 (4.1 節) に反し,「LP でも間主観性が多く観察される」こと (4.4 節),「RP では主観的・間主観的」機能の両方が観察されること (4.5 節) を示したが, 次のような提案を行いたい. LP, RP とも人のインタラクションの動的な側面 (行為構造ややりとり構造など. 4.1 節と図 1 参照) が働く場所であり, その機能は「LP-主観的・間主観的」対「RP-主観的・間主観的」という相称性 (symmetry) を示す.

　本論文での観察や提唱に, 本書の目的であろう, 動的な見方の重要性の指摘に少しでも貢献できるものがあるならば幸甚の至りである.

参考文献

Adamson, Sylvia (2000) "A Lovely Little Example: Word Order Options and Category Shift in the Premodifying String," *Pathways of Change,* ed. by Olga Fischer, Anette Rosenbach and Heinrich Heine, 39-66, John Benjamins, Amsterdam.

Beeching, Kate and Ulrich Detges (eds.) (2014) *Discourse Functions at the Left and Right Periphery: Crosslinguistic Investigations of Language Use and Language Change,* Studies in Pragmatics 12, Brill, Leiden, the Netherlands.

Brown, R and A. Gilman (1960) "The Pronouns of Power and Solidarity," *Style in Language*, ed. by Thomas A. Sebeok, 253-276, MIT Press, Cambridge, MA.

Dixon, R. M. W. (1982) *Where Have All the Adjectives Gone?*, Mouton de Gruyter, Berlin.

Fitzmaurice, Susan M. and Irma Taavitsainen (2007) Methods in Historical Pragmatics, de Gruyter Mouton, Berlin.

Ghesquière, Lobke (2010) "On the Subjectification and Inter-subjectification Paths Followed by the Adjectives of Completeness," *Subjectification, Intersubjectification and Grammaticalization,* ed. by K. Davidse, L. Vandelanotte and H. Cuyckens, 277-314, de Gruyter Mouton, Berlin.

Halliday, M. A. K. and Ruqaia Hasan (1976) *Cohesion in English*, Longman, London.

Higashiizumi, Yuko, Noriko Onodera and Sung-Ock Sohn, eds. (2016) *Periphery-Diachronic and Cross-Linguistic Approaches*, Special issue of *Journal of Historical Pragmatics* 17(2).

Jucker, Andreas H., ed. (1995) *Historical Pragmatics*, John Benjamins, Amsterdam.

Jucker, Andreas H. and Irma Taavitsainen, eds. (2010) *Handbook of Historical Pragmatics*, de Gruyter Mouton, Berlin.

金水敏 (2005)「日本語敬語の文法化と意味変化」『日本語の研究』1 (3), 18-31.

金水敏・高田博行・椎名美智 (編) (2014)『歴史語用論の方法』ひつじ書房, 東京.

宮地朝子 (2007)「形式名詞の文法化——名詞句としての特性から見る」『日本語の構造変化と文法化』, 青木博史 (編), 1-31, ひつじ書房, 東京.

大橋浩 (2018)「譲歩から談話標識へ：周辺部の観点から」第 7 回動的語用論研究会シンポジウム『「歴史語用論」と「発話のはじめと終わり (周辺部)」に見られるダイナミズム』にて発表論文 (3 月 25 日 京都工芸繊維大学).

小野寺典子 (2012)「左と右の周辺部 (Left and Right Peripheries)」と「主観性・間主観性」との関係は？——歴史語用論における考察」日本語用論学会第 15 回大会発表論文 (12 月 1 日大阪学院大学).

第 5 章 「発話頭（左の周辺部；LP）-主観的，発話末（右の周辺部；RP）-間主観的」仮説の再考　　119

小野寺典子（編）（2017a）『発話のはじめと終わり：語用論的調節のなされる場所』青山学院大学総合研究所叢書，ひつじ書房，東京.

小野寺典子（2017b）「語用論的調節・文法化・構文化の起きる周辺部：「こと」の発達を例に」『発話のはじめと終わり：語用論的調節のなされる場所』，小野寺典子（編），99-117，ひつじ書房，東京.

小野寺典子（2018a）「構文化アプローチによる談話標識の発達：これまでの文法化・（間）主観化に替わるアプローチ」『歴史語用論の方法』，高田博行・小野寺典子・青木博史（編），116-140，ひつじ書房，東京.

小野寺典子（2018b）「歴史語用論と周辺部という 2 つのダイナミズム：文法化・構文化のよく起きる「発話のはじめと終わり」」第 7 回動的語用論研究会　シンポジウム『「歴史語用論」と「発話のはじめと終わり（周辺部）」に見られるダイナミズム』にて発表論文（2018 年 3 月 25 日 京都工芸繊維大学）.

Onodera, Noriko and Elizabeth C. Traugott (2016) "Introduction: Periphery—Diachronic and Cross-Linguistic Approaches," Special Issue of *Journal of Historical Pragmatics* 17(2) online version, ed. by Yuko Higashiizumi, Noriko Onodera and Sung-Ock Sohn.

Quirk, Randolph, Sidney Greenbaum, Geoffrey Leech and Jan Svartvik (1972) *A Grammar of Contemporary English*, Longman, London.

澤田淳（2017）「日本語の卑罵語の歴史語用論的研究：「～やがる（あがる）」の発達を中心に」『発話のはじめと終わり』，小野寺典子（編），145-186，ひつじ書房，東京.

澤田淳（2018）「日本語の卑罵語の文法と歴史」第 7 回動的語用論研究会シンポジウム『「歴史語用論」と「発話のはじめと終わり（周辺部）」に見られるダイナミズム』にて発表論文（2018 年 3 月 25 日 京都工芸繊維大学）.

Schegloff, Emanuel A. and Harvey Sacks (1973) "Opening up Closings," *Semiotica* 7(4), 289-327.

Schiffrin, Deborah (1987) *Discourse Markers,* Cambridge University Press, Cambridge.

Suzuki, Ryoko (1998) "From a Lexical Noun to an Utterance-Final Particle: *Wake*," *Studies in Japanese Grammaticalization*, ed. by Toshio Ohori, 67-92, Kurosio, Tokyo.

Swan, T. (1988) "The Development of Sentence Adverbs in English," *Studia Linguistica* 42(1), 1-17.

高田博行・小野寺典子・青木博史（編）（2018）『歴史語用論の方法』ひつじ書房，東京.

高田博行・椎名美智・小野寺典子（編）（2011）『歴史語用論入門』大修館書店，東京.

Traugott, Elizabeth C. (1995) "The Role of Discourse Markers in a Theory of Grammaticalization," Paper presented at ICHL XII, Manchester, 1995, (http://www.stanford.edu/~traugott/ect-paperonline.html)

Traugott, Elizabeth C. (2010) "(Inter) subjectivity and (Inter)-subjectification: A Reassessment," *Subjectification, Inter-subjectification and Grammaticalization*, ed. by K. Davidse, L. Vandelanotte and H. Cuyckens, 29-71, de Gruyter Mouton, Berlin.

Vandelanotte, Lieven (2002) "Prenominal Adjectives in English: Structures and Ordering," *Folia Linguistica* 36, 219-259.

Whorf, B. L. (1956) *Language, Thought, and Reality: Selected Writings of Benjamin Lee Whorf*, ed. by J. B. Carrol, MIT Press, Cambridge, MA.

使用テキスト

COCA *Corpus of Contemporary American English.* (1990-2017) Compiled by Mark Davies. Brigham Young University. http://corpus.byu.edu/coca (accessed August 2018)

青山学院大学英米文学科 談話分析（小野寺）ゼミ　トランスクリプト

第 6 章

ガ格標示の間接受身文と「てもらう」構文の発達について
——「雨が降られると困る」「雨が降ってもらうと有難い」のような表現を中心に——*

澤田　淳

青山学院大学

1.　はじめに

　日本語の受身文の類型の 1 つに，間接受身文がある（迷惑受身文，はた迷惑の受身，被害受身文などとも呼ばれる）．一般に，間接受身文は，直接受身文と異なり，対応する能動文が想定できず，主語名詞句（話し手が主語名詞句の場合にはしばしば省略される）がニ格名詞句が引き起こす事象から間接的な影響（迷惑）を被ることを表す．一方，主語名詞句がニ格名詞句が引き起こす事象から恩恵を被ることを表す構文として「てもらう」構文がある．通例，以下の例のように，両構文の事象の主体はニ格で標示される．

(1)　「もう手一杯．これ以上，お客に来られては困る」

（『週刊アエラ』1993 年 09 月 28 日）

(2)　関係者は「これから雨に降られると，品質が落ちる恐れがある」と心配している．　　（『朝日新聞』2006 年 6 月 8 日，朝刊）

(3)　担当者は「さらに雪に降ってもらい，最低でも例年並みのお客さんに来てもらいたい」と期待する．（『朝日新聞』2008 年 1 月 6 日，朝刊）

---

　* 本章は，日本言語学会第 132 回大会（2006 年，於：東京大学），日本語学会 2008 年度秋季大会（2008 年，於：岩手大学）での発表内容・予稿集内容を，大幅な加筆・修正の上，発展させたものである．なお，本研究は，JSPS 科研費 JP16K16845（研究課題名：「ダイクシスに関する言語学的研究—対照研究，歴史研究，方言研究の観点から—」）による助成を受けたものである．

121

ところが，興味深いことに，以下の例では，間接受身文と「てもらう」構文の事象の主体は，ニ格ではなく，ガ格で標示されている．

(4) 「他の商店街から同業者が来られては困る」

（『朝日新聞』2006 年 7 月 4 日，朝刊）

(5) 担当者は「ある程度雪が積もれば多少気温が上がっても平気．雨が降られると作業が遅れてしまう」と話していた．

（『讀賣新聞』2000 年 11 月 30 日，朝刊）

(6) 「観光客が来てもらえるとありがたい」

（『朝日新聞』2006 年 5 月 31 日，朝刊）

(7) リンゴやメロンなどの果樹も，好天が長く続くと，葉が枯れ，生育に影響が出る可能性があるという．担当者は「もうそろそろ，雨が降ってもらうとありがたい」．　（『朝日新聞』2006 年 8 月 11 日，朝刊）

本稿では，(4)-(7) のような「ガ格標示」の間接受身文と「てもらう」構文の構文的特徴を「動的」な観点を含めつつ考察する．

2.　間接受身文と「てもらう」構文

様々な言語において，「マルファクティブ（被害表現）」(malefactives) や「ベネファクティブ（恩恵表現）」(benefactives) が発達している (Zúñiga and Kittilä (eds.) (2010))．間接受身文と「てもらう」構文も，マルファクティブ，ベネファクティブの表現と言えるが（加藤 2013），両構文は，意味的な対称性を有すると同時に，構造的な並行性を有する（寺村 (1982)，高見・久野 (2002)，井上 (2011)，加藤 (2013) 等参照）．これらの構文の構造をめぐっては，1970 年代以降，多くの議論が積み重ねられてきたが，一般に，補文（埋め込み文）構造を仮定する点は，（構造表示の細部において相違点もあるが）多くの研究で一致する点である（柴谷 (1978)，Matsumoto (1996)，高見・久野 (2002)，影山 (2006)，井上 (2011) 等）．本稿では，ニ格標示の間接受身文，「てもらう」構文に対して，次の補文構造を想定しておく（下付きの i は同一指示性を，PRO は音形のない主語を表す）．

第 6 章　ガ格標示の間接受身文と「てもらう」構文の発達について　　123

(8)　［X ガ　Y$_i$ ニ ［PRO$_i$　V］（ラ）レル］　（間接受身文）

(9)　［X ガ　Y$_i$ ニ ［PRO$_i$　V］テモラウ］　（「てもらう」構文）

間接受身文と「てもらう」構文の論点の 1 つに，補文の動詞（V）は如何なる制約を有するかという問題がある．影山（1996）は，両構文には非意図的行為を表す「非対格動詞」は生起できないとする（cf. 寺村（1982: 248-249））.

(10)　a. *突然，大地震に起こられて，動転した．

　　　b. *成績に落ちられて，退学した．

(11)　a. *髪に伸びてもらった．

　　　b. *物価に下がってもらった．　　　　　　　（以上，影山（1996: 31-32））

しかし，その後の研究で非対格性の制約は強すぎることが指摘されている（松本（1998），高見・久野（2002）等参照）.[1] 以下，この点に関して最も詳細な検討を行っている高見・久野（2002）をもとに，ニ格標示の間接受身文と「てもらう」構文を概観し，その後，ガ格標示の間接受身文と「てもらう」構文の考察を行う．

---

[1] 影山（2006）でも，「非対格動詞であっても，話者がその主語を行為者（Actor）として認識すれば，出来事受影受身文として認められることになる」として，次の例を挙げている（「出来事受影受身文」は間接受身文に対応する）.

(i)　a. 我は秘蔵の蘭に枯れられて大に失望せり．

　　　　　　　　　　　　　　　　　　（山田（1908: 374），影山（2006: 191））

　　b. 僕の彼女はケーキやチョコレートが好きで，毎日ばくばく食べている．もうこれ以上太られると，一緒に歩きにくくなるのになあ．　　（影山（2006: 191））

この例に関して，影山（2006: 191）は次のように説明している．

(ii)　「枯れる，太る」は元来，非対格動詞であるから，「秘蔵の蘭／彼女」は内項で，vP の主語は存在しない．しかし話者が，主観的な思い入れ等によって「秘蔵の蘭／彼女」を外項（行為者）と認識すれば，空欄になっている vP 指定部の位置に「秘蔵の蘭／彼女」を上昇させることができ，その結果，(i) のような文が，いわば間に合わせ的に，出来事受影受身文として成立することになる．

　　　　　　　　　　　　　　　　　　　　　　　（影山（2006: 191-192））

3. 間接受身文

3.1. 二格標示の間接受身文：高見・久野 (2002) の知見

高見・久野 (2002) は，被害受身文を次のように特徴づけている．

(12) 被害受身文の基本的機能：被害受身文の機能は，その主語指示物
が，埋め込み文によって表わされている事象により迷惑を被ってお
り，その迷惑が「ニ」格名詞句の指示物のせいであると考えている
ことを示すことである． (高見・久野 (2002: 246))

高見・久野 (2002) は，この基本的機能から生じる階層の1つとして，次
の「被害受身文になりやすい事象の階層」を提示している．

(13) 被害受身文になりやすい事象の階層：被害受身文になりやすい事象
に関して，次のような階層があり，その階層の左側の要素ほど，被
害受身文になりやすい．

「ニ」格名詞句	無生物や自然の力な	人間や動物などの
みずからが引 ＞	どの外的要因により ＞	外的要因により引
き起こす事象	引き起こされる事象	き起こされる事象

(高見・久野 (2002: 252))

例えば，次の例を比較してみよう．

(14) a. 娘にパンを焦がされて，もう食べられない．
b. *パンに焦げられて，もう食べられない．

(高見・久野 (2002: 251))

パンが焦げるのは，人がトースターなどに長く入れすぎた結果であり，人
間が外的要因として関わる事象である．(14b) では，その責任のある人間を
伏せて，無生物（パン）をニ格名詞句にし，被った迷惑の責任をその無生物
のせいだとすることに矛盾があるため，(14a) と異なり被害受身文としての

このように，影山 (2006) では，非対格性の制約をやや緩めて捉えているようである．

第 6 章 ガ格標示の間接受身文と「てもらう」構文の発達について　　125

容認度が著しく低下するとされる.

次の例の比較も興味深い.

(15) a.　大雪に降られて,野菜の値段がはね上がった.

　　　b. *大雪に溶けられて,道路がびじゃびしゃで歩けない.

　　　　　　　　　　　　　　　　（高見・久野（2002: 249-250））

　一般に,「大雪が降る」は自然の力を持つ大雪がみずから引き起こす事象
と認識されるのに対して,「大雪が溶ける」は雪がみずから引き起こす事象
ではなく,太陽の光や大気の温度（外的な自然の力）により引き起こされる
事象と認識されるため,(15a) と異なり,(15b) では被害受身文が成立しに
くいという（高見・久野（2002: 250））.

　高見・久野（2002）の「被害受身文になりやすい事象の階層」は,小野
(2005) が「因果連鎖」(causal chain) の観点から発展的に継承しているよ
うに,間接受身文の本質を捉えた重要な階層と言える.[2]

─────────

[2] 小野 (2005) の次の説明を参照されたい.

　(i)　　さて,高見・久野の指摘した点をより明確にするためには,因果連鎖 (causal
　　chain) という概念を導入するのがもっとも合理的であると思われる.すなわち,
　　意図的かどうかに関らず,あるいは始動主が人間か無生物（または自然の力）に
　　関らず,起因事象が因果連鎖の始点をニ格名詞によって表現することが構文が成
　　立する要件と見るのである.この因果連鎖の始点に当るものに,受身の主語が被
　　る被害の責任が帰する.また,因果連鎖の終点に当たるものが受身主語として表
　　現される.つまり,起因事象の影響が行き着く先というわけである.因果連鎖を
　　導入すると,被害受身文が起因事象の始点をニ格名詞に,結果事象の終点を受身
　　主語に,それぞれ構文上表現していることがわかる.　　　　（小野 (2005: 174)）

　これによれば,次の例において,a 文は,ニ格名詞句と始動主が一致しているため適格
となるが,b 文は,ニ格名詞句と始動主が一致しないため不適格となることになる.小野
(2005: 176) によれば,「自動車が泥をはねる」という事象は,それ自体で始動点から終点
までを表す完結した事象であるが,「泥がはねる」という事象は,（泥には,はねるための
内在的な力がないため）何らかの外的な原因が因果連鎖の始動点にあると考えなければ起
こりえない事象とされる.

　(ii) a.　道を歩いていた人が自動車に泥をはねられた.

　　　b. *道を歩いていた人が泥にはねられた.　　　　　　（小野 (2005: 176)）

3.2. ガ格標示の間接受身文

前節の考察を踏まえ，次に，本稿で考察の焦点とするガ格標示の間接受身文を見ていこう．ガ格標示の間接受身文はその存在がほとんど知られてこなかった現象であるが，澤田（2006b: 97-98）は，(4)，(5) のような事象の主体がガ格で標示され，（ラ）レルが事象全体に対する話し手の被害の心的態度を表す間接受身文の存在を指摘している．ガ格標示の間接受身文は母語話者により容認性の判断に揺れがあると考えられるものの，話しことばやインターネットのブログなどを中心にその使用例が観察される．(4)，(5) にさらに用例を追加する．

(16) 蕎麦屋で『うちは酒も出すお店ですから子供が泣かれては …』と
拒否をされました ….
(http://detail.chiebukuro.yahoo.co.jp/qa/question_detail/q1217084787)

(17) 映画において，脚本段階では死ぬはずだった登場人物が生きながら
えるというケースがある．感情移入した登場人物が死なれたら，そ
りゃもう後味悪いだろうし，ハッピーエンドが好まれるハリウッド
映画界においてはことさらだ．
(http://www.excite.co.jp/News/net_clm/20150201/Karapaia_
52183732.html)

(18) 「さらにアスファルト化も進み，水の地面への浸透率も二，三割しか
ないという統計もある．東京で東海豪雨が降られたらたまらない」
（『週刊朝日』2000 年 09 月 29 日，28 頁）

(19) 東北は寒いのでそんなところで震災が起きられたらこまりますよ
ね！でも，寒さや震災には負けないでください．
(http://ameblo.jp/miu-1114-ruru-1012/)

(20) ドアの中で MDF ボードが腐られても困るから塗装したようなも
のです．(http://minkara.carview.co.jp/userid/9438/blog/9429024/)

(21) （略）あそこにマンションが建たれたら，もう挟まれたマンション
になっちゃいますな．
(http://www.sutekicookan.com/%E3%82%AF%E3%83%AA%E3%8

第 6 章　ガ格標示の間接受身文と「てもらう」構文の発達について　　127

2%AA%E6%9C%AD%E5%B9%8C%E5%8C%971%E6%9D%A1)

(22)　「前にも言ったとおり，ここの近くにレアカードを取り揃えた新し
　　　　いカードショップを作るのに，<u>こんなところに庶民向けの店があら
　　　　れては</u>邪魔ですわ. (略)」 (https://syosetu.org/novel/43734/9.html)

(23)　「男が書く，男目線のベビーカーレビュー」【耐久性】
　　　　一番大切な人を乗せるもの，ですからね，これに<u>難があられては</u>困
　　　　ります.
　　　　(http://review.kakaku.com/review/K0000355156/ReviewCD=498161/)

(24)　そして昨日，新品交換してもらった物も，電源が急に入らない状態
　　　　になりました. 同じような事例がたくさんあり，これからも<u>この状
　　　　態が続かれては</u>困るので，販売店に相談し，返品しました.
　　　　　　(http://bbs.kakaku.com/bbs/J0000001500/SortID=16176539/)

(25)　挿抜の繰り返しで<u>コネクタが壊れられても</u>困るので，Bluetooth ア
　　　　ダプタを買ってきた.
　　　　(http://aquila.cocolog-nifty.com/diary/2007/10/bluetooth_ptmub_
　　　　53fe.html)

(26)　広いスタジオに移るためには隣のズンバより参加人数で勝たなきゃ
　　　　ならないしかといって今のスタジオでこれ以上<u>人数が増えられると</u>
　　　　思い切って踊れないし …
　　　　　　　　(https://smcb.jp/communities/2708/topics/1650151)

　ガ格標示の間接受身文の用例を観察してみると，事象の主体がガ格で標示
されているという特徴以外に幾つかの特徴が挙げられる.
　第 1 に，高見・久野 (2002) において，ニ格標示の間接受身文では相対的
に容認度が下がるとされる「無生物や自然の力などの外的要因により引き起
こされる事象」や「人間や動物などの外的要因により引き起こされる事象」
が生起し得る. 第 2 に，ガ格標示の間接受身文は，条件節内（条件節の中断
節も含む）で使用される強い傾向が認められる. これらの特徴には深い関係
があると言える.
　条件節の構文環境は，「他動性」（transitivity）が減ずる構文環境である点

が知られている（Hopper and Thompson（1980））．Hopper and Thompson
(1980: 277) は，「「現実（realis）／非現実（irrealis）」として知られるやや曖昧な言語学的パラメターは，直説法（叙実法）（indicative）と，仮定法（叙想法）（subjunctive），希求法（願望法）（optative），仮想的（hypothetical），想像的（imaginary），条件節（conditional）などの非確言形式（non-assertive forms）との対立を表す包括的な用語である」とし，これらの「非確言形式」が使用される構文環境の中では他動性が減ずる点を指摘している．

　条件節などの構文環境は，「動作主性」（agentivity）が減ずる構文環境でもあると考えられる．受身文のニ格は動作主を標示するため，ニ格標示の間接受身文の事象は，有生性階層上，相対的に上位の人間，動物，自然の力（雨，等）が関与し，それらみずからが引き起こす事象であるのが典型である（柴谷（1978），高見・久野（2002）等）．一方，ガ格標示の間接受身文は，動作主性が減ずる条件節の構文環境に支えられて，動作主性が中和するガ格による標示が可能となり，「無生物や自然の力などの外的要因により引き起こされる事象」や「人間や動物などの外的要因により引き起こされる事象」が生起可能となる．[3] 次の（27）は，ニ格標示とガ格標示の間接受身文が併用された例であるが，2文目のガ格標示はニ格標示に置換可能である．一方，1文目のニ格標示はガ格標示への置換は難しい．これは，1文目の構文環境が条件節の構文環境ではないという点と無関係ではないと言える．

(27)　旅の途中に雨に降られることもあるものです．写真を撮っている最中に雨が降られてしまうと，機材が濡れるため中断せざるをえません．
　　　　（瀬川陣市『旅で役立つ！旅を魅せる！デジカメ旅写真便利帳』）

---

[3] 松本（1998）や町田（2005）が容認度が高まるとして挙げる次の非対格動詞が生起するニ格標示の間接受身文の例も，本稿の立場からは，条件節の構文環境内で使われている点が注目される．
(i)　すぐとなりで，こんな大きな花に咲かれては，困ってしまう．（松本（1998: 44））
(ii)　こう次々に電柱に倒れられては，我が社の信用もガタ落ちだ．
　　　　　　　　　　　　　（電柱設置会社の事業主の談話）（町田（2005: 48））
　このことは，ニ格標示の間接受身文の場合も，条件節の構文環境で使用された場合，動作主性が減じ，非対格動詞が生起しやすくなることを示唆している．

第 6 章　ガ格標示の間接受身文と「てもらう」構文の発達について　　129

　坪井（2003: 50）は，「「太郎は一晩中隣の住人に騒がれた．」のような日本語の迷惑受身に対しては，この構文を「主語が事象によって被害を被る」ことを表すものとする捉え方に基づいて「被害受身」という名称が用いられることも多いが，すでに様々に指摘されているように，「＊太郎は鍵になくなられた．」や「＊太郎はパンに売り切れられた．」などが被害を語るはずであっても容認できないことを考えれば，問題になるのは単なる「被害」ではなく，他者の行為によって主語が被った「迷惑」であることが分かる」とする．確かに，ニ格標示の間接受身文のほうは，基本的に「ニ格名詞句の行為から主語名詞句が迷惑を被る」ことを表す（少なくともそのような例を典型とする）ことから「迷惑受身」の名が相応しいと言えるが，ガ格標示の間接受身文は，「事象全体から話し手が被害を被る」ことを表す点で（澤田（2006b: 95-96）参照），「被害受身」の名が相応しい．

　益岡（2019: 347）は，間接受身文の中には，「受影受動文の特徴である"受影者・与影者の二者関係"という面が背景化し，代わりに"事象と話し手の関係"が全面に出るもの」があるとし（例：こんなに暑くなられては堪らない），このような「評価用法」の間接受身文は，「事象に対する話し手の評価を表すことから，間接受動文のなかでも主観性が際立った表現である」とする．事象の主体のガ格標示という形態的な側面には触れられていないものの，益岡（2019）の言う「評価用法」の間接受身文は，澤田（2006b），および，本章で言うガ格標示の間接受身文と対応関係をなすものであると言える．

　第 3 に，ガ格標示の間接受身文の受影者は，主語名詞句ではなく，（明示化されない）話し手である．受影者が元の事象には含まれない参与者として追加される点では，ニ格標示の間接受身文と同様であるが，ガ格標示の間接受身文では，ニ格標示の間接受身文と異なり，受影者は「項」の形では追加されないという点が重要である．[4]

---

　[4] 一見すると，次の例の「私」は，「られる」の（明示化された）主語であるように見えるが，実際には，「私」は主文動詞「困る」の主語（項）であり，「られる」の主語（項）ではない．
　　(i)　私は雨が降られては困る．
　その証拠に，次のように，文意を変えずに，「私は」を「困る」の前に移動できる．
　　(ii)　雨が降られては私は困る．

第4に，ガ格標示の間接受身文は，次の構造を持つ．ここでの（ラ）レルは，事象に対する話し手の被害の心的態度を示す点で，ヴォイスというよりもモダリティに近い表現となっていると言える（澤田（2006b: 97-98）参照）．

(28) [[X ガ　V]（ラ）レル]

ただし，（少なくとも現時点では）ガ格標示の間接受身文は，次の例の不適格性が示すように，条件節といった非確言的な環境以外では使用しにくいと言える．

(29) ??雨が降られた．
　　　（cf. 雨に降られた．）

4. 「てもらう」構文

4.1. ニ格標示の「てもらう」構文：高見・久野（2002）の知見

高見・久野（2002）は，「てもらう」構文を次のように特徴づけている．

(30) 「～に V してもらう」構文の基本的機能：「～に V してもらう」構文の機能は，その埋め込み文の主語（＝「ニ」格名詞句）指示物が行なう行為や関与する事象を，話し手が，主文主語指示物にとって好都合である（利益になる）と考え，その利益が「ニ」格名詞句の指示物のおかげであると考えていることを示すことである．

（高見・久野（2002: 297））

2節で見たように，影山（1996: 32）は「てもらう」構文でも非対格動詞は生起し得ないとしたが，高見・久野（2002）は，次のような「てもらう」構文の例は，ほぼ適格であると判断されるとする．

(31)　就職難やリストラで不景気が続き，給料さえカットされるんだから，もうあとは物価に下がってもらうしか道はないね．

(32)　散髪に行ったら髪を短く切られてしまい，早く（髪に）伸びてもらわないと，恰好悪くて彼女に会えないよ．

第6章 ガ格標示の間接受身文と「てもらう」構文の発達について　　131

(33) もうすぐ春だから，早く雪にも溶けてもらい，野山にツクシがはえ
　　　 てこなくちゃ！
(34) この雪に溶けてもらえさえすれば，春がやってくるんだけどなー．
(35) 枯葉が少しずつ散るので，毎日掃除をしなければならない．いっそ
　　　 風でも吹いて，一度にどっと散ってもらったら，助かるんだけど
　　　 なー．　　　　　　　　　　　　　　　（以上，高見・久野 (2002: 338))

　これらの例を見て見ると，「てもらう」構文が条件節や話し手の希求を表
す文脈で使われている点に気づく．「てもらう」構文のニ格が持つ動作主性
も，「非確言的」な環境 (Hopper and Thompson (1980)) の中では弱化する
と言える．次節で見るように，このような構文環境は，ガ格標示の「てもら
う」構文が使用される環境でもある．

4.2. ガ格標示の「てもらう」構文

　ガ格標示の間接受身文同様，ガ格標示の「てもらう」構文も，これまでほ
とんどその存在が知られてこなかった現象と言えるが，この現象について言
及している研究が幾つかあるので，はじめに，それらの研究を概観しておこう．
　山田 (2004: 160) は，「非恩恵型テモラウ文」に含まれる事態の動作主が
ガ格で表されることもあるとし，(36) の例を挙げる．さらに，「このような
ガ格はソトの受身が用いられている場合でも，判断に多少の揺れはあるであ
ろうが，全く許容できないわけではない」として (37) の例を挙げる．作例
ではあるが，ガ格標示の間接受身文に相当する文であり，この現象の早い指
摘とみなすことができる．

(36) むかしから「官尊民卑」の風潮がわが国で根強い．それは改めたい
　　　 が，官公庁に働く人が気概をなくしてもらっては困る．
　　　　　　　　　　　　　　　　　　　　（朝日社説）(山田 (2004: 160))
(37) 官公庁に働く人が気概をなくされては困る．　（山田 (2004: 159))

　澤田 (2006a: 261) は，「てもらう」が「たい」や「ないと（困る）」等の表
現と結合して一種の希求表現として機能する場合，「非行為動詞」が生起す

るとして，次のようなガ格標示の例を挙げる.

(38) とにかく風と雪がやんでもらわないと，除雪が追いつかない.
（『朝日新聞』2004年01月15日，夕刊）（澤田 (2006a: 261)）

　さらに，澤田 (2007: 6-7) では，ガ格標示の「てもらう」は，単独では，事象に対する心的態度を表すまでには至っておらず，「てくれる」ほどには文法化していないことを論じている（例 (61) 参照）.

　安藤 (2015) は，「テモラウ構文における与益者ガ格の逸脱は，「受益者非表示」の表層構造を取り，「即興性」「与益者への配慮」「事態への受益者の受身的関わり」が関与する状況で産出される傾向がある」（130頁）ことを，次のような例をもとに論じている.

(39) 皇太子さまたちが気にかけていただいているんだなあと思うとありがたいです.
（釜石住民／皇太子ご夫妻訪問で　2013.11.2. NHK「ニュース7」）
（安藤 (2015: 124)）

(40) 漁に出ないと生活できないんで，国がなんとか処置してもらえないと困ります.
（魚津市漁師／重油流出で　2014.3.24. TBS「朝ズバッ！」）（安藤 (2015: 124)）

　ただし，(39) のタイプの「～が V ていただく」構文 (cf. 金澤 (2007)) と (40) のタイプの「～ガ V てもらう」構文は，事象の主体をガ格で標示する点で共通するが，現象的には異なると言える（4.4 節参照）.

　天野 (2017: 108) は，「てもらわないと」中断節構文において，与え手のニ格がガ格で現れる逸脱例が散見されることを指摘している. 本稿では，ガ格標示の「てもらう」構文が「てもらわないと」中断節を含む様々な構文環境で出現することを，実例をもとに論じる.

　では，ガ格標示の「てもらう」構文の実例を見ていこう. この構文が現れる構文環境として少なくとも以下のタイプが挙げられる.

第 6 章 ガ格標示の間接受身文と「てもらう」構文の発達について 133

[i] 「てもらうと／てもらえると」型：

(41) 知名度の高い横路氏との再戦を前に，後援会関係者は「(民主党と競合する) 候補が乱立してもらうとありがたい」と本音を漏らす.

（『讀賣新聞』2014 年 11 月 23 日，朝刊）

(42) 皆瀬特産品開発研究会の高橋育子会長 (59) は「連休に客が来てもらえるとうれしい. やっと止まっていた血液が循環した気分です」.

（『朝日新聞』2013 年 4 月 27 日，朝刊）

[ii] 「てもらわないと」型：

(43) 深町勝義社長は「消費者の給料が上がってもらわないと」.

（『朝日新聞』2006 年 11 月 25 日，朝刊）

[iii] 「てもらわなければ／てもらわねば」型：

(44) 2％ほど物価が上がってもらわなければ名目 4％は達成できない.

（『朝日新聞』2006 年 1 月 19 日，朝刊）

(45) 「和歌山でも政権政党の自民党が伸びてもらわねば」

（『讀賣新聞』2000 年 1 月 9 日，朝刊）

[iv] 「てもらわなくては」型：

(46) 「流川」の飲食店経営者らが，「マツダさんが元気になってもらわなくては ……」と嘆いていたのを覚えている.

（『讀賣新聞』2002 年 11 月 22 日，朝刊）

[v] 「てもらわないことには」型：

(47) 「(略) 景気が回復して，早く税収が上がってもらわないことには」

（『讀賣新聞』1999 年 02 月 24 日，朝刊）

[vi] 「てもらえれば」型：

(48) 高野院長は「12 床の小さな病棟だが，これをスタートに市内にホスピスが増えてもらえれば」と話している.

（『朝日新聞』1992 年 12 月 13 日，朝刊）

[vii] 「てもらっては困る」型：

(49) 米軍に対しては「管理監督がまったくなっていない飛行機が私どもの上空を飛行することは今後あってもらっては困る」と批判した.

（『朝日新聞』2018 年 12 月 21 日，朝刊）

134 第 II 部 歴史語用論・文法化

［viii］ 「てもらいたい」型：[5]

(50) 「(略) 早いところ，景気が回復してもらいたい」

(『朝日新聞』2005 年 9 月 7 日，朝刊)

［ix］ その他（文脈的に希求が読み取れるケース）：

(51) 「何とかたくさん雪が降ってもらい，多数のお客さんに来てほしい」

(『朝日新聞』1998 年 12 月 21 日，朝刊)

　ここでは，ガ格標示の「てもらう」構文が条件節や話し手の希求を表す非確言的環境で使われている点が注目される．動作主性が減ずる非確言的環境に支えられて，動作主性が中和するガ格による標示が可能となり，非行為的事象（非対格動詞）も自然に生起し得るのだと言える．[6]

　また，「暑くなる」などは，特定の主語を持たない述語だけの文であり，ヨーロッパ諸言語などに見られる「非人称構文」に近い性質を持つと言える(澤田 (2014: 40))．本稿で考察の対象とする「てもらう」構文や間接受身文は，次のような無主語文の例すら存在する．

(52) 「宇都宮のエアコン工事時期は七月いっぱいまで．早く暑くなってもらわないと商売あがったり」とこぼす．

(『讀賣新聞』2003 年 7 月 19 日，朝刊)（「てもらう」構文)

(53) 今ごろ暑くなられても… 真夏日続く＝千葉

(『讀賣新聞』2003 年 9 月 14 日，朝刊)（間接受身文)

　また，ガ格標示の「てもらう」構文は事象が実現することを希求する文脈で使われる場合が多いが，(54) のように，事象が実現しないことを希求する

---

[5] ［viii］の「てもらいたい」は，「てほしい」に置換可能であり，次のような有生性の差異は，少なくとも，現代の話しことばにおいては，認められなくなっている．

　(i) 「雨が止んでほしい」のように〈非情物〉である場合にシテモライタイが使用できないという点を除けば，基本的に「シテホシイ」と「シテモライタイ」の両形式には差がないと思われる． (宮川 (1998: 41))

[6] 次の (i) に比べ，確言的環境で使われた (ii) は不自然に感じられる．

　(i) 「こんなことは初めて．早く雨が降ってもらわないと並木全体が枯れてしまう」

(『讀賣新聞』1994 年 8 月 29 日，朝刊)

　(ii)??雨が降ってもらわなくて並木全体が枯れてしまった．

第 6 章　ガ格標示の間接受身文と「てもらう」構文の発達について　　135

文脈で使われることもある．(54) での否定辞「ない」は形態・統語論的には「てもらう」を否定するが，意味論的には，「てもらう」の恩恵性ではなく，事象（「米海兵隊が来る」）を否定する（この点で，「否定辞繰り上げ」(Neg-raising) と似たところがある）．

(54)　「年間四百万人のお客さんが町に来てくれるのだから，(客に) そっ
　　　　ぽを向かれるより，米海兵隊が来てもらわない方がいい」

　　　　　　　　　　　　　　　　　　　　(『朝日新聞』1997 年 4 月 16 日，朝刊)

4.3.　「てもらう」構文と「てくれる」構文

　澤田 (2014) では，「てくれる」構文が 4 つの構文型に分類できることを論じている．澤田 (2005, 2014) によれば，(55) の構造で示すような，主語が恩恵を施す意図性を消失し，主語との間の選択制限を失っている「てくれる」(澤田 (2014) で言う B3 型の「てくれる」) が文法化（構文拡張）により発達しているとされる．

(55)　[[X ガ　V] テクレル]　　　　　　　　　(B3 型の「てくれる」)
(56)　連戦は嫌だなと思っていたら，雨が降ってくれた．
　　　　　　(『讀賣新聞』2006 年 7 月 22 日，朝刊) (B3 型の「てくれる」)

　益岡 (2013) は，澤田 (2005, 2014) で言う (55) のタイプの「てくれる」構文を「評価表示機能を持つテクレル構文」と称している（益岡 (2017, 2019) も参照）．さらに，益岡 (2013: 34) は，「受益構文として競合するテクレル構文と受動型のテモラウ構文は機能語化の度合いに違いが見られる」とし，次のように，「テモラウ構文は受納動詞「モラウ」の構造特徴を受け継ぎ，構成的意味の枠を大きく出ることはない」とする．[7]

(57)　[ガ格 (受納者) ＋ニ格 (授与者) ＋ヲ格 (モノ) ＋モラウ]
(58)　[ガ格 (受益者) ＋ニ格 (与益者／動作主) ＋コト＋モラウ]

　　　　　　　　　　　　　　　　　　　　　　　　(益岡 (2013: 31))

---

[7] 益岡 (2017: 93-94) は，「てもらう」構文が「対事態評価」へと機能語化を果たし得なかった重要な理由として「てくれる」構文との「意味領域の棲み分け」を指摘する．

ただし，ガ格標示の「てもらう」構文は，(58) の構造から解放され，次の (59) に示すように，(55) の「てくれる」構文に近似した構造を持つに至っていると考えられる．実際，前節で取り上げた [i] から [vii] の「てもらう」は，「てくれる」に自然に置換可能である．

(59)　[[X ガ　V] テモラウ]　(希求用法)
(60) a.　もうそろそろ，雨が降って<u>もらう</u>とありがたい．　(＝(7))
　　　b.　もうそろそろ，雨が降って<u>くれる</u>とありがたい．

ただし，(55) のような文法化が進んだ「てくれる」構文と異なり，ガ格標示の「てもらう」構文は，次の例が示すように，(少なくとも現時点では) 希求の構文環境を離れた確言的環境での使用は難しい．

(61) ??雨が降って<u>もらっ</u>た．
　　　(cf. 雨が降って<u>くれ</u>た．)

希求という非確言的な構文環境を離れた (61) のような事例が言語共同体の中で受容された段階に至って，「てもらう」は，「てくれる」と同程度の文法化を果たしたと見なせることになるが，(61) の不自然さは，現時点では，「てもらう」は「てくれる」ほどには文法化が進んでいないことを示唆している (澤田 (2007) 参照)．

4.4.　その他のガ格標示の「てもらう (ていただく)」構文

菊地 (1997: 214-215) は，「ファンの皆さんが応援して<u>いただく</u>のは，本当に励みになります」のような，本来は，「……に応援して<u>いただく</u>」か「……が応援して<u>くださる</u>」とすべき誤り (「くださる」と「いただく」の使い誤り，または，助詞の言い誤り) の例が近年とみに増えている点を指摘する．金澤 (2007) も，「誤用」とも評されるガ格標示の「ていただく」が，近年，急速な広がりを見せている点を指摘する (さらに，「させていただく」を含めた社会語用論的，歴史語用論的な研究としては，滝浦 (2016)，椎名 (2017) を参照).

第6章 ガ格標示の間接受身文と「てもらう」構文の発達について　　137

(62)　書店の皆さんが，ボクの本を特別に扱っていただいたお陰で ....
　　　（2004.4.6，テレビニュースの中のインタビュー）（金澤（2007: 47））

(63)　「大勢の住民が来ていただき，改めて遊木小が地域に親しまれてい
　　　たことがわかった．児童たちは，次の学校でより成長してくれると
　　　思う」　　　　　　　　　　　　（『朝日新聞』2013年03月24日，朝刊）

　菊地（1997: 216-217）は，アンケート調査に基づき，「くださる」（例：
Ａさんが書いてくださった）よりも「いただく」（例：Ａさんに書いていた
だいた）の方が敬意の度合いが高いと感じる話者が多い点を示した上で，
「「いただく」のほうが多めなのは，おそらく，動作主（「Ａさん」）を主語と
してではなく表現する「いただく」型のほうを，より間接的な表現と捉える
心理が働いて，「くださる」型よりも敬度が高いと感じるということなのだ
ろう」と指摘している．

　(62)，(63)のようなガ格標示の「ていただく」は，動作主が主語ではあ
るが，その動作主による行為を「間接化」するという意識が「ていただく」
の使用に現れている．このような間接化の意識が主語と述語の「ねじれ」
（主語が動作主であるにもかかわらず，述語が「ていただく」で表現される
現象）が生じる要因の1つとなっていると考えられる．[8] 興味深いことに，
以下の例に見られるように，非敬語形「てもらう」にも，同様の「ねじれ」
現象が認められる．

(64)　100％の結果期待する　首相の北朝鮮再訪
　　　「(略)これは総理が行ってもらって，どういう打ち合わせが済み，
　　　どういう結論が出るか，これは見ないことにはわかりません.(略)」
　　　　　　　　　　　　　　　　　（『朝日新聞』2004年5月18日，朝刊）

---

　[8] もっとも，ガ格標示の「ていただく」は，単純に，助詞「に」と「が」の混同や，「てい
ただく」と「てくださる」の混同により生じている場合もあろう．菊地（1997: 212-215）
参照．

(65)　厚生労働省の込山愛郎・老健局振興課長は「行政がバックアップし
　　　ながら，住民が参加してもらう仕組み作りが重要」などと話した．

　　　　　　　　　　　　　　　　　（『讀賣新聞』2018 年 2 月 13 日，朝刊）

　(62)-(65) のタイプのガ格標示の「てもらう（ていただく）」を「間接用法」
の「てもらう（ていただく）」と呼ぼう．間接用法の「てもらう（ていただ
く）」は，補文動詞が行為動詞に制限され，また，主語名詞句は人間（「てい
ただく」の場合はさらに被敬意者）に制限されることから，主語名詞句との
間に選択制限を持つ．それゆえ，次のような構造を持つと分析できる．

(66)　[X ガ$_i$ [PRO$_i$ V] テモラウ（テイタダク）]　（間接用法）

　以上の考察から，ガ格標示の「てもらう」構文は，少なくとも，(i) 希求
用法（= (59)）と (ii) 間接用法（= (66)）とに大別可能である．[9]
　最後に，間接用法の「てもらう／ていただく」に関連する現象に触れてお
こう．大江 (1975: 180) は，「「ありがとう」が表わす感謝は，動作主の行為
に対して向けられる」ため，「てくれる」には後続できるが，「てもらう」には
後続できないとする．確かに文法的には「てくれる」が規範と言えるが，近
年，次のような「てもらう」が後続する例が見られるようになってきている．

(67)　スピードスケート・清水宏保「期待に応えることはできなかったが，
　　　ベストは尽くした．応援してもらってありがとうございます」

　　　　　　　　　　　　　　　　　（『讀賣新聞』2006 年 2 月 27 日，夕刊）
(68)　県警の講演会からちょうど 10 年となった 9 日，県警本部で彦坂正
　　　人本部長が感謝状を手渡し，「警察の活動に協力してもらいありが
　　　とうございます」とねぎらった．

　　　　　　　　　　　　　　　　　（『讀賣新聞』2013 年 7 月 12 日，朝刊）

---

[9] では，次のガ格標示の「ていただく」構文の例はどうであろうか．
　(i)　島内さんは「カレンダーを見て，季節ごとの美しさがある姫路城に多くの人が来
　　　ていただければ」と話している．　　　　（『朝日新聞』2017 年 12 月 6 日，朝刊）
　ここでの「ていただく」は，希求を表す構文環境で使われているが，主語は被敬意者であ
り，主語との間に選択制限が持つことから，「間接用法」の「ていただく」の例と言える（た

第6章　ガ格標示の間接受身文と「てもらう」構文の発達について　　139

　この現象も，動作主による行為を「間接化」するという意識が「てもらう」
の使用に現れていると見ることができる．

　以下のように，「てもらう」の敬語形の「ていただく」にも，「ありがとう」
が後続する例が認められる．

(69)　「けがをしてチームの足を引っ張ってきた．こんな選手を応援して
　　　いただいてありがとうございます」と，感極まりながら自らの記録
　　　よりも，最下位のチームを思う発言に，温かい拍手が送られた．

　　　　　　　　　　　　　　　　（『讀賣新聞』2007 年 9 月 2 日，朝刊）

(70)　この日，感謝状を手渡した清木博署長は「夜も昼もなく，休日も協
　　　力していただきありがとうございます」．

　　　　　　　　　　　　　　　　（『朝日新聞』2013 年 3 月 30 日，朝刊）

　(67)，(68) のような非敬語形「てもらう」よりも，(69)，(70) のような
敬語形「ていただく」のほうが，「ありがとう」との共起性がより自然に感じ
られる．「ていただく」は，敬語である分，「てもらう」よりも，さらに間接
的で丁寧な表現となるため，感謝を表明する際の表現形式としての使用が一
般化（定着）しているのだと考えられる．

　参考までに，「朝日新聞記事データベース聞蔵 II ビジュアル」の「朝日新
聞 1985 ～・週刊朝日・AERA」（対象紙誌名：『朝日新聞』『朝日新聞デジ
タル』『アエラ』『週刊朝日』）を「全期間」で設定し，非敬語形の「てくれて
ありがとう」「てくれありがとう」，「てもらってありがとう」「てもらいあり
がとう」，敬語形の「てくださってありがとう」「てくださりありがとう」，
「ていただいてありがとう」「ていただきありがとう」を検索して得られた用
例件数を以下に挙げる（検索日：2019 年 8 月 8 日）（％は小数点以下第 2 位
を四捨五入）．[10]

────────────

だし，「希求用法」との混淆的な用例の可能性も残される）．

[10]　表 1 の「てくれてありがとう」は，「{て／で} くれてありがとう」（5015 件），「{て／
で} くれて有難う」（2 件），「{て／で} 呉れて有難う」（0 件），「{て／で} 呉れてありがと
う」（0 件）の形式で，「てくれありがとう」は，「{て／で} くれありがとう」（7 件），「{て
／で} くれ有難う」（0 件），「{て／で} 呉れ有難う」（0 件），「{て／で} 呉れありがとう」（0

表1：非敬語形「てくれる／てもらう」

てくれてありがとう	5017 件	5024 件（97.6％）
てくれありがとう	7 件	
てもらってありがとう	111 件	123 件（2.4％）
てもらいありがとう	12 件	
計	5147 件	5147 件（100％）

表2：敬語形「てくださる／ていただく」

てくださってありがとう	227 件	266 件（41.8％）
てくださりありがとう	39 件	
ていただいてありがとう	165 件	370 件（58.2％）
ていただきありがとう	205 件	
計	636 件	636 件（100％）

　敬語形（表2）では，総体として見た場合，「てくださる」よりも「ていただく」のほうが優勢である．これは，「てくださる」と「ていただく」の両者が入り得る場面で「ていただく」のほうが高い割合で選択されるとする金澤（2007）の報告とも一致する（さらに，山口（2008），秋田（2010），野呂

件）の形式で検索した．また，「てもらってありがとう」は，「{て／で}もらってありがとう」（110 件），「{て／で}貰ってありがとう」（1 件），「{て／で}もらって有難う」（0 件），「{て／で}貰って有難う」（0 件）の形式で，「てもらいありがとう」は，「{て／で}もらいありがとう」（12 件），「「{て／で}貰いありがとう」（0 件），「{て／で}もらい有難う」（0 件），「{て／で}貰い有難う」（0 件）の形式で検索した．
　表2の「てくださってありがとう」は，「{て／で}くださってありがとう」（129 件），「{て／で}下さってありがとう」（97 件），「{て／で}くださって有難う」（0 件），「{て／で}下さって有難う」（1 件）の形式で，「てくださりありがとう」は，「{て／で}くださりありがとう」（24 件），「{て／で}下さりありがとう」（15 件），「{て／で}くださり有難う」（0 件），「{て／で}下さり有難う」（0 件）の形式で検索した．また，「ていただいてありがとう」は，「{て／で}いただいてありがとう」（126 件），「{て／で}頂いてありがとう」（39 件），「{て／で}いただいて有難う」（0 件），「{て／で}頂いて有難う」（0 件）の形式で，「ていただきありがとう」は，「{て／で}いただきありがとう」（163 件），「{て／で}頂きありがとう」（40 件），「{て／で}いただき有難う」（0 件），「{て／で}頂き有難う」（2 件）の形式で検索した．
　なお，「ありがとう」には「ございます」等が後続する例も含まれる．

（2015）等の報告も参照）.[11] 非敬語形（表1）では依然「てくれる」が優勢であるが，今後，「てもらう」が伸長していく可能性もあり得る.「てもらう／ていただく」が「てくれる／てくださる」に「入り込んでいこうとする傾向」（金澤（2007: 51））は，ここでの現象でも（部分的に）認められる.

5.　おわりに

　本章では，事象の主体がガ格で標示される間接受身文と「てもらう」構文について考察した．間接受身文と「てもらう」構文は，非格言的な構文環境の中では動作主性が減じて，非行為的事象（非対格動詞）が生起可能となり，事象の主体を動作主性が中和するガ格によって標示することも可能となる．間接受身文は，「ニ格名詞句による行為から主語名詞句が迷惑を被る」ことを表す構文として発達したが，さらに構文を拡張させて，「事象から話し手が被害を被る」ことを表す構文を発達させている（発達させつつある）．一方，「てもらう」構文は，ニ格名詞句による行為から主語名詞句が恩恵を被ることを表す構文として発達したが，話し手の希求を表す構文環境の中では，事象の主体をガ格で標示する「希求用法」を発達させている．ガ格標示の「てもらう」（および，「ていただく」）構文は，他方で，動作主による行為を間接化するという意識のもと，「間接用法」も発達させている.

　使用される構文環境に留意しつつ，間接受身文，「てもらう」構文に見られる構造や機能の変化を捉える本章の試みは，言語使用の文脈の中でことばのゆらぎ（変化）を捉える動的語用論の姿勢を体現している．今後は，ガ格標示の間接受身文，「てもらう」構文の歴史や，これらの言語類型論的な位置づけについても考察を深めていきたい.

---

[11] 『敬語の指針』（文化庁審議会答申，2007年）では，「御利用いただきましてありがとうございます」を例に取り上げ，「敬語の慣用的な用法として特に問題があるわけではない」とする一方，「このような「いただく」の用法に対しては，その受け止め方に個人差があり，不適切な用法だと感じている人たちもいる」としている（40頁）.

参考文献

秋田恵美子（2010）「「いただく」の過剰使用傾向について」『創価大学別科紀要』第20号，32-60.

天野みどり（2017）「受益構文の意味拡張――《恩恵》から《行為要求》へ――」『構文の意味と拡がり』，天野みどり・早瀬尚子（編），99-118，くろしお出版，東京.

安藤節子（2015）「テモラウ構文の分析――母語話者による逸脱の観点から――」『日本語／日本語教育研究』第6号，123-131.

Hopper, Paul J. and Sandra A. Thompson (1980) "Transitivity in Grammar and Discourse," *Language* 56(2), 251-299.

井上優（2011）「日本語・韓国語・中国語の「動詞＋授受動詞」」『日本語学』vol. 30 (11)（9月号），38-48.

影山太郎（1996）『動詞意味論――言語と認知の接点――』くろしお出版，東京.

影山太郎（2006）「日本語受身文の統語構造――モジュール形態論からのアプローチ――」『レキシコンフォーラム No. 2』，影山太郎（編），179-231，ひつじ書房，東京.

金澤裕之（2007）「「～てくださる」と「～ていただく」について」『日本語の研究』第3巻第2号，47-53.

加藤重広（2013）『日本語統語特性論』北海道大学出版会，札幌.

菊地康人（1997）『敬語』講談社，東京.

町田章（2005）「日本語被害受身文の間接性と概念化――認知文法的アプローチ――」『語用論研究』第7号，45-62.

益岡隆志（2013）『日本語構文意味論』くろしお出版，東京.

益岡隆志（2017）「日本語恩恵構文の意味の拡がりと構文の関係性」『構文の意味と拡がり』，天野みどり・早瀬尚子（編），79-98，くろしお出版，東京.

益岡隆志（2019）「主観性から見た日本語受動文の特質」『場面と主体性・主観性』，澤田治美・仁田義雄・山梨正明（編），339-357，ひつじ書房，東京.

Matsumoto, Yo (1996) *Complex Predicates in Japanese: A Syntactic and Semantic Study of the Notion 'Word'*, CSLI Publication and Kurosio, Stanford, Tokyo.

松本曜（1998）「日本語の語彙的複合動詞における動詞の組み合わせ」『言語研究』第114号，37-83.

宮川和子（1998）「シテホシイとシテモライタイ――シテホシイの進出・定着――」『国文学解釈と観賞』第63巻第1号，41-50.

野呂健一（2015）「「いただく」を用いた依頼表現の使用実態」『キャリア研究センター紀要・年報』第1号，21-28.

小野尚之（2005）『生成語彙意味論』くろしお出版，東京.

大江三郎（1975）『日英語の比較研究――主観性をめぐって――』南雲堂，東京.

澤田淳（2005）「日本語の受益構文と「主体化」―「～てくれる」構文と「～てやる」構文の比較―」『日本認知言語学会論文集 第5巻』441-450.

澤田淳（2006a）「ヴォイスの観点から見た日本語の授受構文」『言外と言内の交流分野―小泉保博士傘寿記念論文集―』，上田功・野田尚史（編），253-263，大学書林，東京.

澤田淳（2006b）「「テモラウ」構文における「ニ-ガ」交替と構文拡張」『日本言語学会第132回大会予稿集』93-98.

澤田淳（2007）「「主観性／客観性」から見た現代日本語の授受構文について―「話し手／主語指向性」「受け手／与え手指向性」の観点から―」『KLS』第27号，1-11.

澤田淳（2014）「日本語の授与動詞構文の構文パターンの類型化―他言語との比較対照と合わせて―」『言語研究』第145号，27-60.

柴谷方良（1978）『日本語の分析』大修館書店，東京.

椎名美智（2017）「「させていただく」という問題系―「文法化」と「新丁寧語」の誕生―」『日本語語用論フォーラム2』，加藤重広・滝浦真人（編），75-105，ひつじ書房，東京.

高見健一・久野暲（2002）『日英語の自動詞構文』研究社，東京.

滝浦真人（2016）「社会語用論」『語用論研究法ガイドブック』，加藤重広・滝浦真人（編），77-103，ひつじ書房，東京.

寺村秀夫（1982）『日本語のシンタクスと意味 第I巻』くろしお出版，東京.

坪井栄治郎（2003）「受影性と他動性」『言語』第32巻第4号（4月号），50-55.

山田敏弘（2004）『日本語のベネファクティブ―「てやる」「てくれる」「てもらう」の文法―』明治書院，東京.

山田孝雄（1908）『日本文法論』宝文館，東京.

山口真里子（2008）「授受補助動詞の使用制限に与える敬語化の影響について―「くださる」「いただく」を用いた感謝表現を中心に―」『国際広報メディア・観光学ジャーナル』第6号，69-89.

Zúñiga, Fernando and Seppo Kittilä, eds. (2010) *Benefactives and Malefactives: Typological Perspectives and Case Studies*, John Benjamins, Amsterdam.

第 7 章

句読法の歴史的変化に見る動的語用論の可能性
—— イギリス英語の full stop を中心に ——*

柴﨑礼士郎

明治大学

1. はじめに

　談話分析（discourse analysis）という用語が世に広まり始めたのは Harris
(1951: vii, 9ff; 1954) 辺りからであり，語用論（pragmatics）という用語の
初出は 1937 年であるという（野間（2018: 註 33 頁）; 野間は Morris (1937:
4) を指していると思われるが明示無し）．用語が導入された当初の定義は別
として，こうした用語の下に言語の使用実態を観察する研究分野が徐々に開
花してきたことは間違いないであろう．人間の直感能力を否定したチャール
ズ・サンダース・パース（Charles Sanders Peirce, 1839-1914）に言及し，
「人間の思考というのは記号に媒介されて，記号に記号を重ねることでしか
認識は起きない」と解釈する橋爪・大澤（2018: 194-195）の見解も参考に
なる．一方で，統語論とも密接に関係すると思われる句読法は，一部の文法
書や学習指導書を除くと，踏み込んだ考察対象になっていたとは言えない．
近年注目が集まる歴史語用論の分野（e.g. Jucker and Taavitsainen (2018),
高田・他 (2011), 金水・他 (2014), 高田・他 (2018)）や談話標識研究

---

　* 本論集への執筆の機会を与えてくださった田中廣明先生へ御礼申し上げます．本稿は
日本学術振興会科学研究費補助金による基盤研究（C）「投射構文の歴史的発達と構文化に
ついて」（研究代表：柴﨑礼士郎，課題番号：16K02781）および基盤研究（C）「英語破格
構文の歴史的発達と談話基盤性について」（研究代表：柴﨑礼士郎，課題番号：19K00693）
の研究成果の一部である．なお，紙幅制限のため，考察点および参考文献を必要最低限に
とどめてあることを明記しておく．

第 7 章　句読法の歴史的変化に見る動的語用論の可能性　　　145

(e.g. 松尾・他 (2015)) でも取り扱いがない.[1]

　句読法を特定のレジスターにおける言語的特徴とみなす可能性もある (e.g. 書き言葉). 確かに, グリーンバウム・クヮーク (1995: 833) は「紙の上で形作られ, 文字において通常具現化するタイプのテクストも多いことを認めなければならない. したがって句読法は言語学全体よりテクストの研究においてより興味が持たれる」と述べている. 一方で, Carey (1958) のように, 17 世紀初頭には, 句読法の役割は統語上の区分けを示すだけではなく, より感情的あるいは意味的な役割を果たすものでもあったと述べる研究者もいる (Bruthiaux (1993: 29)). そこで, シェイクスピアの作品から句読法と意味解釈に関わる有名な事例を引き, その後, 現代イギリス英語から語用論標識 (pragmatic marker) と判断できる例を挙げる.

　下記の (1) は, 前口上役 (Prologue, Pro.) のクインス (Quince) が登場した場面である. 対応する (1′) は, Brooks (1991) による正しい句読法と判断されるものである. 日本語訳は, 句読法の違いを反映させた柴﨑による試訳である (参考までに, 他訳を 2 例 Appendix 1 に載せておく).

(1)　原文の不規則句読法 (malpunctuation)

　　Pro. If we offend, it is with our good will.

　　　　That you should think, we come not to offend,

　　　　But with good will. To show our simple skill,

　　　　That is the true beginning of our end.

　　　　(?1600 *A Midsummer Night's Dream*, Act V, Sc. I; Brooks (1991))

　　　　(皆様の御機嫌を損ねることあらば, それこそ我らが願い. ご推察頂きたくは, 皆様の御機嫌を損ねるためにあらず, ただ誠意を持って馳せ参じた次第. 我らの拙き技を演ずること, それが真の狙い.)

(1′)　Brooks による正しい句読法 (right punctuation)

　　Pro. If we offend, it is with our good will

---

[1] 実例に乏しい多くの句読法研究に対して, その説明力を疑問視する意見もある (Nunberg (1990: 15)).

That you should think we come, not to offend,

But with good will to show our simple skill:

That is the true beginning of our end.

(Brooks (1991: Appendix IV))

(皆様の御機嫌を損ねることあらば，そうした目的ではなく，
我らの拙き技を演ずる誠意を持って馳せ参じたとご推察頂け
れば願ったり．それが真の狙い.)

シェイクスピアによる言葉遊びと解釈できるが，一行目末尾の句点の有無に
より発話そのものの意味が逆転している．前口上役の (1) の発話はさらに 6
行続くが，句読法を解しないその発話ぶりに，シーシュース公爵 (Theseus)
は「こやつ句読法に従っておらん」と続けている．句点の位置では読点より
も長い休止 (pause) を置いたと考えられるため，句読法は意味解釈に十分
に貢献していると思われる.[2]

　上記の例は，句読法の用い方によって命題内容が変わることを示してい
る．一方，(2) の下線部分は命題内容の必要要件以外の要素で，テキスト的
且つ対人関係的に機能するものと判断できる．句点 full stop の語用論標識
用法である．以下，該当箇所には下線を施し，コーパス内の話者番号 (e.g.
SP:PS1FC) は簡略化し，SP1 や SP2 と記してある．

(2) (SP1) and he's made it probably an even worse hash than, than
the average teacher (SP2) He just can't manage money, <u>full stop</u>.
(SP1) I mean he's a, he's got to a, he's got to be a claim all
across the whole sitting ... (1991 Conversation, BYU-BNC)

---

　[2] 参考までに，Cecil Hartley (1818) による句読点と休止の長さに関する記述を Appendix
2 に載せておく．ただし，Truss (2003: 112-113) のように批判的な見解もある．句読法の
打ち方に関しては，クック (2008) や宮脇 (2018) にも報告がある．

第 7 章　句読法の歴史的変化に見る動的語用論の可能性　　　147

　　(SP1: そして彼は，平均的な教員よりもずっと（資金繰りが）悪く
　　なったんだよ．SP2: 彼は金銭管理ができないんだよ，もうそれだ
　　け．SP1: つまり，彼は，なっちゃったんだよ，彼は現職教員中に
　　異議申し立てする人に …)

ここでは，学校長の経験が初めての人がなりやすい資金繰りの悪さが話題に
なっている．話者二人が話題にしている当該人物も，同様に金銭感覚が悪い
という流れで (2) が始まっている．良くも悪くも話者はともに冷静ではな
いと思われ，話者 SP2 は自身の発話末に「それだけ，以上」の意味を含め
た句点を付加している．

　話し言葉の場合，記号としての句点は（仮に脳裏を過る場合でも）必ずし
も言う必要はない．敢えて言う場合には，「そこでおしまい」という終止符
の意味が明示的になる（第 2 節を参照）．ここで注意したいのは，話者 (SP2)
は「以上」(full stop) の使用によって発話の一区切りを示しているが，対話
者 (SP1) にとっては自身の発話を開始しても良いという合図にもなり，発
話を誘発する (turn-yielding) 機能も担っている点である．換言すれば，「発
話媒介行為 (perlocutionary act)」に相当すると解釈できる．

　ここまでの考察を以下のようにまとめる．句点は「文の終わりを記す単独
の点」だけではなく，打ち方次第では大きく意味を変えるだけの重要さを
持っている．Carey (1958) が指摘するように，句読法は，17 世紀初頭には
感情的あるいは意味的なニュアンスを伝える機能も担っており，それは現代
英語のテキストメッセージに散見する非標準的な句読法 (nonstandard
punctuation) にも近いと思われる（第 2 節を参照）．さらに，(2) では，統
語的あるいは文法的機能ではなく，語用論標識として修辞的な (rhetorical)
機能も果たしている．こうした歴史的な資料から，句読法のうち少なくとも句
点は対人関係機能を発達させていることが分かり，(動的) 語用論の守備範
囲で考察を進めることが可能であると判断する．[3] なお，動的語用論の定義・

_____

　[3] 第 2 節の議論とも重なるが，発音研究でも著名な John Walker は，話者の意図が聞き
手へ伝わるものが文法面にあるべきとの見解の下，「修辞的句読法 (rhetorical punctua-
tion)」なる提案をしている (Walker (1785: 38), cited in Cohen (1977: 119))．

解釈として，田中 (2018: 287-288) が紹介する Arundale (2008) の提案 (III)「話し手と聞き手は，意味・行為を，未解決なものとし，さらに最適なものに進化させる」を立脚点として，以下考察を進める．

2. 研究の背景

話し言葉と書き言葉の境界が曖昧になってきていると感じる人は多いであろう (石黒・橋本 (2014)). 英語圏での研究には，"digitalk" (Turner (2010))，"talk-writing" (McWhorter (2013))，"written speech" (Houghton et al. (2018: 116)) のような用語が提案されており，日本語に関しても文化審議会国語分科会 (2018) が「打ち言葉」として近い現象を取り上げている.[4]

Houghton et al. (2018) は，SNS (social network service) 等で文字メッセージを送る人 (texter) は，直接会って行う会話に見られるような言語外情報を，以下のような方法で提示すると述べている.

(3) a. 顔文字 (emoticon)
    b. 絵文字 (emoji)
    c. 文字の繰り返し (letter repetition)
    d. 省略 (abbreviation)
    e. 意図的なスペルミス (intentional misspelling)
    f. 非標準的な大文字使用 (nonstandard capitalization)
    g. 非標準的な句読法 (nonstandard punctuation)

(Houghton et al. (2018: 112))

本稿では非標準的な句読法に注目し，とりわけイギリス英語で用いられると言われる full stop の史的発達を考察する．

---

[4] 打ち言葉の定義は以下の通りである.「電子メールや SNS (中略) などのテキストのやり取りは，文字に表すという点では書き言葉に入る. しかし，互いのやり取りが比較的短い時間で行われ，一回のやり取りで交わされる情報量も少ない媒体においては，話し言葉に近いものも多く用いられる. こうした，話し言葉の要素を多く含む新しい書き言葉を，本報告では「打ち言葉」と呼ぶ」(文化審議会国語分科 (2018: 4-5)).

第7章　句読法の歴史的変化に見る動的語用論の可能性　　149

　句点 (full stop, period) を含む句読法への注目は，記述文法研究 (Bruthi-aux (1993)，Meyer (1987)) や音調研究 (Chafe (1988)) のほか，貴族階級とのしがらみのない中産階級と作家・有識者に関連付けた Nunberg (1989) のような研究もある．一方で，実験に基づく心理学的研究が集中的に実施されており (Gunraj et al. (2016)，Houghton et al. (2018))，使用実態を考える際に貴重な示唆を得ることが可能である (第 5.2 節を参照)．共時的な語法を指摘する研究もあるが (e.g. 稲盛・畑中 (2003)，Crystal (2015)，八木 (2018)) 概説の域を出ず，本格的な歴史言語学的研究になると管見では皆無である．[5]

　本節の最後に，句読点全体の中での句点の相対頻度を確認しておく．Quirk et al. (1985) は Brown Corpus を用いて，各句読法の相対頻度を調べている (cf. Meyer (1987: 107))．コーパス内の各レジスターから均等に抽出した約 72,000 語を基に，以下の表 1 のような素頻度を提示している．丸括弧内の数値は現筆者が計算した相対頻度％である．読点 (comma) と句点 (pe-riod, full stop) だけで 9 割を超え，本稿が本格的に句点を分析する裏付けになることがわかる．

表 1：句読点の使用頻度 (Quirk et al (1985: 1613))

Comma	Period (Full stop)	Dashes	Pairs of parentheses	Semicolons	Question marks	Colons	Exclamation marks
4054 (46.8%)	3897 (45.0%)	189 (2.2%)	165 (1.9%)	163 (1.9%)	89 (1.0%)	78 (0.9%)	26 (0.3%)

---

[5] アメリカ英語史における「句点 (period)」の語用論標識化については，柴﨑 (2019) および Shibasaki (2019) を参照されたい．

3. 辞書による定義と用例

　語用論標識として機能する句点は，辞書にはどのように記載されているのだろうか．学習用辞書として定評のある CALD と OALD から定義と例文を以下に示す．

(4) *full stop* adverb UK (US *period*)
used at the end of a sentence, usually when you are angry, to say you will not continue to discuss a subject:
Look, I'm not lending you my car, full stop!　　(CALD (2013))
（いいかい，君に車を貸すつもりはないんだ，以上.）

(5) adverb *full stop* (BrE) (also *period* NAmE, BrE) (informal)
used at the end of a sentence to emphasize that there is nothing more to say about a subject:
I've already told you—we can't afford it, full stop!
(OALD (2010))
（もう言いましたよ，それを買う余裕はない，以上.）

　2つの定義と用例に共通しているのは以下の点である．第1に，文末に生起する用法であり，品詞は副詞と見なされている点である．第2に，イギリス英語の用法と明示されている点である．勿論，アメリカ英語の大規模コーパスである COCA などにも，比較的多くの full stop を見出すことはできる．しかし，多くの辞書や語法指南書に記載のあるように（e.g. 八木 (2018)），full stop はイギリス英語の特徴と見なして良いであろう．第3に，当該の話題について「もうこれ以上話すつもりはない（話すことはない）」という，話者の直截な意思表示が伝わるという点である．両例文ともに感嘆符が使用されており，(4) では「通常腹を立てているとき（usually when you are angry)」とまで明示されている．こうした full stop は対人関係的に機能し，命題内容の必要要件以外の要素であることから，語用論標識と見なすこ

第7章　句読法の歴史的変化に見る動的語用論の可能性　　151

とができる（第4.1節を参照）.[6]

　それでは full stop の歴史的発達経緯はどうであろうか. 以下の記述が
OED online にある.

> (6)　full stop B. adv. Indicating that the preceding statement is final,
> absolute, or without qualification: and that is all there is to say
> about it, that is the sum of it, there is no more to be said. Cf. pe-
> riod adv.　　　　　　　　　　　　　(OED online; s.v. *full stop* B. adv.)

（4）と（5）に違わず，先行する陳述がそこで終わることを示し，それ以上
話すことはないと記述されている. 同じく副詞用法の period も比較参照せ
よとあるため，以下に対応する period の定義を示しておく.

> (7)　period III. C. *adv.* orig. and chiefly *N. Amer.* Indicating that the
> preceding statement is final, absolute, or without qualification:
> and that is all there is to say about it, that is the sum of it, there
> is no more to be said. Cf. FULL STOP *adv.* Based on the use, in
> speech, of 'period' (see sense A. 17a) as a verbless sentence to
> indicate a place where there is or should be a full stop.
>
> 　　　　　　　　　　　　　　　(OED online; s.v. *period* III. C. *adv.*)

（4）と（5）に矛盾することなく，副詞用法としての period の起源と主な使
用がアメリカ英語であることが分かり，先行する発言や陳述がそこで終わる
ことを示唆すると説明が続いている.

　興味深いのは，「文の終わりを記す単独の点」を意味する period の用法
（A. 17a，1582 年以降）が無動詞文（verbless sentence）として発達してい
るという点である. 以下の第4.1節で見るように，full stop にも同用法（A.

---

　[6] 日本で刊行されている辞書として瀬戸・投野（2012）と南出（2014）も参考にした. 両
辞書には，アメリカ英語の句点（period）が詳細に説明されているものの，イギリス英語の
句点（full stop）についての説明は少ない. 南出（2014）には見出し語もなく，stop の一部
に記載があるだけである. アメリカ英語を中心とする日本の英語教育が反映されているの
かもしれない.

152 第 II 部　歴史語用論・文法化

n 1. B, a1586) が確認できるからである．句点に対する名称は異なれども
(full stop vs. period)，ほぼ同時期に同用法がイギリス英語とアメリカ英語
で創発している点は留意しておくべきであろう．

　では，(2) に提示した句点の語用論標識用法は，いつ頃から記録されている
のであろうか．以下に，OED から full stop と period の初出例を引用する．

(8)　'But,' argued Petunia, 'I said soldiers' wives are usually nice …'
　　　'And I,' said Aunt Jane, 'answered, "yes.　Full stop.　Mrs. So-
　　　and-so is very nice."'

　　　　　　　　(1916 M. C. E. Wemyss *Petunia* xv. 143: OED online)[7]
　　　(「でも」ペチュニアは異論を唱えました「軍人の妻はたいてい素晴
　　　らしいと言ったのですが ….」と．おばのジェーンは言いました
　　　「私は，「その通りです，それ以外ありません．何とかという女性が
　　　大変素晴らしいです」と答えたのです．」)

(9)　Have you finished what you were saying, Hamilton?　Your heart
　　　has found its mate, period.　That's all you wanted us to know,
　　　isn't it?
　　　(1914 W. M. BLATT *Husbands on Approval* II. 108; OED online)[8]
　　　(話していたことはどうなったの，ハミルトン？　あなたって人は最
　　　愛の人を見つけたってこと，それに限るでしょう．そのことを私た
　　　ちに知ってほしいのではないの？)

「文の終わりを記す単独の点」という意味が，full stop と period でほぼ同時
期に創発しただけではなく，語用論標識としての用法の創発時期もほぼ同時
期であることが分かる．Toner (2011) が指摘するように，句読法の規則は
歴史的に絶対的なものではなく，形態統語的変化と同様に変化することを示

---

　[7] 人名データベース Marquis Who's Who には Mary C. E. Wemyss は掲載されていな
かった（最終アクセス：2019 年 3 月 30 日）．
　[8] Marquis Who's Who によると，作品の筆者である William Mosher Blatt は，1876 年
ニュージャージー州生まれのアメリカ人で，作家兼弁護士であることが分かる（最終アク
セス：2019 年 3 月 30 日）．

第7章　句読法の歴史的変化に見る動的語用論の可能性　　153

している．さらに，現在使用されている文章法が今後変わらないとも限らない（Johnson（2015: 16））．こうした点を考慮すると，語用論標識としてのfull stop が生まれた 20 世紀初頭から，現在までの約一世紀を掘り下げて調査する価値は十分にあると思われる．

次節以降，参考文献欄に記載されているコーパスを用いて，full stop の語用論標識としての歴史的発達を考察する．

4.　調査結果

4.1.　1980 年代から 1990 年代の語用論標識 full stop

前節で確認したように，full stop（および period）の語用論標識としての発達は 20 世紀初頭から確認できる．本小節では，まず，BYU-BNC を用いて現代イギリス英語における full stop の分布を概観し，機能拡張の現状と使用実態を見てゆく．

表 2 は，full stop の総頻度と，語用論標識として使用されている full stop の割合を示している．数値は素頻度を表し，丸括弧内は相対頻度を表している．全体のうち 46%以上が語用論標識として使用されていることになる．

表 2：現代イギリス英語の full stop の分布（BYU-BNC）

full stop の全体頻度	full stop の語用論標識機能
162（100%）	75（46.3%）

表 3 は，語用論標識の full stop を，BYU-BNC に記載されている書き言葉と話し言葉のレジスターで分布を調べたものである．3 分の 2 が話し言葉で使用されている結果となった．以下，特徴的な用法を見てゆく．

表 3：語用論標識 full stop の分布（BYU-BNC）

書き言葉	話し言葉	合計
25（33.3%）	50（66.7%）	75（100%）

(10) SP1: ... what does it say at the end?　（最後に何てあるの？）
　　　SP2: Nothing there. <u>Full stop.</u>　　　（何も．以上.）
　　　　　　　　　　　　　　　　　　　　　　（KCH, S_conv: BYU-BNC）

(11) SP1: Is that it? <u>Full stop?</u>　（それでおしまい？　それだけ？）
　　　SP2: Just about. (pause)　　（おおむねそんなところ．（休止））
　　　　　　　　　　　　　　　　　　　　　　（KCX, S_conv: BYU-BNC）

　上掲 2 例は，統語的には前文から独立しているため，full stop だけで発話単位として機能する用法である（(7) の無動詞文を思い起こされたい）．一方で，(10) の例のように，統語的に独立しつつも，前文の情報を補足する機能も果たしている．他方で，(11) の例は対人関係機能がさらに強いと判断できる．先行する疑問文の直後に full stop が使用されており，上昇調の（無動詞）疑問文として機能しているからである．第 1 節の (2) で確認したように，語用論標識化した full stop は発話誘発機能も担うことが，本例ではより良く示されている．上記 2 例からだけでも，full stop は句点という文末に使用される終止符としてだけではなく，先行文から統語的に独立し，対人関係機能を有していることが分かる．

　第 3 節の (4) で，full stop の語用論標識用法が「通常腹を立てているとき」に見受けられることに触れた．そこで，以下に近い例を示し，同用法を確認しておく．

(12) SP1: There's no point in talking about it <u>full stop.</u>　All we do, all we do is argue <u>full stop.</u> (JP8 S_classroom: BYU-BNC)
　　　　　　（それについて話しても意味がありません，以上．すべきことは，すべきことは意（異）を唱えること，それだけ．）

　前後の文脈が十分ではないため，必ずしも腹を立てているとは言い切れない．しかし，発話された 2 文ともに語用論標識としての full stop を伴い，現状の不満に対して自身の意見を明示することの大切さを主張していることから，(4) の解説に対応する事例と見なしたい．

　次の例は，語用論標識の句点が繰り返し使用されているものである．

第 7 章　句読法の歴史的変化に見る動的語用論の可能性　　　155

(13)　She gulped wine and set her glass down firm as a full stop. <u>Period</u>, <u>full stop</u>, as Dionne would say.

　　　　　　　　　(A0L, W_fic_prose, *Jay loves Lucy*: BYU-BNC)

（彼女はワインをごくりと飲み，終止符を打とうとグラスをしっかりと置いた．もうおしまい，これでおしまい，と，ディオンヌは言うであろう．）

BYU-BNC で，唯一確認できた語用論標識の重複使用である．先行文にも「終止符として（as a full stop）」が用いられており，登場人物ディオンヌの気持ちの強さを知る上で十分な効果が見られる．[9]

　他にも興味深い用法が確認できるが（e.g. … ; full stop.），ここではもう一例（14）を紹介するに止める．

(14)　SP1:　… another drink you'll be dead in six month.

　　　SP2:　Mhm.

　　　SP1:　<u>Full stop</u>, there's forty milligrams of (pause) valium.

　　　　　　　　　　　　　　　　　　(KDX, S conv: BYU-BNC)

（SP1: もう一杯飲んだら，6ヶ月の内に命を落としますよ．SP2: う〜ん．SP1: もうやめましょう，50グラム（休止）バリウムがありますから．）

通時的データを精査し切れていないため断言は避けるが，現代イギリス英語に確認できる（14）のような例は考察に値すると思われる．つまり，その他の語用論標識 full stop は，先行文を補足する機能を果たしているが（(4)，(5)，(8)，(10)），上掲（14）の場合，単に補足するだけではなく，命令文のような強い言い回しに近い印象を受ける．先の（13）の重複使用の存在が確認できたことからも，full stop の語用論標識は，時として話者の強いスタ

---

[9] アメリカ英語にも，「Period, full stop. That's it. （以上，それだけ．おしまい．）」のような例が確認できる．さらにアメリカ英語の場合，「…, period. Period. （…, 以上．それだけだ．）」のように，同じ表現の繰り返しも見受けられる．詳しくは Shibasaki (2019)，柴﨑 (2019) を参照してほしい．

156 第 II 部 歴史語用論・文法化

ンスが表出されるようである（次節の事例も参照）.

4.2. 20 世紀を通しての語用論標識 full stop

本小節では，20 世紀以降に確認できる full stop の語用論標識用法を見て
ゆく. 紙幅の都合で調査結果をすべて提示できないため，以下に，「, full
stop.」という表記で検出できた事例のみを取り上げる.

使用するコーパスは，英国議会での発話を記録した Hansard Corpus で，
収録語数は 16 億語に上る. 収録期間は 1803 年から 2005 年に渡るため，
語用論標識用法の full stop が掲載され始める 1916 年以降も十分に守備範
囲となっている. 議会での意見（交換）は時に熱を帯びることも予想できる
ため，(4), (13), (14) に近い用法も確認できる可能性もある.

検索結果は表4にまとめてある. なお，単純検索を行った後，すべての
事例を精査し，語用論標識以外のものは排除した内容である. 1950 年代以
降，語用論標識用法の full stop が確認され始め，1980 年代以降は慣習化さ
れているものと推測できる. （ ） 内の数値は 100 万語当たりの標準化頻度
(pmw) である.

表 4：語用論標識 full stop の歴史的発達：トークン頻度 (Hansard Corpus)

	~1940s	1950s	1960s	1970s	1980s	1990s	2000s	Total
Full stop (pmw)	…	1 (0.01)	3 (0.02)	20 (0.12)	36 (0.20)	33 (0.19)	39 (0.44)	132 (0.83)

本小節と関連深い例を 2 つ見ておく. 1 つは (15) の例で，議会での報告
を終えて，「以上 (full stop)」と添えているものである. もう 1 つは (16)
で，並置している項目毎に full stop が付随しており，強調の意味が添えら
れた用法と解釈できる. こうした用法が，(13) と (14) に見られた，話者
のスタンスを強調する用法へと発達した可能性がある.

第 7 章　句読法の歴史的変化に見る動的語用論の可能性　　157

(15)　The Minister insists on misinterpreting this and attributing to me
　　　the statement that the scheme would be inflationary, full stop:
　　　　　　　　　　(1959 *National insurance bill*: Hansard Corpus)
　　　（大臣は，本件を誤って解釈していたと主張し，その計画がインフ
　　　レを引き起こす可能性があったという言明を私のせいにしていま
　　　す，以上.）

(16)　We are not talking about widows, full stop, or pensioners, full stop:
　　　　　　　　　(1976 *Charge of income tax for 1976*: Hansard Corpus)
　　　（我々が話しているのは寡婦についてではなく，以上，年金受給者
　　　についてでもありません，以上.）

5.　考察

5.1.　語用論標識 full stop のこれまで

　前節までのデータ分析を踏まえて，以下で，語用論標識用法 full stop の
これまでの発達経緯と今後の変化を考えてみる．句点 full stop は，文末に
使用されるとはいえ，一足飛びに語用論標識化したとは考えにくい．詳細は
別稿に譲るが，(17) の例でその点を確認しておく．

(17)　If then this be their desire, we are come to a full stoppe.
　　　(1600 M. Sutcliffe *Briefe Replie to Libel* ix. 233: OED s.v. *full
　　　stop* A. 2. N.)
　　　（これが彼らの望みとあらば，我らはここで終わりとしよう.）

ここでは，come to a full stop（完全に止まる，完了する）という定型表現
の一部として full stop が用いられている．Hansard Corpus にも関連表現が
確認できるが，一部を除くと 20 世紀以降に使用頻度が偏っている．そこで，
CLMET3.0 から後期近代英語（イギリス英語）の表現を，動詞との共起表
現に限定して紹介しておく．

158　　　　第 II 部　歴史語用論・文法化

(18) a.　1710-1780 年：　make a full stop（11 例）

　　　　　　　　　　　　put a full stop（1 例）

　　　　　　　　　　　　get to the next full stop（1 例）

　　　b.　1780-1850 年：　make a full stop（4 例）

　　　　　　　　　　　　put a full stop（1 例）

　　　　　　　　　　　　waiting in vain for a full stop（1 例）

　　　c.　1850-1920 年：　come to a full stop（3 例）

　　　　　　　　　　　　punctuate the full stop（1 例）

　　　　　　　　　　　　brought to a full stop（1 例）　　（CLMET3.0）

　OED の記述と合わせて考えると，まず，①字義通りの「文の終わり」を表すもの，その後，② come to / make / put / bring to a full stop のような動詞句として用いられ，ようやく，③ 1916 年以降に，文／節末の語用論標識機能が派生する．「命題から陳述へ」という語用論標識機能を創発させたものと判断できる．

　BYU-BNC のデータに限ったものではあるが，現代イギリス英語では語用論標識化した full stop は全体の 4 割を超えている（表 2）．さらに，(13) の重複使用のような話者スタンスを表明する用法も散見している．過去一世紀ほどの変化のプロセスを辿ると，full stop は今後も対人関係機能を担い続け，重複使用などの強調用法や，(4) に掲載のある感情の高ぶりを指標する機能を増やすのであろうか．この点を，以下の小節で取り上げる．

5.2.　語用論標識 full stop の今後

　語用論標識 full stop は話者スタンスを明示することから，「発話者の感情や考えを表明する感情表現型（expressive）」機能を担い（斎藤他（2015: 181）），さらに，発話を見聞きする読み手や対話者へ何らかの影響も与えうる（(11)，(14)）．換言すると，発話媒介行為に相当すると解釈できる．ところが，SNS やテキスト・メッセージのやり取りの中では，文末の句点そのものが省略される傾向が報告されている（e.g. Crystal（2015），Bilefsky（2016），Gunraj et al.（2016），Houghton et al.（2018））．興味深いのは，

第 7 章　句読法の歴史的変化に見る動的語用論の可能性　　159

イギリス英語とアメリカ英語に共通に観察されている点である（同上）.

　一例を示すと以下の通りである．Houghton et al. (2018) は，ニューヨークの大学生に，iPhone のスクリーンを模した用紙に記された以下のやり取りを見てもらった．便宜上，メッセージの発信者を SP1 と SP2 として記しておく．なお，(19′) の日本語訳は省略する．

(19)　SP1:　Class was ridiculous today.　Care to go over the notes with me?

　　　SP2:　No.　　　　　　　　　　(Houghton et al. (2018: 119, Appendix C))

　　　(SP1: 今日の授業はばかばかしかった．メモしたことを一緒に復習したほうがいいかな？ SP2: 必要ない.)

(19′)　SP1:　Class was ridiculous today. Care to go over the notes with me?

　　　SP2:　No　　　　　　　　　　(Houghton et al. (2018: 119, Appendix C))

両例文の違いは，SP2 の発話末に句点 (.) が有るか無いかである．実験には，計 47 名の英語母語話者（男子 27 名，女子 20 名）が参加しており，(19) と (19′) を見た後，「やり取りをした SP2 (Aisha) は，知人とともにメモを見て復習することについてどう思うか」(How does Aisha feel about going over the notes with you?) という質問に答えるという手順である．結果は，句点を伴う「No.」のほうが，句点を伴わない「No」に比べ，否定の度合いが強いというものであった．他にも 3 種類の実験が行われたが，どれも一貫して句点の存在に対して否定的な姿勢を読み取っている．イギリス英語についても同様の調査結果が報告されている (Crystal (2015))．つまり，句点 (period, full stop, (full) point) などは（自由な文体が許容されるレジスターでは）流行遅れになりつつある (Bilefsky (2016)).[10]

　こうした議論を踏まえて，句点 full stop の変化をまとめると以下のようになる．用語は滝浦 (2008) を参考にした．

---

[10] 句点の衰退傾向に関する社会的背景については，柴﨑 (2019) を参照されたい.

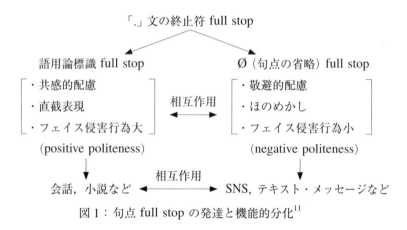

図 1：句点 full stop の発達と機能的分化[11]

　本稿で使用した BYU-BNC は，書き言葉と話し言葉から構成されており，Hansard Corpus も，英国議会における発話で構成されている．両コーパスのデータを見る限り，語用論標識用法が歴史的に増加していることも分かった（第 4.1 節）．そこで，図 1 では，語用論標識用法が会話や小説などに確認できると記した．用法としては，(8) のような共感的使用，(13) のような直截な表現（重複使用），さらに，(4) や (5) に示される話者の強いスタンスには，フェイス侵害行為の強さも読み取れる．話者・書き手の見解を，対話者・読み手へ効率良く伝達する手法と解釈し positive politeness と判断する．

　他方，本小節で提示したように，SNS やテキスト・メッセージなどでは，句点の省略現象が多数報告されている．空間に占める僅かな点 (.) が，読み手にとっては「敵意 (hostility)」や「不機嫌 (snark)」を意味すると解釈されるからである (Kleinedler (2018: 124))．その特徴は，語用論標識用法とは対立する機能を果たしているため，negative politeness と判断できる．

　本稿で使用したコーパスには SNS などのデータは含まれていないため，先行研究の実験結果や調査結果に依存してはいる．しかし，full stop が語

---

[11] 柴﨑 (2019) に基づく (65 頁)．アメリカ英語の period とイギリス英語の full stop は非常に類似した歴史的発達を示しているため，結果として同じ図示になったことを明記しておく．

用論標識として話者スタンスを明示する機能を発達させる一方で，full stop そのものを省略する用法も特定のレジスターで発達させてもいる．このような句読法の機能的分化は，書き言葉の歴史を有する言語に特有である可能性がある．Crystal（2015: 329）は，標準的な句読法と非標準的な句読法の棲み分けを「二重書記描写（digraphia）」と呼んでいる（日本語訳は筆者による）．第1節で触れた Arundale（2008）の「話し手と聞き手は，意味・行為を，未解決なものとし，さらに最適なものに進化させる」という提案は，新たなレジスターの創発に伴う full stop の機能的発達と分化により，歴史的に裏付けられていると判断したい．

6. 本稿のまとめと動的語用論の可能性

現代語の自然談話を詳察し，その特徴を照察した Du Bois（2003: 49）は，「話者は，コミュニケーション上の目的を果たすために，既存の文法構造を有効活用する（Speakers exploit available grammatical structures to realize their goals in speaking）」と証言している．そして，その有効活用のほどは，時間軸を広げることで理解が深まるのではないかと感じる．本稿で提示した full stop の歴史的考察は，語用論的発達と分化のダイナミズムを首尾良く提示しているからである．

田中（2018）や Arundale（2008）の支持する動的語用論を目にした際に，直ぐに思い起こしたのが，上記の Du Bois（2003）と福岡（2007）であった．共時的変異は通時的変化の結果だからである．福岡が「動的平衡」(dynamic equilibrium) と呼ぶ現象は，「常に変わり続けることが，できるだけ変わらないための唯一の方法」と要約される．句点 full stop は，過去500年余りの中で機能拡張を遂げてきた．そして，現代の特定のレジスター（SNS など）では，消えゆく運命にある可能性も指摘されている（第5.2節）．しかし，別のレジスター（会話，小説など）では，むしろ，その使用頻度が保持拡大されているとも言える（第4.1節）．言語使用の場である「レジスター」を，生物にとっての「環境」に見立てるとどうであろうか．筆者には，Arundale（2008）の提案する「最適なものに進化させる言語的環境」に思えてならない．

こうした領域横断的な研究の可能性を，調査対象言語を増やし，今後も検証し続けていきたい.

参考文献

Arundale, Robert B. (2008) "Against (Gricean) Intentions at the Heart of Human Interaction," *Intercultural Pragmatics* 5, 231–260.

Bilefsky, Dan (2016) "Period. Full Stop. Point. Whatever It's Called, It's Going Out of Style," New York Times, June 9, 2016. <https://www.nytimes.com/2016/06/10/world/europe/period-full-stop-point-whatever-its-called-millennials-arent-using-it.html>

Bruthiaux, Paul (1993) "Knowing When to Stop: Investigating the Nature of Punctuation," *Language & Communication* 13(1), 27–43.

文化審議会国語分科会 (2018)「分かり合うための言語コミュニケーション（報告)」文化庁. 平成 30 年 3 月 2 日. <http://www.bunka.go.jp/koho_hodo_oshirase/hodohappyo/__icsFiles/afieldfile/2018/04/09/a1401904_03.pdf>

Carey, G. V. (1958) *Mind the Stop: A Brief Guide to Punctuation with a Note on Proof-Correction*, Cambridge University Press, Cambridge.

Chafe, Wallace (1988) "Punctuation and the Prosody of Written Language," *Written Communication* 5, 395–426.

Cohen, Murray (1977) *Linguistic Practice in England 1640-1785*, The Johns Hopkins University Press, Baltimore.

ビビアン・クック，岡田毅・石崎貴士（訳)（2008)『英語の書記体系』音羽書房鶴見書店，東京.［Vivian Cook, *The English Writing System*, Routledge, London, 2004.］

Crystal, David (2015) *Making a Point: The Pernickety Story of English Punctuation*, Profile Books, London.

Du Bois, John W. (2003) "Discourse and Grammar," *The New Psychology of Language*, vol. 2, ed. by Michael Tomasello, 47–88, Lawrence Erlbaum, Mahwah, NJ.

福岡伸一 (2007)『生物と無生物のあいだ』（講談社現代新書)，講談社，東京.

シドニー＝グリーンバウム・ランドルフ＝クワーク，池上嘉彦・米山三明・西村義樹・松本曜・友澤宏隆（訳)（1995)『現代英語文法大学編 新版』紀伊國屋書店，東京. [Sidney Greenbaum and Randolph Quirk, *A Student's Grammar of the English Language*, first edition, Longman, London, 1990.]

Gunraj, Danielle N., April M. Drumm-Hweitt, Erica M. Dashow, Sri Siddhi N.

Upadhyay and Celia M. Klin (2016) "Texting Insincerely: The Role of the Period in Text Messaging," *Computers in Human Behavior* 55, 1067-1075.

Harris, Zellig (1951) *Structural Linguistics*, Phoenix Books, Chicago.

Harris, Zellig (1954) "Distributional Structure," *Word* 10(23), 146-162.

Hartley, Cecil (1818) *Principles of Punctuation: or, the Art of Pointing*, Printed for Effingham Wilson, London.

橋爪大三郎・大澤真幸 (2018)『アメリカ』河出書房新社, 東京.

Houghton, Kenneth J., Sri Siddhi N. Upadhyay and Celia M. Klin (2018) "Punctuation in Text Messages May Convey Abruptness. Period." *Computers in Human Behavior* 80, 112-121.

石黒圭・橋本行洋 (編) (2014)『話し言葉と書き言葉の接点』ひつじ書房, 東京.

Jucker, Andreas H. and Irma Taavitsainen, eds. (2018) *Historical Pragmatics*, De Gruyter Mouton, Berlin.

Johnson, Genevieve M. (2015) "The Invention of Reading and the Evolution of Text," *Journal of Literacy and Technology* 16, 107-128.

金水敏・高田博行・椎名美智 (編) (2014)『歴史語用論の世界——文法化・待遇表現・発話行為——』ひつじ書房, 東京.

Kleinedler, Steve (2018) *Is English Changing?*, Routledge, Oxford.

松尾文子・廣瀬浩三・西川眞由美 (編) (2015)『英語談話標識用法辞典』研究社, 東京.

McWhorter, J. (2013) *What Language Is: and What It Isn't and What It Could Be*, Penguin, New York.

Meyer, Charles F. (1987) *A Linguistic Study of American Punctuation*, Peter Lang, New York.

宮脇孝雄 (2018)『翻訳地獄へようこそ』アルク, 東京.

Morris, Charles W. (1937) *Logical Positivism, Pragmatism, and Scientific Empiricism*, Hermann et Cie, Paris.

野間秀樹 (2108)『言語存在論』東京大学出版会, 東京.

Nunberg, Geoffrey (1989) "English and Good English," *Exploring Language*, ed. by Gary Goshgarian, 414-419, Scott, Foresman and Co., Glenview, IL.

Nunberg, Geoffrey (1990) *The Linguistics of Punctuation*, CSLI Publications, Stanford.

Quirk, Randolph, Sidney Greenbaum, Geoffrey Leech and Jan Svartvik (1985) *A Comprehensive Grammar of the English Language*, Longman, London.

斎藤純男・田口善久・西村義樹 (編) (2015)『明解言語学辞典』三省堂, 東京.

Shibasaki, Reijirou (2019) "From Punctuation to Pragmatic Marker, *Period*: Written Language as a Source of Language Change," Paper to be given at the *SHEL11 (Studies in the History of the English Language 11)*, Indiana University, Bloomington, May 8-11, 2019.

柴﨑礼士郎（2019）「句読法から語用論標識へ——ピリオドの談話機能の発達と今後の
アメリカ英語について——」『慣用表現・変則的表現から見える英語の姿』，西村
義樹・鈴木亨・住吉誠（編），54-69，開拓社，東京.

高田博行・椎名美智・小野寺典子（編）（2011）『歴史語用論入門——過去のコミュニ
ケーションを復元する——』大修館書店，東京.

高田博行・小野寺典子・青木博史（編）（2018）『歴史語用論の方法』ひつじ書房，東
京.

滝浦真人（2008）『ポライトネス入門』研究社，東京.

田中廣明（2018）「動的語用論の構築に向けて——共通基盤化（grounding）の実際を例
証する——（全体趣旨）」『日本語用論学会　第20回大会発表論文集　第13号
(2018)（*Proceedings of the 20th Conference of the Pragmatics Society of Japan*)』，287-290.

Toner, Anne (2015) "Seeing Punctuation," *Visible Language* 45, 5-19.

Truss, Lynne (2003) *Eats, Shoots & Leaves: The Zero Tolerance Approach to Punctuation*, Profile Books, London. ［今井邦彦（訳）『パンクなパンダのパンク
チュエーション』大修館書店，東京，2005.］

Turner, Kristen H. (2010) "Digitalk: A New Literacy for a Digital Generation," *Phi Delta Kappan* 92, 41-46. (https://doi.org/10.1177/003172171009200106)

Walker, John (1785) *A Rhetorical Grammar, or Course of Lessons in Elocution*,
London, rpt. Richardson Press, 2008.

八木克正（2018）『英語にまつわるエトセトラ』研究社，東京.

辞書・テキスト

Harold F. Brooks, ed. (1991) *A Midsummer Night's Dream*, Routledge, rept, London.

CALD = *Cambridge Advanced Learner's Dictionary*, 4th ed., Cambridge University
Press, Cambridge, 2013.

稲盛洋輔・畑中孝實（2003）『英語の句読法辞典』インターワーク出版，東京.

南出康世（編）（2014）『ジーニアス英和辞典』第5版，大修館書店，東京.

大場健治（編）（2005）『真夏の夜の夢』研究社，東京.

坪内逍遥（譯）（1934）『眞夏の夜の夢』中央公論社，東京.

OALD = *Oxford Advanced Learner's Dictionary*, 8th ed., Oxford University Press,
Oxford, 2010.

OED = *The Oxford English Dictionary online*, Oxford University Press, Oxford.
(http://www.oed.com/)

瀬戸賢一・投野由紀夫（編）（2012）『プログレッシブ英和中辞典』第5版，小学館，
東京.

第7章　句読法の歴史的変化に見る動的語用論の可能性　　　165

コーパス・データベース

BYU-BNC＝The British National Corpus 1980s-1993, Brigham Young University, U.S.A. (Mark Davies)

CLMET3.0＝The Corpus of Late Modern English Texts, version 3.0, Hendrik De Smet, Hans-Jürgen Diller and Jukka Tyrkkö.

COCA＝The Corpus of Contemporary American English 1990-2017, Brigham Young University, U.S.A. (Mark Davies).

Hansard Corpus 1803-2005. Brigham Young University, U.S.A. (Mark Davies).

Marquis Who's Who. <http://search.marquiswhoswho.com/search>

Appendix 1:『真夏の夜の夢』(第5幕第1場) の訳出例

  (i) クインス： ご不興を蒙るはもとよりわれらが志.
                  には非ずして志すはすなわちご不興.
                  ならぬわれらが拙き芸のお慰め.
                  こそがわれらの目的のそもそもの発端にて.
                            (大場 (2005: 177; 228 頁に解説もある))
  (ii) 開場詞： 或ヒハ尊意ヲ損ズベケンガ，願ハクハ思惟セラルヽ
                  勿レ. 是レ吾等ニ悪意アリテ然ルナリ. トカク拙劣ナル
                  技ヲ高覧ニ供セントスル他ナシ.　　(坪内 (1934: 152))

Appendix 2: 句読点と休止の関係について (Hartley (1818), Truss (2003: 112-113)，日本語は今井訳を掲載)

  (iii) The stops point out, with truth, the time of pause
        A sentence doth require at ev'ry clause.
        At ev'ry comma, stop while *one* you count;
        At semicolon, *two* is the amount;
        A colon doth require the time of *three*;
        The period *four*, as learned men agree.
        (句読点が懸命に示すのは，文が節ごとに必要とする休止時間なのだ.
        コンマに会ったら，「1つ」と数えるあいだ休め.
        セミコロンが来たら「2つ」休め.
        コロンだったら休みは「3つ」だ.
        フルストップは「4つ」，学者がみんなそう言ってる.)

第Ⅲ部

理論と実証

第8章

「他者の発話を理解すること」の生態学*

高梨克也

京都大学

1. はじめに

　従来の語用論においては，発話を行う話し手が分析の出発点とされるのが通例であったが，一方で聞き手を重視したモデルも増えつつある．例えば，Clark (1996) は，言語行為論における話し手中心主義を批判し，話し手と聞き手の間の共同行為を中心に据えた極めて体系的なモデルを提示しているし，関連性理論 (Sperber and Wilson (1995)) も，聞き手が話し手の意図を認知することから推論を開始することによって発話理解に到達するという聞き手側の推論を核とした，従来のコードモデルとは異なる枠組みである．しかし，これらのモデルにおいてさえ，一見聞き手の役割が重視されているものの，聞き手が話し手の発話を理解することの動機の存在は自明視されていると考えざるを得ない．そもそも，日常生活環境において，聞き手は何のために話し手の発話を聞くのであろうか．そこで，本稿では，より広範な生態学的観点に立ち，話し手の発話を聞き手が理解することの持つ，聞き手自身にとっての環境適応上の価値について理論的に考察していく．この観点からは，発話理解は聞き手となる主体の環境内での情報行動の1つに過ぎないということが帰結するが，本稿では，これが生態学的に健全な方向性であるということを示したい．

---

　* 本稿は高梨 (2016b) を基とし，第5節を中心に加筆や修正を行ったものである．

2. 環境のインターフェースとしての他者

　生態学 ecology は生物とその環境との相互作用に関する学問であり，環境には物理的環境と生物的環境という 2 つの異なる要素がある（Mackenzie et al.(1998））．したがって，各主体は環境と直接関わる（図 1 の上下の白色矢印）だけでなく，他者を介して環境を関わる場合もある（黒・灰色矢印）．ある主体が他者を介して環境と関わる場合，この他者は「環境のインターフェースとしての他者」であるといえる．これには「他者の認知の利用」（黒色矢印）と「他者の行為の利用」（灰色矢印）の両側面があるが，本稿では主に前者について考察する．なお，本稿では，この「他者」を同種に限定せず，異種の行動やそこから生まれる情報が用いられている場合についても連続的に考える．

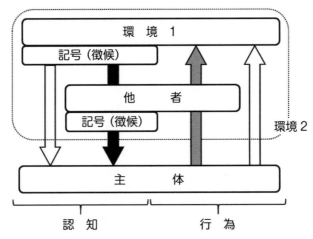

図 1：環境のインターフェースとしての他者

　ヒトをはじめとしたいくつかの種にとって，他者が「環境のインターフェース」として利用される典型的な状況はコミュニケーションである．しかし，コミュニケーションの受信者となる主体の立場から見れば，送信者から送られる信号やメッセージは，環境内に存在し，自らの行動のために利用できるさまざまな形態の情報のうちのたかだか 1 つの形態にすぎないともい

える．そこで，受信者の側に立ち，コミュニケーションが他の情報利用活動とどのような連続性をもっているかという視点からの考察を進めてみる．

例えば，「ある主体が道路が凍結しているのを見て，滑らないように注意を払う」場合，この主体は環境内の対象や特徴から，自身の環境適応にとって必要な行為の可能性を見出しているといえる．こうした場合を「直接認知」と呼ぶことにする．次に，「ある主体 B が別の主体 A から『通りのこの辺は滑りやすいよ』という『警告』を受け，滑らないように注意を払う」ということもある．この場合，B は A によるおそらく意図的な言語行為によって自分の行動の仕方を変えており，典型的な「コミュニケーション」といえる（Sperber and Wilson（1995））．これらの比較から分かるのは，一方で，自分自身が環境内に情報を見出す場合と他者からのコミュニケーションを通じて情報を得る場合とで同様の情報が得られる場合があるが，他方で，直接認知とコミュニケーションとでは情報源が異なっている，ということである．

ただし，コミュニケーションと直接認知の相違点を前者では他者が情報源であると定式化するのは正確でない．例えば，「『ある主体 A が道路が凍結しているのを見て，滑らないように注意を払いながら歩いている』のに別の主体 B が気づき，B も滑らないように注意を払う」というケースもありうる．[1] このケースは，（「「（A が）滑らないように注意を払いながら歩く」という）観察可能な現象に基づいて B 自身の次の行為が選択されているという点では「直接認知」と共通しており，同時に，こうした観察特徴がまさに「他者」による環境認知に基づくものであるという点では「コミュニケーション」とも連続的な現象だということができる．このように，「主体 B が他の主体 A の観察可能なふるまいなどから，A の認知状態についての情報を獲得することを通じて，環境についての情報を間接的に獲得し，自身の行動選

---

[1] ここでの一連の考察は言語行為の「意図」の問題をめぐる土屋（1983）の議論に最初の着想を得たものである．土屋（1983）では「そこの氷は薄いよ」という「警告」の発話を出発点として，この発話とは表現や状況などが異なるさまざまな場面を比較検討することを通じて，言語行為を「意図」という概念に基づいて規定する試みを批判している．本稿の考察はこうした土屋（1983）の議論のスタイルを模倣しつつ，これを大幅に踏み超えて考察を拡張していくことを試みたものである．

択に利用すること」を「他者の認知の利用」と呼ぶ（高梨（2010））．その他にも，「駅のフォームへ駆け上がる人を見て，電車の到着が近いことを知る」という場合や「前を走る車のブレーキランプが点灯したのを見て，自分もブレーキを踏む」という場合なども，他者の認知の利用の例であるといえる．他者の環境との関わり方に基づいて自らの行為を選択するという現象は，対人援助行動（高梨（2015））やサッカーのような対人スポーツ（高梨・関根（2010））などにも関わる，環境適応上重要なものであると考えられる．

　語用論との直接的関わりにおいて，ここで理論的に重要なのは，コミュニケーションの必須要件となっていた伝達意図（Sperber and Wilson（1995））の存在が「他者の認知の利用」では問われないということと，「他者の認知の利用」では，伝達意図の有無にかかわらず，結果として他者の振る舞いから何らかの有意義な情報を得ることができている，ということである．ここからは，ある主体が他者を利用して環境を認知する方法はコミュニケーションだけには限られないということが分かる．

　学説史的にさらに遡って言えば，コミュニケーションを話し手の意図という観点から定義する考え方は Grice（1957）に由来するものである．Grice は「意味する」という語の使用を分析することを通じて，自然的意味と非自然的意味の区別を提唱した．まず，自然的意味 natural meaning とは，「煙は火事を意味する」「斑点が麻疹を意味する」といった場合の「意味」のことであり，現在の観察可能な現象 X から観察不可能な事態や過去や未来の出来事 Y を推論する際に見られる．これは「X は Y を意味する」と表現できる．Peirce の記号分類で言えば，これらは指標記号 index であるといえるだろう．これに対して，非自然的意味 non-natural meaning のほうは話し手が発話やしぐさなどによって聞き手に対して何らかの「意味」を伝達する場合に相当する．これは「話し手 A は X によって Y を意味する」と表現できる．このように，ごく直感的に表現すれば，自然的意味と非自然的意味の違いは X を操作する主体 A の意図の有無によるものであると言え，Grice の考察の主眼も非自然的意味を「意図」によって定義することにあった．この考え方を踏襲し，ある意味では当然のことながら，その後の語用論では，自然的意味とは区別されるところの非自然的意味についての解明が焦点と

なっていく．これに対して，本稿の主張は，自然的意味と非自然的意味の間の連続性を再度考慮すべきだという点にこそある．[2]

3. 他者の利用

他者の認知の利用はより広範な「他者の利用」の中の一形態であると考えられる．そこで，他者の認知の利用の特徴について考える手がかりとして，ここでは他者の認知の利用以外の他者の利用の例についても概観しておく．

3.1. 他者の存在や行動自体の利用

生物種間には捕食や競争，寄生などのさまざまな形態の相互作用が見られるが，その中に共生という形態がある．共生とは，異なる生物種同士がともに生活することを通じて利益を得ることであり，双方が利益を得る相利共生や一方のみが利益を得る片利共生 commensalism などの下位区分がある（日本生態学会（2004））．

一方の主体の行動を他方が利用し，後者には利益があるが前者には特に利害が発生しないという点では，他者の認知の利用も片利共生と共通している．[3] ただし，片利共生の典型例として生態学で挙げられるのは，甲虫，ハエ，ハチなどなどの昆虫にくっついて移動するダニなどのように，単に移動するためだけにある種が別の種にくっつく「運搬共生 phoresy」や，木の洞に住み着く鳥などのように，ある生物が別の生物を住処として生活する「住み込み共生 inquilinism」などが多い（巌佐他（2013）「片利共生」）．これらは自身の認知というよりも行為の側面に関わるものであり（図1の上向き矢印），また，他者の「認知」を利用しているとも言えない．

---

[2] 同様の方向での最近の議論としては Millikan（2004）がある．いわく，「慣習的言語記号は自然的記号から出発し，そこから完全に離脱することはない」（邦訳 p. 141）ので，突き詰めて言えば，「言語を理解することは，世界を感覚的に知覚するもうひとつの形態にほかならない」（同 p. 153）．

[3] これに対して，コミュニケーションでは，受信者だけでなく送信者にも何らかの利益があるのが一般的であると考えられる．

3.2. 他者の行動結果の利用

片利共生の例としては，林床で獲物を襲うグンタイアリの後をつけるアリドリも挙げられる (Burnie (2001))．グンタイアリのコロニーが林床上を移動すると，さまざまな昆虫がそこから飛んで逃げるため，グンタイアリの後をつけていたアリドリは林床から飛びだした昆虫を捕えることができる．人間が畑を起こしていると地中から掘り起こされる虫などを目当てに鳥が近寄ってくるのも同様の現象である．これらが運搬共生や住み込み共生と異なるのは，他個体の行動や存在自体を利用しているのではなく，その行動の結果が焦点となっている点で，他者の行動と自己の行動との間の関係が間接的だという点である．しかし，「グンタイアリの移動」から「昆虫が飛んで逃げる」ことを予測している必要は必ずしもなく，実際に「昆虫が飛んで逃げる」のだけを認知したとしても同様に行動することが可能であると考えられる．

3.3. 他者の行動情報の利用

古来人間は，自然の風物を農耕や狩猟等の生業の目安として利用してきており，こうした民俗的知識をまとめたものに「自然暦」がある (川口 (1972))．これらの中には，「田打ち桜」や「コブシの花が咲くと鰯が漁れる」「カッコウが鳴くから大豆を蒔かねばならぬ」などのように，観察可能な自然界の変化を徴候として農作業や漁などを行う時期の手がかりにするという形式のものが多い．ただし，これらの現象では，「桜」「コブシ」や「カッコウ」は単に気候機構の変化に反応しているだけであり，これを他者の「認知」というのは適切ではないかもしれない．[4]

このような季節というタイムスパンで反復的に見られる現象だけでなく，「地面の足跡を見て近くに熊がいるかもしれないと警戒する」場合や「漁師が海面近くの鳥の群れを手掛かりに魚群の位置を予測する」場合などのようにより短いタイムスパンでの現象もある．前者については，Peirce のいう

---

[4] 「局地的反復自然記号」に関する Millikan (2004) の議論も参照．Millikan の用語を用いるならば，例えば，南下するガンの群れは冬の到来を人間に意図的に知らせるための「志向的記号」であるわけではないが，かといって，人間にとって冬の到来の「自然的記号」となりうることには変わりはない．

「指標記号 index」の典型例ともいえるが，熊が歩けば足跡が残るというのは熊の「認知」とは特に関わらないものであるのに対して，後者の場合には，鳥の群れが魚群を「認知」しているといえるだろう．この相違を重要視すべきかという点については 4.3 節で検討する．

　逆に，他者の認知の利用が種間の相互作用において慣習化している場合もある（「他種」の認知の利用）．例えば，原猿類のワオキツネザルとベローシファカは，どちらも捕食者の種類（猛禽類，大型肉食獣）ごとに区別された警戒音をもっており，これを用いてコミュニケーションを行っているといえる．しかし，これらの種は互いに他種の個体が発した警戒音の情報も利用している（小田（1999））．こうした他種間での情報利用を異なる種に向けた「コミュニケーション」と呼ぶことにはさすがに抵抗があるだろう．逆に言えば，コミュニケーションでなくとも，ある主体が他者からもたらされる情報を利用して行動することはごく自然な出来事である．

3.4. 他者の行動意図の推測

　従来の学習理論が，学習する個人の経験を前提としていたのに対し，Bandura（1977）は他の個体の行動を観察するだけで学習が成り立つという「社会的学習」を実証した．その核心になるのが「モデリング」である．モデリングは，注意，保持，運動再生という過程を通じて行われる観察学習である．このように，少なくとも人間は他者の行動を観察することから自身の行う行動を学習することができる．

　模倣において学習されるのは他者が行ったのと同じ（種類の）行動であるのに対して，他者の認知の利用では，観察主体は他者の行動とは異なる（類似している必要すらない）行動を選択する．その意味で，他者の認知の利用のすべてが模倣であるわけではもちろんない．しかし，模倣に関わる認知能力はより一般的な他者の認知の利用を可能にするものである可能性が高い．

　Tomasello（1999）は，模倣と関連した現象を次のように下位区分している．

第8章 「他者の発話を理解すること」の生態学 175

- ・刺激強調 stimulus enhancement： 他個体がいじっている物体に興味を引かれ，単独で個体学習をする．
- ・エミュレーション emulation： 他者が生み出した環境内での状態変化という外的事象に焦点を当てた学習だが，同種の者の行動や行動ストラテジーに注目したものではない．
- ・模倣学習 imitative learning： モデルとなる他者の行動や行動ストラテジーを，そのものと同じゴールを持って再現する．

　Tomasello（1999）によれば，このうちの模倣学習のみは人間に固有のものである．それは，模倣学習には，発達の過程を通じて，自己を意図を持った主体として経験することと，自己を（同種の）他者と同一視することとを組み合わせることによって，「他者を意図（心的領域）を持った主体として理解する」ようになるという，他種とは異なる人間の社会的認知能力が必要だと考えられるためである．模倣学習により，人間においては教え込みや累進的な文化継承が可能になるとされる（ラチェット効果）．

　模倣学習の場合と同様，他者の認知の利用においても，「他者の行動にはその原因となった他者の認知が存在する」という観察者の理解が必要である．しかし，次節で詳細に検討するように，他者の認知の利用において観察者にとって直接的に価値を持つのは他者の行動自体や，その原因となった他者の認知ではなく，他者による認知の対象となっていた事態の方である．

3.5. 他者の伝達意図の認知

　関連性理論（Sperber and Wilson（1995））によれば，コミュニケーションとは他者の伝達意図を認知することを通じて他者からの情報（意図）を理解するプロセスである．伝達意図はこのようなメタ的な意図であるという点で特権的であると考えることもできるが，反面で，既に見てきたように，他者が生み出す情報を観察者が自身の行動選択に利用することはこの情報が当該他者の伝達意図に基づくものでなくても可能である．その意味では，コミュニケーションは他者の認知の利用の一特殊形態であるとも位置づけられる．

4. 「他者の認知の利用」と関連性理論

4.1. 「他者の認知の利用」の推論形式

論理的には，[5] 他者の認知の利用における推論形式は，「主体 B が他の主体 A の観察可能なふるまいなど（＝Q）から A の認知状態についての情報（＝X）を獲得することを通じて，環境についての情報（＝P）を間接的に獲得し，自身の行動（＝R）に利用すること」であると定式化できる（図2）.

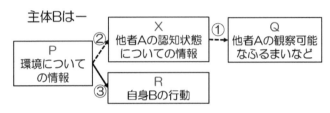

図2：他者の認知の利用における推論形式

このように，他者の認知の利用は，自身の行動 R を含む実践知 P→R と背景知識（その場で推論されたものでもよい）P→Q という2つの仮言命題を結びつけることによって，観察された Q から行動 R を導き出すものであると考えられる.「前の車のブレーキランプが点灯したのを見て，障害物が落ちているかもしれないと考え，自分もスピードを落とす」という例で示すと，

> 背景知識： （人は一般に）障害物があるならば (P) ブレーキを踏む (Q)
> 実践知： 障害物があるならば (P) スピードを落とすべきである (R)

この定式化を用いるならば，前節で概観した，ある主体の行動選択における「他者の利用」の方法のうち，1の「他者の存在や行動自体の利用」では Q と X がなく，2の「他者の行動結果の利用」では X がなく，P と Q の時間的順序関係が逆であり，[6] 3の「他者の行動情報の利用」では X がない場

---

[5] ここで「論理的」というのは，実際の心的処理がこの表現形式の心的表象を用いて行われているということは含意しない，という意味である.

[6] ただし，P と Q の順序関係の違いはさほど本質的な問題ではないかもしれない. 実際，他者の認知の利用においては，他者 A のふるまい Q はすでに起こって環境内の事態 P へ

第 8 章 「他者の発話を理解すること」の生態学　　　177

合もある，ということが分かる．そうすると，この定式化における P, Q, R, X をすべて含むのは 4 の「他者の行動意図の推測」のみとなる．[7] そこで，以下では，問題を次のように 2 つに分けて考察する．

　(1)　P, Q, R の間にはどのような関係があるか？
　(2)　X を推測することの生態学的価値は何か？

　まず，(1) について，他者の認知の利用について最も特徴的なのは，この推論が Q → P → R の順に進む，という点である．そして，たとえ一見そのように見える場合があったとしても，[8] 観察された事象 Q から直接 R を導けるわけではなく，この推論は 2 つの仮言命題の共通項 P を経由しなければならないと考える必要がある，という点にも注意が必要である．例えば，もし「カッコウが鳴いた (Q)」としてもそれが明らかに何らかのエラーであることが分かっているならば（つまり実際には「初夏になった (P)」のでないと考える根拠があるならば），「大豆を蒔く (R)」を行わないのが適切であろう．

　であるならば，ここにはある種の跳躍があることになる．P に到達してみなければ有用な R に至るものであるかが判断できないはずであるにもかかわらず，無数にありうる観察可能な現象の中から特定の Q に注意を向け，P を探究する推論を始めることが可能なのはなぜか，を解明する必要がある．

　P → R について先に考えるならば，まずこれが演繹的推論であるという点は関連性理論で定式化された発話理解の構造と同じであろう．関連性理論では，聞き手による発話理解は発話によってもたらされた情報を聞き手自身が持っていた背景知識と組み合わせることによって，聞き手にとって有意味な何らかの想定を導く次のような演繹的推論として定式化される．

────────────────

の反応であることも，逆に，これから生じうる事態 P に予測的に対処するものであることも同様にありうると考えられる．しかし，この点についてのより詳細な検討については今後の課題としたい．
　[7] コミュニケーションに相当する 5 の「他者の伝達意図の認知」については，上述のように，他者の認知の利用の一形態であるとも考えられるため，本稿では取り上げない．伝達意図についての本稿の立場からの理論的検討の詳細については高梨 (2010) を参照されたい．
　[8] 注 10 を参照．

178　　　　　　　　　第 III 部　理論と実証

　　　聞き手の実践知：　雨が降ってきたら (P)，すぐに洗濯物を取り込ま
　　　　　　　　　　　　なければならない (R)
　　＋　話し手の発話：「雨が降ってきたよ」(P)
　　→　聞き手の推論結果：洗濯物を取り込まなきゃ (R)

　一方，背景知識 P→Q に対して，後件 Q から前件 P を推測する Q→P
はアブダクションである．米盛 (1981) は Peirce のアブダクションの構造
を次のように定式化している（記号は本稿に合わせて変えている）．

　　・驚くべき事実 Q が観察される，
　　・しかしもし P が真であれば，Q は当然の帰結である，
　　・よって，P が真であると考えるべき理由がある

　観察可能な Q は直接観察することの困難な P の「徴候」(＝指標記号 in-
dex) であるといえるが，この推論はアブダクションである以上，他者の認知
の利用の過程において，観察された Q から P を推論することに必然性はな
く，また常に P が真であるという保証もない．したがって，それにもかかわ
らず，なぜ人がこのような推論を開始する傾向にあるのかという点が説明さ
れなければならない．もちろん，Q が「驚くべき事実」であるという点は重要
である．つまり，もし Q が観察者にとって認知的に顕著なものならば，観
察者の注意が Q に捕捉（岩崎 (2011)）されるのは自然である．しかし，Q
に注目する動機がこのように自明だとしても，そこから P をアブダクション
的に推測する理由にはならない．ましてや，「西の山に雲がかかると (P) 翌
日は雨になる (Q)」といった知識の場合，「西の山に雲がかかる」自体はそ
れ自体で注意の捕捉を引き起こすような顕著な事象であるとは言いにくく，
むしろ観察者は能動的にこの観察を行っていると考える必要があるだろう．

4.2.　関連性への認知的構え
　上記の定式化のように，他者の認知の利用においては，1. 観察可能な Q
の顕著さ，2. 自身の行為 R の有用さ，3. P→R という実践知の習慣化，4.
P→Q という背景知識の獲得，という少なくとも 4 つのモメントが含まれ

ているため，これらの間の関係性を明らかにする必要がある．

　この点に関連して重要なのは，関連性理論の第2版の後記で新たに明示的に導入された「関連性の認知原理」，すなわち「人間の認知は関連性を最大化するようにできている geared」（第2版邦訳 p. 192, p. 318）である．これは，人間は自分にとって価値のある刺激に注意を向け，そこから価値のある情報を引き出すように進化してきたということを主張するものであり，人間の環境認知能力についてのかなり強力な仮定である．しかし，この原理だけでは如何せん説明不足であり，このままでは何も言っていないに等しいともいえる．そこで，本稿で用いてきた他者の認知の利用に関する定式化を題材として，その具体的な内実を埋めようとしてみるならば，上記の4つのモメントの間には，次のような「R からの逆算」に基づく優先順位があるのではないかと考えることができそうである．[9]

【関連性への認知的構え】
1. 行動 R が有用であるならば，R の条件となる P や P→R という実践知のリストを事前に準備しておくことや，P を発見できる確率を高めておくことも有用である．
2. P が常に直接的に発見できるものでないならば，P の徴候として利用できる Q に気づくことも動機づけられる．

　このような立場に立つことによって，例えば，潜在的にあれ，ある主体にとって行う価値のある行動 R のリストを事前にある程度もっていると考えることができるならば，Q は R のための機会が到来したことを知らせるトリガーになっているだけでよいと考えることができるようになる．上述の自然暦の例を用いるならば，「カッコウが鳴くから大豆を蒔かねばならぬ」[10]は，

---

　[9] 一般に，「認知しうるもの」は無限にありうるのに対して，環境適応の観点からいえば，「行為すべき事柄」が無限にあると考えるのは経済的でないだろう．認知と行為の間にはこうした非対称性があるため，環境認知を説明するモデルにおいても「行為の可能性からの逆算」という発想には生態学的な正当性があるはずである．第5節の議論も参照されたい．

　[10] この表現では P に相当する「初夏」が表に現れていない．これが4.1節で「たとえ一見そのように見える場合があったとしても，観察された事象 Q から直接 R を導けるわけではない」と注記していた理由である．

実践知： 初夏（しかも特定の気象的条件）になったら（P）大豆を蒔
かなければならない（R）
背景知識： 初夏（特定の気象的条件）になると（P）カッコウが鳴く（Q）

に分解できるが，当該の主体が「大豆を蒔かなければならない」という行動
計画とその条件である「初夏（特定の気象的条件）」に関する実践知を事前に
有しているからこそ，「カッコウが鳴く」をトリガーとして利用できるよう
になるのだと考えられる．当然のことながら，「カッコウが鳴いた」のを偶
然聞き，その機会に何かをしようと思い立ち，たまたま思いついたのが「大
豆を蒔く」ことだったわけではない．その意味で，この場合の推論は創発的
なものとは言えず，むしろ上記のような背景知識や実践知に支えられた習慣
化したものであるという点が重要である．

　他方で，他者の認知の利用の事例の中には，顕著なQからPを推測し，
Pが自身にとって価値のある行動Rの契機となること自体が新たに発見さ
れる，という，より一回性が強いケースもある．例えば，「駅のフォームに
駆け上がる人を見て，電車の到着が近いことを知り，自分も走り出す」とい
う事例では，観察者の注意はQに相当する「駅のフォームに駆け上がる人」
に捕捉されることがまずは重要だと考えるのが自然である．そして，この人
物が「駅のフォームに駆け上がる」理由として「到着しかけている電車に乗
ること」を推測するのは必ずしも困難な推論ではないだろう．しかし，こう
した知識を無限にストックしておくとしたらきりがない．さらに，「電車が
到着しかけている」というPに相当する推測情報は，Rに相当する「（自分
自身が）1本でも早い電車に乗る」ことや「次の電車の到着をなるべく早く知
る」ことが有用な行為として潜在的にであれ志向されているのでなければそ
の価値を発揮しないだろう．その意味では，一見より創発的であるように見
える事例においても，「関連性への認知的構え」が不要なわけではない．

　注意研究（岩崎（2011））との関連でいえば，カッコウの例では「大豆を蒔
く」べき時期を知るという内発的注意としての側面が強く，「駅のフォーム
に駆け上がる人」の例ではこの他者行動自体が外発的な注意を引き起こして
いる，というように対照的に見えるかもしれないが，関連性の認知原理の観

第 8 章　「他者の発話を理解すること」の生態学　　　　　　　181

点から言えば，これらが「自身にとっての関連性を最大化する」という方向
での認知的バイアスに基づくものであるという点は共通であるといえる．

4.3.　他者の認知を推測することの価値

　ここまででは，他者の認知の利用の推論過程に含まれている P，Q，R の
間の関係について考察し，行為主体にとって最も直接的に価値のある R か
らの逆算に基づいて，R に到達する可能性のある P や Q を探究するという
バイアス化された認知的志向ないし習慣が形成されているという可能性に到
達した．この点を踏まえ，ここでは，4.1 節の問題 (2)，すなわち，観察さ
れた事象 Q から P へのアブダクション推論において他者の認知 X を経由
すること (P → (X) → Q) の意義の問題について検討する．

　まず，Q から X を推測する能力については，人間には「他者を意図（心
的領域）を持った主体として理解する」能力があるという Tomasello (1999)
の主張（3.4 節）によってある程度説明されているといえるだろう．さらに，
より微視的には，他者の認知の利用が可能になるのは，他者の身体動作がア
フォーダンスを用いて環境のある側面と「機能特定的」に関わることによっ
て生み出されているためであると考えることもできる (高梨 (2015))．

　しかし，こうした能力が存在するであろうことはもちろん否定できないも
のの，これらの説明はあくまで，実際に生起した他者の認知の利用のエピ
ソードにおける個々の推論がなぜ可能であったかのメカニズムを事後的に説
明するものでしかない．言い換えれば，他者の行動の意図を推測する能力は
他者の認知の利用の必要条件の一つではあるが，他者の認知の利用を生態学
的に「動機づける」ものであるわけではない．4.2 節で述べたように，本稿
が解明すべきであると考える問いは，他者の認知の利用という認知過程にお
いて，Q から X への推論を動機づけている要因は何かという点なのであっ
て，この推論のメカニズム自体では必ずしもない．そこで，ここでも同様
に，関連性の認知原理という着想を参照し，この点を次のように説明できる
のではないかと考えることにする．

182　　第 III 部　理論と実証

【関連性への認知的構え（続き）】
3. 他者の認知 X を経由することによって，X を経由しなければ P に
　 到達できないはずの Q をも，P についての徴候として利用できるよ
　 うになる．

　他者の認知 X を推測することの重要性をこのように強調しすぎる点につ
いては，次のような反論もありうるかもしれない．つまり，3.3 節の例を用
いるならば，「地面の足跡を見て近くに熊がいるかもしれないと警戒する」
という，熊の認知が介在していないケースと「漁師が海面近くの鳥の群れを
手掛かりに魚群の位置を予測する」という，鳥の群れの認知が介在している
場合とを区別する必要があるか，ということである．
　この点について，道路の凍結の例を再度用いて検討してみよう．例えば，
「『ある主体 A が滑らないように注意を払いながら歩いている』のを別の主
体 B が見て，道路が凍結しているのに気づき，B も滑らないように注意を
払う」という事例（＝α）においては，「注意を払いながら歩いている」とい
うのは他者の「意図」についての推測であるといえそうだが，「『ある主体 A
が滑って転んだ』のを別の主体 B が見て，道路が凍結しているのに気づき，
B 自身は滑らないように注意を払う」というケース（＝β）においては，B が
推測するのは「A が転んだ」ことの「意図」ではもちろんなく，その物理的
な原因に過ぎない．つまり，α においては Q から他者の認知 X を経由して
P へという推論が行われているのに対して，β では Q からその物理的原因 P
が直接推論されている．しかし，α と β のいずれにおいても B が自身の行
動のために獲得した情報「道路が凍結している」は同じである．であるなら
ば，ここでの α と β をことさらに区別する必要があるのか，が疑問になる．
　この点については，本稿でも，あくまで事後的な視点からならば，α と β
の価値には大差はないと考える．しかし，重要なのは，もし観察者 B が β
の因果推論しかできないならば，B は「A が滑らないように注意を払いな
がら歩いている」という観察（Q）から自身にとっての有意味な情報「道路
が凍結している」（P）を得ることはそもそもできなかったはずだ，という点
である．これが上記の「関連性への認知的構え」の 3 の「X を経由すること

第 8 章 「他者の発話を理解すること」の生態学　　183

によって，X を経由しなければ P に到達できないはずの Q をも，P につい
ての徴候として利用できるようになる」ということの生態学的価値である．
他者の認知の利用が生態学的に価値を持つのは，これが第 3 節で概観した
他の「他者の利用」と比べてより複雑な推論プロセスだからではなく，あく
までこの推論を行わなければ到達できない情報に価値があるからである．

4.4. 関連性の伝達原理の再定式化

　以上の議論に基づくならば，関連性理論において，話し手からもたらさ
れた情報から有用な想定を導く推論は上述のように演繹的推論であったとして
も，「関連性の伝達原理」で述べられている「（発話などの）意図明示的刺激
はそれ自身の最適な関連性についての推定を伝達する」（第 2 版邦訳 p.
318）という点は実際にはアブダクションに依拠したものなのではないかと
考えられる．すなわち，意図明示的刺激からこの情報に到達するための推論
は次のような形式のアブダクションが習慣化したものと見なされる．

　　【関連性の伝達原理（アブダクション版）】
　　・話し手から意図明示的刺激（＝発話など）を向けられる，
　　・しかし，もし当該の刺激から導かれる情報に（聞き手にとっての）最
　　　適な関連性があるとするならば，この意図明示的刺激を向けられるの
　　　は当然である，
　　・よって，この情報に最適な関連性があると考えるべき理由がある

　「環境内で自身にとって有用な行動 R の可能性を探索する」という基本的
な認知的構えを持つ行為主体にとっては，話し手の発話によってもたらされ
る情報 P も，これを伝達する意図を明示化する意図明示的刺激 Q に当たる
話し手の発話という行為自体も，その帰結として R をもたらす推論の出発
点となる指標記号としての側面を持つ．このように，従来内容の乏しかった
関連性の認知原理に生態学的な実質を与えることによって，より狭義の関連
性の原理であるとされる「伝達原理」の方についても，より生態学的な再定
式化が導かれることになる．

5. プラグマティズムと生態学的転回

　他者の認知の利用の定式化における P → R が実践的推論であるという考え方（4.1 節）や関連性への認知的構えという着想（4.2 節）は Peirce（1934）のいう「条件法的習慣 conditional habit」に対応するものである．

> 条件法的習慣とは，未来においてある一定の一般的状況が生じた場合，そしてある一定の目的によって鼓舞された場合，ある一定の一般的な仕方で行動するように人間のうちにある本性を決定することを意味する」(5.517)　　　　　　　　　（邦訳は米盛（1981: 217）より）

　さらに一般的に言えば，環境内の対象のもつ価値を自身の行動との関わりにおいて定義しようとする考え方は Peirce が提唱したいわゆる「プラグマティズムの格率」に端を発するプラグマティズムの知的伝統の特色である．

> ある対象の概念を明晰にとらえようとするならば，その対象が，どんな効果を，しかも行動に関係があるかもしれないと考えられるような効果をおよぼすと考えられるか，ということをよく考察してみよ．そうすれば，こうした効果についての概念は，その対象についての概念と一致する．　　　　　　　　（Peirce（1877 / 1934）邦訳 p. 89）

　このプラグマティズムの格率は，例えば経験と探究に関する論理を体系化した Dewey などにももちろん引き継がれている．

> われわれは，見るもの，聞くもの，触れるものが何であるか，その「意味」を理解しなければならない．この意味は，見られたものが実践に移された場合に生じる結果から成り立つものである．
> 　　　　　　　　　　　　　　　　　　　（Dewey（1938）邦訳 p. 107）

　そして，こうしたプラグマティズムの伝統は，現代でも，知覚と行為の不可分な関係[11]を強調する Gibson の生態心理学などに脈々と継承されている．

---

[11]「能動的な知覚は，環境のアフォーダンスを探すことによって制御され，能動的な行動

事物の意味や価値は，その事物がどのようなことをアフォードするか
によって決まる． (Reed and Jones (1982) 邦訳 p. 347)

こうした知的伝統を踏まえるならば，本稿で導入した「関連性への認知的
構え」は Reed (1996) の言う「価値と意味を求める努力」をより具体的に言
い換えたものと理解できる．Reed (1996) は，ある動物種がそのニッチの
重要なアフォーダンス群を利用することへと向けた動機づけの集合を進化さ
せていくことを「価値を求める努力 effort after values」，そうしたアフォー
ダンス群を利用するため，それらを特定することのできる情報の検索へ向け
た動機づけの集合をも進化させていくことを「意味を求める努力 effort after
meaning」と表現している．[12] 本稿で導入した「関連性への認知的構え」のう
ちの「1. 行動 R が有用であるならば，R の条件となる P や P → R という
実践知のリストを事前に準備しておくことや，P を発見できる確率を高めて
おくことも有用である」が「価値を求める努力」，「2. P が常に直接的に発見
できるものでないならば，P の徴候として利用できる Q に気づくことも動
機づけられる」が「意味を求める努力」に，それぞれ対応するものであるこ
とは明らかであろう．[13] 環境内での主体の行動 R の可能性からの逆算によっ
て環境知覚を捉えようとする「関連性への認知的構え」はこうしたプラグマ
ティズムの伝統を踏まえて，Sperber and Wilson (1995) では具体的な内実
が与えられていたとはいいがたい関連性の認知原理を生態学的に基礎づける
ものである．

最後に，生態心理学の多くの実証研究においては，とかく一個体と環境と
のかかわりが焦点となりやすいが，その一方で，Gibson 自身は次のような
興味深い言葉も残している．

は,それらのアフォーダンスを知覚することによって制御される」(Reed and Jones (1982)
邦訳 p. 323)

[12] さらに言えば，群棲環境 populated environment では，社会集団内で生活する動物が
互いに近接していることによって，より広範な動機づけ形成の経験をもつことが可能とな
る (Reed (1996))．その意味で，群棲環境は他者の認知の利用の可能性を本来的に高める
ものであるといえる．

[13] とはいえ，初稿の高梨 (2016b) の時点ではこの点には気づいていなかった．

ある観察者は，他の知覚者を知覚する．さらに観察者は，「他の知覚者がどのようなことを知覚しているのか」知覚する．

(Reed and Jones (1982) 邦訳 p. 353)

　他者の認知の利用という現象についての生態学的研究はこの Gibson のアイディアを具体的なリサーチプログラムの形で表したものとしての価値を持つ．そして，他者の発話を理解するという営みが他者の認知の利用の一下位形態であるということからは，発話理解という活動を当該発話が聞き手にもたらすアフォーダンスの発見として生態学的に捉える道が開かれることになるだろう．ここにおいて，語用論は生態学的転回を始める．

6.　残された課題：他者の認知の利用の学習

　4.1 節では，「P に到達してみなければ有用な R に至るものであるかが判断できないはずであるにもかかわらず，無数にありうる観察可能な現象の中から特定の Q に注意を向け，P を探求する推論を始めることが可能なのはなぜか」という問いを掲げた．このうち，「なぜ可能か」という点については，第 4 節を通じて，その推論メカニズムだけでなく，推論の動機づけについても考察してきた．

　しかし，現実には，人間の大人であっても他者の認知の利用の頻度や巧拙には個人差があると考えられる．例えば，シャーロック・ホームズはアブダクションの達人であり，助手のワトソンが気づけない多くのことをさまざま徴候から推測していくことができる (Sebeok (1980))．このように，アブダクションという推論には得手不得手のような個人差が大きいと考えられる．逆に言えば，そこには学習の可能性がある．

　3.4 節で概観した模倣などの社会的学習とは異なり，他者の認知の利用においては，観察された行動自体を学習するのではなく，これを「情報として利用する方法」を学ぶ必要がある．ただし，知識や情報自体を学ぶのとは異なり，知識や情報を「どのように利用すべきか」を学ぶことは難しい．われわれは共在する他者のすべての行動を観察しているわけではもちろんなく，

また観察された行動をすべて自身の次の行動に利用するわけでもないため，いつ，どのような他者行動を観察し，観察から推論された情報をいつ，どのように自身の行動に用いるのかを学習する必要もある．学習の方法を学ぶという意味で，これは学習についての学習，すなわち「メタ学習」を伴うものである．

Bateson（1972）は，一般的な意味での学習である「反応が一つに定まる定まり方の変化」のことを「学習 I」と呼んでいる．他者の認知の利用においても，実践知 P→R を習得すること自体は学習 I に属すると考えられ，ある意味ではこれは「やればできる」ことである．これに対し，Bateson は「学習 I の進行プロセス上の変化」である「学習 II」というものも想定している．他者の認知の利用に関していうならば，「関連性への認知的構え」を身につけることや，この構えに基づき，実際にどのような状況で，どのような種類の他者の認知の利用を実行するのが適切かの判断を習得することは学習 II に相当するのではないかと考えられる．しかし，学習 II がより機械的な学習 I よりも高度なものであるのと同様に，また，注意を環境内のどこに，いつ向けるべきかに関する最適な制御が困難であるのと同様に（高梨（2016a, 2018）），いつ，どのような他者の認知を利用すべきかを学習することや，またその認知メカニズムを解明することは非常に難しい課題であると考えられる．

参考文献

Bandura, Albert (1977) *Social Learning Theory*, Pearson Education, London.［原野広太郎（訳）(1979)『社会的学習理論：人間理解と教育の基礎』金子書房，東京.］

Bateson, Gregory (1972) "The Logical Categories of Learning and Communication," *Steps to an Ecology of Mind: Collected Essays in Anthropology, Psychiatry, Evolution, and Epistemology*, Gregory Bateson, 279–308, Chicago University Press, Chicago.［佐藤良明（訳）(2000)『精神の生態学』改訂第 2 版，新思索社，東京.］

Burnie, David, ed. (2001) *Animal*, Dorling Kindersley Limited.［日高敏隆（訳）(2004)『世界動物大図鑑』ネコ・パブリッシング，東京.］

Clark, Herbert H. (1996) *Using Language*, Cambridge University Press, Cambridge.

Dewey, John (1938) *Experience and Education*, Macmillan, London. ［市村尚久（訳）（2004）『経験と教育』講談社学術文庫，講談社，東京.］

Grice, H. Paul (1957) "Meaning," *Philosophical Review*, 66, 377-388. [Reprinted in H. P. Grice, *Studies in the Way of Words*, 213-223, Harvard University Press, Cambridge, MA. ［清塚邦彦（訳）（1998）『論理と会話』，223-239，勁草書房，東京.］

岩崎祥一（2011）「注意の理論とその歴史」『現代の認知心理学4：注意と安全』，原田悦子・篠原一光（編），2-35，北大路書房，京都.

厳佐庸・倉谷滋・斎藤成也・塚谷裕一（編）（2013）『岩波生物学辞典（第5版）』，岩波書店，東京.

川口孫治郎（1972）『自然暦』八坂書房，東京.

Mackenzie, Aulay, A. S. Ball and Sonia R. Virdee (1998) *Instant Notes in Ecology*, BIOS Scientific Publisher, Oxford. ［岩城英夫（訳）（2001）『生態学キーノート』シュプリンガー・フェアラーク東京，東京.］

Millikan, Ruth G. (2004) *Varieties of Meaning: The 2002 Jean Nicod Lectures*, MIT Press, Cambridge, MA. ［信原幸弘（訳）（2007）『意味と目的の世界：生物学の哲学から』勁草書房，東京.］

日本生態学会（編）（2004）『生態学入門』，東京化学同人，東京.

小田亮（1999）『サルのことば――比較行動学からみた言語の進化』京都大学学術出版会，京都.

Peirce, Charles S. (1877 / 1934) "How to Make our Ideas Clear," *Collected Papers of Charles Sanders Peirce, Volume.V: Pragmatism and Pragmaticism*, ed. by Charles Hartshorne and Paul Weiss, 248-271, Harvard University Press, Cambridge, MA. ［上山春平（訳）「概念を明晰にする方法」，76-102，上山春平（編）（1980）『パース ジェイムズ デューイ』，中央公論社，東京.］

Peirce, Charles S. (1934) "Consequences of Critical Common-Sensism," *Collected Papers of Charles Sanders Peirce, Volume.V: Pragmatism and Pragmaticism*, ed. by Charles Hartshorne and Paul Weiss, 315-375. Harvard University Press, Cambridge, MA.

Reed, Edward S. (1996) *Encountering the World: Toward an Ecological Psychology*, Oxford University Press, Oxford. ［細田直哉（訳）（2000）『アフォーダンスの心理学――生態心理学への道』，新曜社，東京.］

Reed, Edward S. and Rebecca Jones, eds. (1982) *Reasons for Realism: Selected Essays of James J. Gibson*, Lawrence Erlbaum, Hillsdale, NJ. ［境敦史・河野哲也（訳）『ギブソン心理学論集 直接知覚論の根拠』，勁草書房，東京.］

Sebeok, Thomas A. (1980) *You Know My Method: A Juxtaposition of Charles S. Peirce and Sherlock Holmes*, Gaslight Publications. ［富山太佳夫（訳）（1981）

『シャーロック・ホームズの記号論——C. S. パースとホームズの比較研究』，岩波書店，東京.]

Sperber, Dan and Deirdre Wilson (1995) *Relevance: Communication and Cognition*, 2nd ed., Blackwell, Oxford. [内田聖二・宋南先・中逵俊明・田中圭子（訳）(1999)『関連性理論——伝達と認知——』（第2版），研究社出版，東京.]

高梨克也 (2010)「インタラクションにおける偶有性と接続」『インタラクションの境界と接続——サル・人・会話研究から——』，木村大治・中村美知夫・高梨克也（編著），39-68，昭和堂，京都.

高梨克也 (2015)「他者を環境とともに理解する」『動物と出会うⅡ：心と社会の生成』，木村大治（編），55-75，ナカニシヤ出版，京都.

高梨克也 (2016a)「触っちゃダメ：2つの「注意」と責任の発達」『子育ての会話分析：おとなと子どもの「責任」はどう育つか』，高田明・嶋田容子・川島理恵（編），29-54，昭和堂，京都.

高梨克也 (2016b)「「他者の認知の利用」に関する生態学的考察」『日本認知科学会第33回大会発表論文集』，244-251.

高梨克也 (2018)『多職種チームで展示をつくる：日本科学未来館「アナグラのうた」ができるまで』（シリーズ「フィールドインタラクション分析」第1巻），ひつじ書房，東京.

高梨克也・関根和生 (2010)「サッカーにおける身体の観察可能性の調整と利用の微視的分析」『認知科学』17(1)，236-240.

Tomasello, Michael (1999) *The Cultural Origins of Human Cognition*, Harvard University Press, Cambridge, MA. [大堀壽夫他（訳）(2006)『心とことばの起源を探る：文化と認知』勁草書房，東京.]

土屋俊 (1983)「言語行為における「意図」の問題」『理想』596, 127-140.

米盛裕二 (1981)『パースの記号学』，勁草書房，東京.

第 9 章

診療談話における共感のプロセス
── 発話に伴う情動の認知語用論的分析 ──*

後藤リサ

関西外国語大学

1. はじめに

　昨今の診療現場では，医療従事者と患者やその付き添い人との間のコミュニケーション・スキルを向上させようとする活動が注目されてきている．一例として，国立国語研究所の「病院の言葉を分かりやすく」委員会 (2009) は，難解な医療用語を平易な代替表現にすることを提案し，患者およびその家族の不安を軽減することを目指している．また，インフォームド・コンセント──患者に治療についての十分な説明を行い同意を得ること──の重要性が高まる中，医療者側のコミュニケーション・スキルを高める取り組みも拡がっている．例えば，国立がんセンターが行っているコミュニケーション・スキル・トレーニング (CST) は，医師やその他の医療従事者たちを対象にした患者とのよりよいコミュニケーションを目指す活動である (内富・藤森 (2007))．CST では，「質問」，「応答」，「共感」という 3 つのスキルを高めていくことが重要であるとしている (内富・藤森 (2007))．

---

　* 本稿は，科学研究費補助金若手研究「診療場面における情動表出を伴う疑問文発話の認知語用論的研究」（課題番号 18K12387，研究代表者：後藤リサ）の助成を受けている．植田栄子先生には，植田 (2014, 2017) で使用された会話データの一部をご提供いただき，心より感謝申し上げる．堅田利明先生，神田千春先生，種市瑛先生には草稿時よりご助言賜った．また，第 6 回動的語用論研究会において，佐野まさき先生，岡本雅史先生を始め，参加者の皆様より有益なコメントをいただいた．記してお礼申し上げたい．

190

第9章　診療談話における共感のプロセス　　　191

　質問デザインに関する研究の多くは，医療従事者の疑問文発話産出におけ
る戦略的手法についてである（例えば Heritage and Maynard (2006)）．し
かし，同様に，患者により産出される疑問文発話へいかに応える（答える）
べきかといったことについて，医療従事者側がより適切な方法を探ることも
また，よりよいコミュニケーションの一助となり，ひいてはよりよい医療行
為への足掛かりとなる．国内での診療談話の語用論研究の代表的なものとし
ては，植田による一連の研究（2014, 2017 他）が挙げられる．植田（2014）
は，東京や大阪などの複数の病院にて収録された院内会話を観察し，発話の
分類（コーディング）¹ に関する課題を提示すると共に，社会言語学的見地も
踏まえた会話分析を行った．また，発話に伴う笑いなどの情動的側面および
参与者間の共感にも光を当てている．²

　発話に伴う情動の表出には複数の方法があるが，声のトーン，表情，ジェ
スチャー，等が挙げられる．さらに，発話それ自体に情動表出に関する言語
情報を含む場合がある．例えば，「嬉しい」，「不安だ」などの発話がそれに
当たる．次のやりとりに見られる「笑い」は，発話に伴う非言語的な情報とし
ての情動である．

(1) a.　医師：　もう傷は治ったから，ハワイでも行ってゆっくりして
　　　　　　　きたらどうですか？（笑い）
　　b.　患者：　宝くじが当たったら行きたいですね（笑い）

（野呂・阿部・石川（2007: 17））

(1) の医師と患者のやりとりにおいては，疑問文発話 (1a) とその応答 (1b)
が共に笑いを伴っており，医師と患者の双方が非常に打ち解けた関係の中で
自然に出てきた笑いであると考えられる．野呂・阿部・石川（2007）では，

---

¹ RIAS (Roter Interaction Analysis System, http://riasworks.com/) の日本語改訂版（野
呂・阿部・石川（2007））のマニュアルに準拠したカテゴリー分類に基づく．
² 広辞苑（第六版）によると，情動とは，「怒り・恐れ・喜び・悲しみ」等を指し，英語
の emotion と同等の概念である．また，心理学系の研究等でも，これに倣うものが多数あ
る．本稿でもこれらの基本的な捉え方を踏襲しながら，意図的ではなく抑えきれず出てし
まう生理的な感情の表出を，「情動」とし，発話に伴う情動を考察対象とする（本稿では情
動・感情の分類をすることが目的ではないため，精緻な分類についての議論は省く）．

(1a) の発話について「親しげな冗談」,「質の良いからかい」の類であるとしている (cf. 植田 (2014: 136-137)).

次に, 非常に強い不安が, 患者の連続した疑問文発話によって伝達されている (2) をみよう.

(2) a. 医師: 抗がん剤の治療をする上での目標なのですが, 残念ながらこの病気を完全に治してしまうことが難しい状況にありますので, 治療の目標としては "がんの進行をうまく食い止める" とか, "がんと上手に付き合っていく" ということになります.

b. 患者: ということは, (i) 化学療法をしてもすぐに効かなくなっていずれは死んじゃうということですか? (ii) 化学療法しか手段はないのですか? (語気を強めた涙声)

(内富・藤森 (2007: 56))

(2bi-2bii) の強い情動を伴う連続した疑問文発話に対し, 医師が期待される返答にはどのようなものが考えられるだろうか. 医師, およびその他の医療従事者にとって, 患者 (やその家族) の疑問文発話による問いかけにどう応えるかということは 1 つの課題である.

本稿では, CST 研修の 3 つのキーワード「質問」「応答」「共感」について,「患者が産出する疑問文発話」に焦点をあて, (1b) や (2b) の発話にみられるような患者の情動の表出について, 医療者側がいかに受け止め, いかなる発話で応答し, そしていかなる方法で共感を示しているのかについて考察する. ただし, 日本語の (つまり, 国内での) 診療談話に関し特筆すべきは, (1b) や (2b) のように患者の情動的側面を顕著に示す発話事例はむしろ少ないという点である. 木野 (2000) の「怒り」の表出に関する研究では, 患者が非常に強いネガティブな感情を抱いていたとしても, それを表出しない・表出レベルが弱くなる, といった傾向がみられるとしている. 診療談話に限らず, 特に不安などネガティブな情動に関し, 日本人は欧米人に比べその表出を抑制する傾向にあるという先行研究も多数ある (中村 (1991), Scherer, Wallbot, Matsumoto and Kudoh (1989)). 高井 (1996) や Takai and Ota（1994）では，日本は高コンテクスト文化であるがゆえ，曖昧な表現が頻出する発話からも，解釈者（聞き手）が文脈情報などの非言語的情報などを含め微細な情報から発話意図を巧みに読み取る傾向にあることを指摘している．

このような文化的背景も踏まえ，本稿では，認知語用論の推論モデル（関連性理論）を用い，患者が産出する疑問文発話の解釈過程の分析，および発話に伴う情動の認知（および認知された情動への共感）の分析を試みる．演繹的手法による認知過程の詳述にも，診療現場での CTS に活かせる側面があると考える．

本稿の構成は次の通りである．次節では，（2b）の疑問文発話の解釈，および発話に伴う情動を認知するとはどのようなことを指すのかについて，複数の医療従事者へのインタビューを通して得られた結果を比較考察する．続く 3 節では，関連性理論の枠組みでの演繹的な解釈手法を概観する．4 節では，実際に収録された情動を伴う発話の認知が関連性理論の概念を用いて説明可能であることを示す．5 節はまとめである．

2.　診療談話への質的アプローチの一例

植田（2017）では，内科の外来診療場面でのやりとりにおいて医師（X とする）と患者の会話に齟齬が出ている部分を中心として，（後日聞き取り調査を行った）別の医師 2 名（Y, Z とする）による談話分析を紹介している．医師 X が血圧測定をすることで会話を強制的に中断し，測定中 30 秒程度の沈黙により完全に会話が中断された談話部分について，医師 Y，医師 Z が全く異なる（一方は肯定的な，もう一方は否定的な）見解を述べている点に注目している．医師 Y によるコメントは，「13 分内科でかけているんだったら，随分親切にやっているほうなんじゃないか」（植田（2017: 41））という，比較的長い診療時間を一患者に割いていることへの肯定的な内容であった．一方，医師 Z は発話解釈の観点からの否定的なコメント（「患者の聞きたいことに医者は答えていないです．答えているようで答えていない．（中略）［患者の質問から］逃げてる（ibid: 42)」）を出しており，これだけを比

194 第 III 部 理論と実証

較しても，各医師が異なる視点で医療コミュニケーションの重要性を捉えて
いることがわかる．

　当該談話における会話の参与者である医師 X 以外の複数の医師に聞き取
り調査を行うという植田の手法は，多様な解釈の背景にある解釈者の視点を
探る有益な方法の一つであろう．ただし筆者が特に観察したいのは，医師 Z
が挙げたような，「質問ー応答」のインタラクションという観点からの解釈
である．また，聞き取り調査の対象を，医師だけではなく看護士やセラピス
トなどの医療職種にも拡げると，より多様な視点が得られることが予測でき
ることから，筆者はまずは次のような調査を行った．(2b) の並列された（患
者の「涙声」を伴う）疑問文発話（内富・藤森 (2007: 56)）をターゲット文
とし，2 名の医療従事者の協力を得，ターゲット文の発話解釈，およびその
発話への適切な応答について提示してもらった．協力を仰いだ 2 名の医療
従事者はともに診療経験があり，コミュニケーション・スキルに関するテー
マでの研究も行っている．

　　A さん： 　言語聴覚士．総合病院での診療経験が長い．カウンセリン
　　　　　　　グや教育的視点からの研究も行っている．
　　B さん： 　看護師．大学で教鞭もとり，後進の育成を行う中で，コミュ
　　　　　　　ニケーション・スキルの指導も取り入れている．

以下に内富・藤森 (2007) において紹介された応答例サンプル，および，A
さん，B さんそれぞれによる「応答のポイント」，および各「発話解釈にお
ける解釈者の視点」についてまとめ，これらそれぞれの解釈可能性について
の筆者の視点を加えた．[3]

　　(3)　応答例サンプル（内富・藤森 (2007: 56)）： 「ご自分がどうにか

---

　[3] 関連性理論の枠組みでは，質問の答え（answer）と先行発話への応答（response）は全
く異なる概念として区別している（例えば，Goto (2018: 41-43) の疑問文の answer につ
いての説明参照）．「答え」は発話の命題内容に相当する想定であり，一方「応答」は先行発
話を受けて産出されるすべての発話を指す．(2) のような深刻なやりとりにおいて，(2b)
の患者による質問の答えを速やかに提示するか否かについては，これらの結果からもわか
る通り，医療従事者間でも意見が異なる．

第9章　診療談話における共感のプロセス　　195

なってしまうことが不安なのですね」と患者の感情的な言葉を受け
止めたことを示すような応答（response）を与える.

医師の視点：　男性患者と比べ，女性患者は「感情表現が豊かであ
ることから，感情をうまく受け止めることがポイントとなる」（ibid.:
52）

筆者の視点：　（2b-i）および（2b-ii）では純粋な情報要請の意図よ
りもむしろ，強い情動への共感を求めているという解釈に基づき，
質問の答えではなく，共感を示す言葉が応答として選ばれた.

(4)　A さんによる応答のポイント：　（死への）強い不安を表出する能
力が高い患者には，直接的な言葉は避けるにしても，何らかの方法
で回答（answer）を提示することが患者の期待に応えることとなる.

A さんの視点：　（診療経験上）非常に強い不安を感じている患者
は，かえってその情動を表出しない傾向にあり，無表情なこともあ
る. 声が大きくなったり涙声になったりするところに患者の余裕
（冷静さ）を感じることから，質問への直接的な答えを与えてもよ
いと判断できる.

筆者の視点：　（2b-i）および（2b-ii）の発話を情報要請の疑問文
発話であると解釈した.

(5)　B さんによる応答のポイント：　強いネガティブな感情を，患者
が意図的に（積極的に）主張しているのか，或いは無意識的な表出
であるのかによって，（3）または（4）のいずれかに準ずる応答を
与える.

B さんの視点：　患者の感情が意図的に表出されているのか否かの
判断については，医療従事者が臨機応変に対応していく必要がある.

筆者の視点：　（感情も含め）ある情報が「意図的に」伝達されてい
るか否かの判定と，さらにはその意図が「明示的に」伝達されてい
るかどうかの判定は，感情表出を伴う発話解釈において重要なポイ
ントである（この点については本稿 4.1 節に詳述する）.

異なる解釈の背景には，各医療従事者の（a）知識（カウンセリングの知識な

ど）や（b）医療方針（「質問にはできるだけ正確に答えてあげるほうが良い」
vs.「刺激の強い情報を聞かれるままに提供することは避けるべきだ」など），
（c）患者との関係性（信頼関係の程度）など，複数の要因がかかわっている
と考えられる．(5) に挙げた B さんの回答は，これらを踏まえた上で「発
話に伴う情動」を適切に理解することの重要性を示唆するものである．

　次節では，認知語用論の理論に基づき情動の認知メカニズムを紐解いてい
く．

3. 関連性理論に基づく発話に伴う情動の解釈

　関連性理論（Sperber and Wilson (1986/1995)，Blakemore (1992)，
Carston (2002) 等）を用いた発話分析は，診療談話の分析，とりわけ情動
を伴う発話の分析に大きく貢献すると考えられる．関連性理論では，意図明
示的刺激（発話もその一種）の解釈メカニズムを解明することに主眼を置く
が，その認知メカニズムは他者の心を読む能力——言語学的にいうと，思考
（心的表示）をメタ表示する能力——に依拠する．発話解釈は言語記号の解読
（decoding）と語用論的な推論（inference）によって捉えられ，発話に伴う
情動的側面は，発話の表出命題を埋め込む高次スキーマの表示への手がかり
となる．

　本節において，日本語疑問文発話のいくつかの事例をもとに，こうした発
話解釈のメカニズムを観察し，「よりよいコミュニケーションとは何か」と
いう問いへの答えを探る．

3.1. 命題内容への信念の強さ（確信度）

　まずは前節でも扱った発話 (2b) について再考する．便宜上再掲する．

　(2) a. 医師：　抗がん剤の治療をする上での目標なのですが，残念な
　　　　　　　　がらこの病気を完全に治してしまうことが難しい状況
　　　　　　　　にありますので，治療の目標としては"がんの進行を
　　　　　　　　うまく食い止める"とか，"がんと上手に付き合ってい

く"ということになります.

b. 患者： ということは，(i) 化学療法をしてもすぐに効かなく
なっていずれは死んじゃうということですか？ (ii) 化
学療法しか手段はないのですか？（語気を強めた涙声）

まず，疑問文発話の解釈という観点から，(2b) の2つの疑問文発話が純粋
な情報要請であるのか，それとも修辞的で答えを求めていないのかのいずれ
であるかが求められる状況である．純粋に情報要請の疑問文であるとすれ
ば，(2bi) は「化学療法を行っても死に至る」ことの，そして (2bii) は「化
学療法しか手段がない」ことの真偽値を確認したいという話者意図が伝達さ
れていることになる．ただしここで，両発話ともに「化学療法」に言及して
いることから，発話者の認知環境において，「化学療法」と「死に至ること」
が関連付けられていると考えることができる．この「発話者の認知環境にお
ける既存の想定を推し量ること，すなわち，「死に至る」という肯定命題へ
の発話者の信念の強さ（確信度）により，情報要請性（或いは修辞性）の同
定がなされるであろう．Gutiérrez-Rexach (1998) は，確認疑問文と修辞疑
問文の連続性について，この確信度の観点から論じている．例えば，翌週か
ら数日の休暇を取ると公言していた同僚が，仕事上のトラブルに見舞われそ
れどころではなくなったという状況で，「来週休めるんですか？」と尋ねた
としよう．[4] まずは，発話者の命題内容「(聞き手は) 来週休める」の真偽を
問う確認疑問文としての解釈が可能である．命題内容（すなわち，肯定の話
者想定）が真であることへの確信度はそれほど強くないか，五分五分（「休
めるかもしれないし，休めないかもしれない」）であるといえる．一方で，
命題内容への確信度が低い場合（「(聞き手は) 来週休めるはずがない，休む
ことは不可能だ」という否認の想定を抱いる場合等）では，修辞的な解釈と

---

[4] 本稿では否定疑問文については特に言及しないが，太田 (1980) ほか，複数の先行研究
において否定疑問文発話が「肯定の偏りを伝達する傾向」にあるとしている．ただし，日本
語疑問文の文末表現の多様性は，英語否定疑問文とは異なる偏りをもたらすことがある．
「来週休めませんか？」と「来週休めないの (ですか)？」では，後者の「のだ疑問文」にお
いては，否定命題「来週休めない」を「のだ」がマークするため，否定の偏りを伝達するこ
とが明らかであるとされる（安達 (2014)）.

198　　　　　　　　第 III 部　理論と実証

なるだろう.

3.2.　情動と認知効果

　確信度の程度は，発話に伴う情動によって変動することがある．例えば上
に挙げた休暇の発話例に次のように異なる情動を追加し比較してみよう.

(6) a.　(感情のこもらない声のトーンで) 来週休めるんですか？
　　b.　(訝しげに) 来週休めるんですか？
　　c.　(驚いて) 来週休めるんですか？
　　d.　(皮肉的に) 来週休めるんですか？

ここで心に留めておきたいことは，カッコ内に示された情動の情報は，解釈
を方向付ける 1 つの手がかりに過ぎないということである．驚きを表出し
ながら確認の意図が認知されるとき，問いかけ (情報要請) の読みとなる根
拠は，必ずしも驚きという情動の認知ではない．同様に，皮肉的な声のトー
ンから修辞的な読みが優先的に引き出される状況は容易に想定され得るが，
確認の意図が認知される状況が全くないとはいえないだろう．これらの情動
認知は，解釈者の認知環境にある旧情報と新情報の和からもたらされる認知
効果と関連付けられる．つまり，(6) の各発話者が表出する情動を認知した
結果得られる効果 (解釈者の認知環境の更新) がある.

　関連性理論では，認知環境の更新を「認知効果」と呼び，認知効果には次
の 3 種があるとしている (Sperber and Wilson (1995)).

(7)　認知効果：
　　a.　文脈含意が得られること
　　　　新旧の情報を前提に演繹推論した結果を認知環境に加えること
　　b.　既存の想定が強化されること
　　　　旧情報の確信度を高める新情報が得られ想定が強化されること
　　c.　既存の想定が削除されること
　　　　旧情報と矛盾を引き起こすような新情報の確信度がより高く，
　　　　旧情報の想定が削除されること

第9章　診療談話における共感のプロセス　199

疑問文発話を用いた確認行為，すなわち，確認疑問文として解釈されるケースでは，旧情報と新情報に差異がなく，既存の想定が強化されるような場合と，旧情報と新情報に何らかの矛盾があり，既存の想定が削除されるような認知効果をもたらす場合がある．

　日常会話での情動理解においては，発話参与者間の「情動共有」から，非常に動的な「情動効果」といえるような，刻一刻と変化する微細な心の動きが，旧情報と新情報によって更新され続ける語用論的推論プロセスの中に取り込まれ，認知効果をもたらす動力の一つとなっている．この考え方は，関連性理論で詩的効果（poetic effect）と呼ばれる概念に通ずるものである．Sperber and Wilson（1995: 224）は，詩的効果について次のように述べている．「弱い複数の推意[5]により，微細な複数の認知効果が得られること．そこから構築されるのは「共通の印象」であり，「感情・情緒にかかわる効果」がもたらされる．」（日本語訳は筆者による）

　新井（2006, 2008）では，詩的効果が説明する弱い推意の観点から，広告のことばに伴う情動の認知が「情動効果」をもたらす心的なメカニズムを明らかにしている．一例としてプラスティック廃材油化技術をアピールした広告の解釈の分析では，解釈者（視聴者）の認知環境において次のようなことが起こるとしている．「液体の中に沈みつつあり，消えていこうとしている」キューピー人形の写真（写真参照）を見て，「かわいそう」という感情がまず先に出る．企業側の狙いは「リサイクルに貢献できる技術を持っているという新情報を視聴者の想定の中に加える認知効果」であるのだが，キューピー人形によってもたらされた情動効果により，視聴者の認知環境では企業の狙いとは逆方向の効果がひとまず生じる．しかし最終的には企業の本当の狙いを視聴者が理解し，そのとき先にもたらされた情動効果が，最終的な認知効果に加えられる．

---

　[5] 関連性理論における推意（implicature）とは，発話の論理形式を発展させた表意（explicature）に対する用語で，語用論的推論のみを経て得られる想定を指す．表意と推意はそれぞれ，発話の明示的意味と非明示的意味に相当する（Sperber and Wilson（1995: 182），Carston（2002: 116））．

（東芝，1993 年，新聞広告（制作：©電通））[6]

つまり，認知的興味とともに，情動的興味・関心から，ある特定のもの（上の例ではキューピー人形）への注意が向けられる．情動は他の文脈情報とともに発話解釈過程において，旧情報と新情報からの演繹推論の中に取り込まれ，認知効果（認知環境の更新）に影響を与える，というわけである．

新井（2006, 2008）の広告の分析において提案されたこのような情動効果は，自然発話の解釈過程においても発動すると考えられる．新井の見解を踏襲すれば，それは概ね次の (8) に示すような効果であると考える．

(8) 発話に伴う情動がもたらす認知効果としての情動効果：
　　a. 発話に伴う非言語的情報としての発話者の情動（声のトーンや表情等も含む）が（解釈者を含む）参与者間で共有（すなわち，「相互顕在化」）される．[7]

---

[6] 本広告の写真を掲載するにあたり，東芝の広報・IR 室にご配慮いただき，転載許諾を賜った．ここに記して感謝の意を表したい．
[7] 顕在性（manifestness）は次のように定義される（Sperber and Wilson (1995: 39)（内田他訳））．
　(i) ある事実がある時点で一個人にとって顕在的（manifest）であるのは，その時点でその人がそれを心的に表示し，真，または蓋然的真としてその表示を受け入れることができる場合，そしてその場合のみである．
　(ii) 一個人の認知環境は当人にとって顕在的である事実の集合体である．
さらに，「誰がそれを共有するかということが顕在的である共有された認知環境はすべて相

第9章　診療談話における共感のプロセス 201

b.　解釈者の中に（8a）に関連づけられたある情動が生じる．

c.　（8b）で生じた情動が発話の認知効果に影響を与える．

　この観点から（2）の発話を再考する．まず，言語情報からは，（2b）の並列された疑問文発話の解釈者となる医師の直前の発話（2a）における意図「進行がんとうまくつきあっていく（＝死期を遅らせる）」ということと，（2b）の発話者である患者の「死に至る」という想定には隔たりがあり，したがって，解釈者である医師にとっては，既存の想定を削除する認知効果が得られることになる．また，患者の否定的な感情は強いレベルで表出されているとみられるが，解釈者である医師がこの情動を認知し，情動の共有が互いに顕在化する過程を経て，共感のプロセスが完成する．国立がん研究センター東病院看護部（2015: 42）によると，共感の概念とは情動（感情）の表出からその認知，および内省（reflection）までの一連の「共感のプロセス」のことを指す．さらには，内省を経て，理解したことを相手に伝える行為もまた，共感のプロセスの一部をなすといえよう．

4.　認知語用論理論の応用

　前節でみた情動認知の推論モデルを，診療談話の分析にいかに応用できるだろうか．例えば，相手の不安が認知できたとき，その不安それ自体が解釈者の情動に影響を与えながら，相互に顕在的となる．そして，その相手の不安な気持ちを共有したことを相手に知らせることで，相手もまた，自身の感情を理解することができる．ここで，共有したことを相手（患者）に伝える方法は複数想定されるが，どの方法をとるかは個々の医療従事者に委ねられる．以下に詳しく見ていく．

4.1.　応用Ⅰ：伝達意図の解読

　まずは，第1節で紹介した3つの応答例を再度見よう．

互認知環境と呼ぶことにする．（中略）相互認知環境では顕在的な想定はすべて我々が相互に顕在的であると呼ぶものである．」としている．

(3) 応答例サンプル: 「不安なのですね」と応答 (response) を与える.

(4) A さんによる応答例: （死への）強い不安を表出する能力が高い患者には，直接的な言葉は避けるにしても，何らかの方法で回答 (answer) を提示する.

(5) B さんによる応答例: その情動が意図的に表出されているのか無意識なのかの判断に基づいて，(3) または (4) に準ずる応答を与える.

(3) では，発話に伴う声のトーンから患者の「不安」の情動を共有し，そのことを示す言語情報「不安なのですね」により伝達している. 一方，(4) でも同様に声のトーンから患者の情動を認知したが，(3) とは異なる「冷静さ」を感じ取っている. 以下は (4) の回答者である A さんとの私信をまとめたものである.

(9) (2b-i, 2b-ii) の問いに回答を提示すべき理由

    a. 日本人の情動表出の傾向

    （日本では）患者はあまり語気を強めたり涙を出したりしない傾向にあると感じていることから，このインタラクションには少し違和感があった.[8] しかし，医師と患者の信頼関係が既に深く築かれているのであれば多少理解はできる.

    b. 言語情報から読み取れること

    語気を強めた涙声になりながらも，2 つの疑問文発話を産出する冷静さがある. また，医師の用いた「抗がん剤治療」を「化学療法」と言い換えていることから，知識の豊富さや冷静さを感じ取れる.

---

[8] 内富・藤森 (2007) では，情動の表出に関する男女差について「男性は女性に比較し，感情を表に出すことが少なく」(ibid.: 47)，一方「女性は一般的に感情表現が豊かである. 女性患者とのコミュニケーションでは，感情をうまく受け止めることがポイントになる」(ibid: 52) と指摘している. 内富・藤森においては (2b) の発話者は女性患者であるという設定が与えられていたが，本稿での論点ではないことから，(9) の情報提供者 A さんへの聞き取り調査時においては発話者の性別は明記していない.

第9章　診療談話における共感のプロセス　　203

　　c.　経験的知識

　　　　診療経験上，非常に強い不安を感じている患者は，かえってそ
　　　　の情動を表出しない傾向にあると感じている．強い怒りや不安
　　　　を感じているとき，無表情であったりすることもある．この例
　　　　のように声が大きくなったり涙声になったりするというのは，
　　　　どこか患者の余裕を感じる．

　　　　（逆に，強い不安や恐怖感情を表出できない場合——顔面蒼白で
　　　　黙り込んでしまう，というように言葉を失っていることが読み
　　　　取れる場合等——には，まずはその感情を共有すべく努力する．）

これらの点を踏まえ，患者の質問に答えることで，患者の情動を共有してい
ることを伝達する，というわけである．

　一方，(5) の回答者である B さんは，情動の伝達レベルに注目した．(2b)
の発話者がその情動を意図的に表出しているかどうかで，異なる対応が求め
られるということである．このことは，以下に示す関連性理論による意図の
明示／非明示という異なるレベルの心的表示の観点から説明できる (Sperber
and Wilson (1995: 1 章 11 節および 12 節))．情報伝達には意図的なものと
そうでないものがあるが，意図的なものとしてその意図が明示的に伝達され
る場合と非明示的に伝達される場合がある．(10) に示すように，意図には
2 つの異なるレベルがあり，(10a) だけがある場合は意図非明示的，(10b)
があれば意図明示的伝達となる．

　(10)　発話者の意図

　　　a.　情報意図 (informative intention) ——何かを伝えたいという意図

　　　b.　伝達意図 (communicative intention) ——「情報意図」を持ってい
　　　　　ることを伝達したいという意図

(2b-i, 2b-ii) の発話では，「語気の強さ＋涙声」により，発話者の情動が意
図明示的に伝達されていたが，もう少しあいまいな場合を考えてみよう．例
えば，発話者（患者 P′）が聞き手（担当医師 D′）との対面会話で D′ の目を
見て話しながら，悲しそうな表情をしたとすれば，この場合もやはり意図明

示的に悲しい気持ちが伝達されたという解釈が容易に得られるであろう．一方で，発話開始以前には落ち着いた態度で笑みも浮かべていた P′ が，発話途中でほんの少し悲しそうな表情を見せたのを D′ が見逃さなかった場合はどうだろうか．意図の明示・非明示の区別は，「P′ の気持ちに D′ が気付いたこと」が P′ と D′ の間で相互顕在的であるかどうかによる．意図非明示的となるのは，P′ が，心に抱いている悲しい気持ちを D′ にわかってほしいとは思うものの，それをあからさまに伝えたいとは思わず，表面的には平静を装って会話する場合である．ここで，聞き手 D′ が P′ の声の小さな震えに気づき，その悲しみを読み取ったとして，D′ が気付いたことに発話者 P′ が気付いていないとき，意図非明示的な伝達が行われたことになる．

1 節でも触れた，情動の表出に消極的な患者が多いとされる日本において，発話に伴う情動をいかなる情報によって判断するかは，医療従事者個人の経験に基づいた知識や医療方針等に委ねられるところが大きい．それゆえ，本節で提示したような情動の共有についての複数の医療従事者への調査は，診療談話におけるより良いコミュニケーションを考える一助となろう．

次節では，実際に収録された診療談話事例を観察し，情動の共有を経て到達する「共感のプロセス」についてさらにみていく．

4.2. 応用 II：実際の発話データからみる情動の顕在化と情動効果

本節で取り上げる発話のデータは，植田（2014）で用いられた，大阪市内の病院で収録された 2 つの会話からである．いずれも医師と患者との（時折，看護師による補助的な発話が入ることもあるものの，概ね）二者間における対面での会話であり，症状や診断に関する不安やつらさの情動を表出している．診療（談話）全体の時間は（11）が 8 分 16 秒，（12）が 12 分 48 秒であった．いずれも男性医師と女性患者の組み合わせである．まずは（11）のやりとりを見よう．ターゲットとなる質問は (4P) の疑問文発話である．

(11)　会話 883

　　　［患者 P は診療開始時の医師 D からの質問「耳鳴りが続いている？」
　　　に対し，「ずーっと続いてます」，「全然，治らない」と返答している．

第 9 章　診療談話における共感のプロセス　　　　205

その後もしばらく耳の不調に関しての会話が続いている（前半部分
省略）〕

　1P：　それが長引きます？ ＝　　　　　　　　（明瞭な声のトーン）
　2D：　＝なかなか，すっきりせーへんことが多い
　3P：　そーですかー
　4P：　治らんていうこともあります？ ＝　　　　（明瞭な声のトーン）
　5D：　＝ある
　6D：　ないとは言わん
　7P：　んー，やー，
　8P：　つらいとこやなー　　　　　　（押し殺したような声のトーン）
　9D／P：　（2.0）
　10D：　診てみなわかれへんけれども．

会話（11）における患者の情動の表出は「声のトーン」（1P, 4P, 8P）からや，
「発話の言語的情報（「つらい」）」（8P）により明示的に伝達される．2つの疑
問文発話（1P）と（4P）はいずれも明瞭な発話であり，医師は（5D）（およ
び（6D））の発話により即答している．患者の情動の表出は，この後，（8P）
における否定的な情動が最も明示されている発話へと引き継がれる．ここ
で，（8P）の後に2秒程度の長い沈黙（9D）があるが，医師あるいは患者の
いずれに帰属する沈黙であると捉えるべきかという非常に興味深い認知語用
論的問題が提示される．[9] 直前の患者の発話（8P）が自身の質問（4P）への医
師の回答（6D）を受けての評価（（期待しない回答だったので）つらい）を示
すことで発話のターンを引き渡したと取れば，（9D/P）の沈黙は医師に帰属
するという解釈となる．一方，患者の（8P）における情動の表明（「つらい
とこやなー」）から（9D/P）の沈黙までが患者の発話のターンであると捉え
るとすると，（9D/P）の沈黙は患者に帰属し，発話と同様の「意図明示的伝
達」として解釈がなされることとなる．明らかなことは，いずれの解釈にお

---

　[9] コミュニケーションにおける沈黙の研究は多数あるが，沈黙者が誰であるかに言及し
たものに Sacks, Schegloff and Jefferson（1974）および Levinson（1983）等がある．さら
に，これらの研究を発展的に用いた日本語談話の沈黙の分析に種市（2014, 2017）がある．

206 第 III 部 理論と実証

いてもその直後の医師による発話（10D）が，（6D）の発話の一部修正であ
るととれる点である．つまり，この（10D）の発話を以て，（9D／P）の沈黙
時に医師と患者の間で患者の情動が共有されたこと（情動の相互顕在化）が
表明されたといえるのではないだろうか．

　次に，（12）のやりとりを見よう．注目すべき発話は，診療終了間際の医
師による発話「じゃ，14日分（喘息の薬を）出しておきますんでー」の後に，
喘息の薬と頭痛薬を併用してよいかという患者の質問（16P）である．[10]

（12）　会話 885
　　　［談話開始時より患者 P は笑いを伴った発話を連発しており，医師
　　　D への親近感を表出していることがみてとれる．以下は診療終了
　　　間際のやりとりである］
　　11D:　じゃ，14 日分出しておきますん［でー］
　　12P:　　　　　　　　　　　　　　　　　　［はい］
　　13D:　はいっ（大声）
　　14P:　これー，あ，そうだ，あの＝
　　15P:　＝こういう薬飲んでてー，
　　16P:　でー，なんかー，すごいたまに頭痛がしたとかっていうと
　　　　　　きとかに　よくバファリンとかを飲んでたん［ですけど］，
　　　　　　そんなのは構わないんですか？（明瞭な声のトーン）
　　17D:　　　　　　　　　　　　　　　　　　　　［あーはい］
　　18D:　あのねぇ，ほんとはねー，喘息の人バファリンは飲んじゃ
　　　　　　いけないんだけど＝
　　19P:　＝あー
　　20D:　飲ん［でー，
　　21P:　　　　［いままでまだ一回も

---

　[10] このような医師が主たる症状への対処を終えた後に患者から発せられる質問は，「ドア
ノブ・クエスチョン（「ドアの取っ手に手をかけた状態で，患者が一番聞きたかった質問
——多くの場合深刻な質問——を投げかける」ことから名づけられた用語）」の一種であると
捉えられ（Barsky, Arthur J. (1981), White, Levinson and Roter (1994), Baker, O'Connell
and Platt (2005) 等），「質問－応答」の診療談話分析においては重要な課題の 1 つである．

第 9 章　診療談話における共感のプロセス　　207

22D: しんどい目にあったことない?

23P: そうなってからまだ一回もバファリン飲んで［ないんで

24D: 　　　　　　　　　　　　　　　　　［飲んでない＝

25D: ＝そうね　できたらやめといたほうがいい

また，全体としては約 13 分にわたる，同じ診療会話 885 の冒頭部分を，順
番は前後するが以下に紹介する．この冒頭部分において，患者は医師に親近
感を抱いていることを示す肯定的な笑いを連続的に表出している．

(12)　会話 885（冒頭部分）

01D: 前診てくれたのね,

02D: 喘息の専門の先生ですわ.

03P: あそー,［そーらしいですねー］,すごい怖かったです.

04D: 　　　　［うん,そうそう］

05P: ふふふ（笑）

06D: はっはっは（笑）怖かった?

07P: いやここ聞きたいことも聞けずにー,なんとなくはいはい＝

08P: ＝といって帰ったら薬がねー,違うかったんです.

前回診察した担当医が怖い先生で，わからないことを確認することができな
かったことを，今回の担当医に伝えている場面である．「怖かった」という
情動を回想し，共有する中で，互いに新たな「笑い」の情動を共有している．
　この冒頭部分で「聞きたいことが聞けずにいた」患者が，今回の担当医に
対しては,診察終了間際の付加的な発話「バファリンを飲んでよいか」（16P）
も含め，複数の質問を疑問文発話により投じている．（16P）に対する医師
の応答は，（17D）の言い淀みから（18D）および（20D）にかけての一連の
発話である．ただし（20D）は，（22D）により完成される質問の開始部分で
あるが，医師が自身の発話を続ける代わりに患者の発話（21P）を聞くこと
を優先させるという配慮を示したことがわかる．さらに，本稿では紙面の都
合で割愛するが，この後 1 分程度，この話題で患者とのやりとりが続くこ
とから，医師が患者の質問に真摯に応答していることが明らかである．

以上，実際に収録された診療会話 2 例を見たが，いずれにおいても，（明瞭な声のトーンから）患者はそれほど躊躇なく質問を産出しており，一方医師たちも患者の小さな情動の表出を的確に認知し，それらを共有するべく努めている様子が窺え，医療者側のコミュニケーション・スキルの観点からの成功例であるといえる．ただし，（12）の冒頭部分において，患者が「怖かった」がゆえに「聞きたいことを聞けなかった」と感じている前回の担当医とのやりとりのような明らかな失敗例や，それと関連して，同一患者による異なる医師とのやりとりを比較的に考察することなどができれば，「情動を共有すること」の問題点をさらに掘り下げることができるであろう．植田（2017）での聞き取り調査（本稿 2 節冒頭参照）での取り組みのように，医療者側のコミュニケーション・スキルが不十分な例に言語学的観点から光を当てていくことは，今後の研究における中心的課題としたい．

5. おわりに

本稿では，主に診療談話の疑問文発話を取り上げ，「患者により産出された質問」，および，「患者により表出された情動」に関して医療従事者側の認知的視点から認知語用論の演繹的考察を応用することを試みた．患者の質問には多くの場合情動が伴うが，その情動を明示的な表出と捉えるか否かが，発話解釈における最初の課題となる．意図明示的刺激としての発話の語用論的推論プロセスの解明を中心に据えている関連性理論の枠組みでは，発話に伴う情動も，発話と共に意図明示的刺激として解釈過程に取り込まれ，共感という認知活動のプロセスの一部として機能する，という説明が可能である．不安や笑いといった情動の表出を伴う疑問文発話の解釈においては，解釈者（医療従事者）が複数の手がかり（医療従事者の知識，医療方針，患者との信頼関係，等）を用い，その疑問文発話が質問の意図を有するか否か，等を判断するが，その際，発話者の情動のタイプや強さ，およびその表出方法が意図明示的であるか否か等についての判断もまた，手がかりとして機能し，認知環境において復元される想定の顕在化に貢献することは疑いない．

収録された発話のインタラクションの質的分析には様々なアプローチが考

えられるが，本稿で提案した言語学理論に基づく視点が，疑問文発話の解釈多様性や参与者間の「共感」のプロセスを可視化していく1つの方策として，よりよい医療コミュニケーションへの一助となれば幸いである．

トランスクリプト記号

= 切れ目ない接続 （ ） 声のトーン，大きさなど補足情報
[発話の重なりの開始点 (x.0) x 秒の沈黙
] 発話の重なりの終了点 ? 上昇調のイントネーション

参考文献

安達太郎 (2014)「否定・疑問とモダリティ」『モダリティ I：理論と方法』，澤田治美（編），99-117，ひつじ書房，東京.

新井恭子 (2006)「関連性理論における広告のことばの分析」『東洋大学経営論集』第68号，79-91.

新井恭子 (2008)「Poetic Effects（詩的効果）再考——広告表現を例にとって——」『東洋大学経営論集』第71号，33-42.

Baker, Laurence H., Daniel O'Connell and Frederic W. Platt (2005) "'What Else?' Setting the Agenda for the Clinical Interview," *Annals of Internal Medicine* 143 (10), 766-770.

Barsky, Arthur J. (1981) "Hidden Reasons Some Patients Visit Doctors," *Annals of Internal Medicines* 94, 492-498.

Blakemore, Diane (1992) *Understanding Utterances: An Introduction to Pragmatics*, Blackwell, Oxford.

Carston, Robyn (2002) *Thoughts and Utterances: The Pragmatics of Explicit Communication*, Blackwell, Oxford.

後藤リサ (2014)「疑問文発話解釈における話者態度の高次のメタ表示」『関西外国語大学研究論集』第100号，21-38.

Goto, Risa (2018) *Rhetorical Questions: A Relevance-Theoretic Approach to Interrogative Utterances in English and Japanese*, Hituzi Syobo, Tokyo.

Gutiérrez-Rexach, Javier (1998) "Rhetorical Questions, Relevance and Scales," *Revista Alicantina de Estudios Ingleses* 11, 139-155.

Heritage, John and Douglas W. Maynard, eds. (2006) *Communication in Medical Care: Interactions between Primary Care Physicians and Patients*, Cambridge University Press, Cambridge.

木野和代 (2000)「日本人の怒りの表出方法とその対人的影響」『心理学研究』第70巻

6 号, 494-502.

国立がん研究センター東病院看護部（編）(2015)『患者の感情表出を促す NURSE を用いたコミュニケーションスキル』医学書院, 東京.

国立国語研究所「病院の言葉を分かりやすく」委員会 (2009)『病院の言葉を分かりやすく――工夫の提案――』勁草書房, 東京.

Levinson, Stephen C. (1983) *Pragmatics*, Cambridge University Press, Cambridge.

Matsumoto, David and Paul Ekman (1989) "American-Japanese Cultural Differences in Intensity Ratings of Facial Expressions of Emotion," *Motivation and Emotion* 13, 143-157.

内冨庸介・藤森麻衣子 (2007)『がん医療におけるコミュニケーション・スキル：悪い知らせをどう伝えるか』医学書院, 東京.

中村真 (1991)「情動コミュニケーションにおける表示・解読規則」『大阪大学人間科学部紀要』第 17 号, 115-146.

野呂幾久子・阿部恵子・石川ひろの (2007)『医療コミュニケーション分析の方法―― The Roter Method of Interaction Process Analysis System (RIAS)』三恵社, 東京.

太田朗 (1980)『否定の意味――意味論序説』大修館書店, 東京.

Sacks, Harvey, Emanuel A. Schegloff, and Gail Jeffreson. (1974) "A Simplest Systematic for the Organization of Turn-Taking for Conversation," *Language* 50(4), 696-735.

Scherer, Klaus R, Harald G. Wallbot, David Matsumoto, and Taku Kudoh (1989) "Emotional Experience in Cultural Context: A Comparison between Europe, Japan, and the United States," ed. by K. R. Scherer, *Facets of Emotion*, Laurence Erlbaum, Hillsdale, NJ.

新村出 (2008)『広辞苑　第六版』岩波書店, 東京.

Sperber, Dan and Deirdre Wilson (1986/1995) *Relevance: Communication and Cognition*, Blackwell, Oxford.［内田聖二・宋南先・中達俊明・田中圭子（訳）(1999)『関連性理論：伝達と認知』, 研究社, 東京.］

Takai, Jiro and Hiroshi Ota (1994) "Assessing Japanese Interpersonal Communication Competence," *Japanese Journal of Experimental Social Psychology* 33, 224-236.

高井次郎 (1996)「日本人の対人関係」『対人関係の社会心理学』, 長田雅喜（編）, 221-241, 福村出版, 東京.

種市瑛 (2014)「行為としての沈黙の分類――会話に生じる沈黙の再考に向けて――」『異文化コミュニケーション論集』第 12 号, 145-156.

種市瑛 (2017)「沈黙による行為の遂行――語用実践行為の視点から」『異文化コミュニケーション論集』第 15 号, 93-104.

植田栄子 (2014)『診療場面における患者と医師のコミュニケーション分析』ひつじ

書房，東京.

植田栄子 (2017)「患者と医師のインターアクション──量的および質的分析の両面から」『日本語学』第 36 巻 4 号，32-45.

White, Jocelyn, Wendy Levinson and Debra Rorer (1994) "'Oh, By the Way ...': The Closing Moments of the Medical Visit," *Journal of General Internal Medicine* 9, 24-28.

第 10 章

マスモードの思考

──「びんの小鬼」をめぐる覚え書き ──*

定延利之

京都大学

1.　はじめに ── 問題のありか

　本稿の着想は 30 年以上前からあったが，「当事者間の了解」について私見
をまとめるまでは（定延（2016: 第 5 章）），どう述べれば読者に理解しても
らえるのか，その方途がまるで見えていなかった．いまもあやふやなところ
が少なくないが，執筆の機会をいただいたので，ここに述べてしまいたい.
　我々の言語生活には，「当事者間の了解」（一部で「相互知識」と呼ばれる
もの）への考慮が随所で見られる．例えば，ある人物をただ「一郎」と言う
のか，それとも引用の形で「一郎という人」と言うのかは，一郎という人物
（モノ）が話し手・聞き手の間で了解されているか否かに関わっている（田
窪（1989））．「次郎を殴ったのは一郎だ」のように分裂文の構文で言うか，
それとも 2 つの節に分けて「次郎が殴られたんだけど，殴ったのは一郎だ」
のように言うかも，次郎を被害者とする殴打事件（デキゴト）が話し手・聞
き手の間で了解されているか否かに関わっている.

---

　* 構想初期の段階で助言を下さった木村大治氏・水谷雅彦氏，改訂のヒントを下さった
「より豊かな言語研究をめざす会」第 4 回（2018 年 7 月 16 日，京都大学），研究集会「面白
い話と間，プロフィシェンシー」（2018 年 10 月 6 日，京都大学）の参加者の方々，そして
執筆の機会を下さった編者の田中廣明先生にお礼申し上げたい．本稿は日本学術振興会の
科学研究費補助金による基盤研究（B）（特設分野）「対話合成実験に基づく，話の面白さが
生きる「間」の研究」（課題番号：17KT0059，研究代表者：定延利之，2017 ～ 2020 年度）
の成果を含んでいる.

第 10 章　マスモードの思考　　213

だが，「当事者間の了解」は，単純な理解では済ませられない．当該のモノやデキゴトに関して，たとえ当事者たちが「私たちはわかり合っているね」と言い合っていても，お互いの心を覗き見ることができない以上，つまり聞き違い・見間違い・思い違いによる離齬がどこにもないとは言い切れず，その確認作業にも聞き違い・見間違い・思い違いの可能性が捨てきれない以上，厳密なことを言えば，当事者たちの「私たちはわかり合っているね」発言は，検証してもしきれないことをただ確信しているという表明でしかない．[1]

では当事者たちは，そもそも検証しきれないことをどのようにして確信できているのか？　——この問題に対して，先行研究は，「推論」に原因を求めている（Clark and Marshall (1981: 57) のインダクション・スキーマ．この点は Clark (1996) も同様）．

確かに，人間が「当事者間の了解」の確信へと至るプロセスにおいて，推論が全く貢献しないというわけではないだろう．だが筆者の考えによれば，そこには，推論よりも，むしろ「直感的な感知」によると言うべき部分がかなりありそうである．また，そもそも言語表現に「当事者間の了解」が関わるといっても，その関わりはあくまで「慣習」の示す道筋に沿った形でなされている．いつ，どの程度の段階まで，「当事者間の了解」を気にすべきか（あるいは「当事者間の了解」を気にすべきでないか）は，「慣習」で決まっている．以下これをごく簡単に説明する．

まず，「直感的な感知」について．例えば，1 つしかないエサをはさんで他個体とうなり合っているイヌは，「自分はここにいる」「相手もここにいる」「エサがここにある」「これらのことが自分と相手の間で了解されている」ということを確信していればこそうなり合っているのだろう．であれば，「当事者間の了解」の確信に至る道筋は，先行研究が主張するような数学的帰納法にも似た高度な「推論」よりも，イヌのような動物にとっても容易な別のもの（「直感的な感知」）によると考えるべきではないか．

---

[1] 当事者間の了解の到達不能性に関する Clark and Marshall (1981) の論に筆者は全面的に納得してはいないので（詳細は定延（2016：第 5 章）を参照），ここでは筆者独自の説明を行っている．ただし，この措置の妥当性如何は本稿第 2 節以降の論には直接影響しない．

次に,「慣習」について.例えば,面識のない相手の名前を自分が偶然知ったからといって,(「○○さんでしょうか」と疑問調では呼びかけても)いきなり「○○さん」と呼びかけることに,普段の我々はためらいを感じる.その一方で,[2]「はっきり言おう」と態度を決めさえすれば「あんたの隠し子が私の娘に手を出してね」のように,密かに知った相手の内情(隠し子の存在)を,2人の間で了解されているかのように前提として持ち出す言い方ができるとしたら,少なくとも言語表現に関する限り,「当事者間の了解」の確信プロセスを問題にする以前に,「当事者間の了解」をどういう場合に気にすべきかについての「慣習」を重視すべきではないか.[3]

拙著(定延(2016))で「直観的な感知」と「慣習」を挙げたのは,以上の理由による.が,「直観的な感知」はともかく「慣習」については,さらに探求すべき問題がある.自身の「推論」ではなく「慣習」に従う際の人間の心持ちとは,いったいどのようなものなのだろうか? 本稿は,これを「マスモード」と仮称し,自身の「推論」に基づく際の心持ち(これを「個体モード」と仮称)と対比させる形で,その特徴について,考えをめぐらすものである.

ここで言う「マス」とは,人間の不特定多数の集団をさす.「ざわめく」「さんざめく」「どよめく」ことができる主体,と言えばわかりやすいかもしれない.「ざわめく」「さんざめく」「どよめく」ことは,1人の人間にはできず,多数の人間から成る集団にしかできない.さらに,「田中さんと佐藤君と……と村田さんがざわめいた」などと言うことが不自然であるように,その多数とは,不特定の多数でなければならない.

---

[2] 「普段」ではなく,取材という業務の場では,新任の記者が,これまで話したことのない総理大臣に向かっていきなり「○○総理!」と呼びかけても不自然ではないが,そのような場合はここでは度外視している.

[3] 個人の気にする／しないに慣習が強く関わることについては,木村(1997)が参考になる.

2. スタンピード──マスモードの衝動

　個体モードとは異なるマスモードの心持ち，と言えば，まず思い浮かぶのが，冷静さを失った衝動的な集団心理だろう．経済の領域では，牛などが何かに驚いて，どっと逃げ出す現象を表す語「スタンピード（stampede）」にちなんで，一種の恐慌現象が「スタンピード現象」と名付けられている．その紹介例を次の（1）に挙げる．

> (1)　スタンピード現象は，株式市場で起こりやすい現象です．例えば予
> 　　　想外の出来事が起こって株価が急落した時などはスタンピード現象
> 　　　が起こりやすいです．株式はリスク資産ですので急騰急落が起こり
> 　　　やすい金融商品です．何か悪材料が出ればすぐ逃げたいという投資
> 　　　家心理が働きやすいため，株価急落をきっかけにスタンピード現象
> 　　　が起こり，投資家はパニック状態に陥って一気に売りの一方向に流
> 　　　れて「狼狽売り」が加速しやすくなります．
> 　　　(https://kabusoba.stars.ne.jp/sp/morekabushiki90stampede.html
> 　　　2019 年 9 月 30 日最終確認)

ここでは，投資家が株価の予想外の急落によって，「株を本当に売るべきか否か」についての冷静な判断力を失い，「みんな売っているじゃないか．自分も売らないと」と「狼狽売り」に走ることが，スタンピード現象とされている．

3. マスモードの論法

　マスモードは，冷静さと両立し得ないわけではない．この大暴走のきっかけが何によるのか知らないまま，他の牛たちに付和雷同してひたすら疾走している一頭の牛が，実はパニックに陥ってはおらず，「なぜ走っているのか？」と問われると，いまさら何を言うのだと呆れ気味に「だって，みんな走っているじゃないか」と答える，といった発言を，我々の日常生活に見出すことは難しくない．ここにあるのは，自身の判断（「走るべきだ」との判

断）の根本的な根拠がなく，そのことを自覚しながら動転もせず，大勢が同じ判断を（やはり根本的な根拠なく）下していることを根拠として，自身の判断を正当化するという論法である．以下，読者が思い当たりやすいよう，こうした論法の代表例として3つの型を挙げておく．

3.1. 「だって，みんなそう言ってるよ」型

第1の型は「だって，みんなそう言ってるよ」型である．この型の発言は自身の考えの正当性を問われた際にしばしば現れる．「みんな」が本当に皆なのか，話し手にとって都合の良い人間ばかりが思い浮かべられた結果の，誇張された「みんな」ではないのかという疑問は，ここでは措いておく．ここで注目したいのは，この種の発言が，正当性の根本的な根拠を述べず，ただ皆が自分と同じことを言っている，つまり皆が自分と同じ考えであることを持ち出しているということである．ここには根本的な根拠の有無を気にかける個体モードの論法ではなく，マスモードの論法が見てとれる．

正当性の根本的な根拠を述べるものではないだけに，この型の発言は簡単に反駁され得る．例えば，「みんなそう言っていたら何なんだ」「みんなそう言っている，その根拠は何なんだ」「みんなではなく，あんたに聞いてるんだから，あんたが答えてくれ」などと，皆が相手と同じ考えであることが正当性の根拠として十分でないことを指摘するだけで反駁される，脆弱な論法と言える．

だが，その脆弱なはずの論法に基づく発言を，我々はしばしば耳にし，口にする．このことは，我々が個体モードの論法とは別にマスモードの論法を認める，つまり個体モードの思考とは別にマスモードの思考を人間の思考法の1つとして認めるべきことを示している．

3.2. 「この時代に，まだそんなことを言っているのか」型

マスモードの論法の第2の型は「この時代に，まだそんなことを言っているのか」型である．この型の発言は他者の考えの不当性を主張する際に現れる．現代が本当に話し手の言うような時代なのか，話し手はただ自分にとって都合の良い時代認識を振りかざしているだけではないのかという疑義に

は，ここでは触れない．ここで問題にしたいのは，この型の発言が，他者の考えが不当である根本的な根拠を打ち出すものではなく，上述の「だって，みんなそう言っているよ」型と同じく，皆が自分と同じ考えである（したがってそういう時代である）ということを根拠とする，マスモードの論法による発言だということである．

したがって，この型の発言も反駁は困難ではない．「私の考えが時代遅れかどうかは問題ではない．仮に時代遅れだとしても，時代が間違った方向に進んでいるのかもしれない．私の考えを不当とする根拠を言ってくれ」などと，根本的な根拠の不在を指摘するだけで，この発言は反駁されてしまう．

だが，人が，特に時代の革新に期待する立場に立つ場合，しばしばこのような発言に及ぶということも，また事実である．このことは，個体モードの論法とは別に，マスモードの論法が，我々の発言を動機づける原理として働き得ることを示している．

3.3. 「そんな奴いるものか」型

マスモードの論法の第3の型は，「そんな奴いるものか」型である．この型の発言も第2の型と同様，他者の考えの不当性を主張する際に現れるが，他者の考えに立ち入って否定する点が第2点とは異なっている．具体的には，特定の人物に対する他者の信頼（「あの人だけは違う」）を，「みんな」を持ち出して揺さぶろうとするのがこの論法である．

太宰治の小説『走れメロス』（1940）の登場人物，セリヌンティウスを例にとろう．この人物は，王の怒りを買って処刑されようとしているメロスから，「妹の結婚式に出るため，3日だけ身代わりになってくれ」と頼まれる．もし3日後にメロスが処刑場に戻らなければ，メロスに代わって処刑されることになるのだが，セリヌンティウスは親友メロスを信頼してこれを受諾する．

さて，ここからは小説を離れるが，このセリヌンティウスをなんとか翻意させようとして，セリヌンティウスの親族友人同僚たちが言いそうなセリフ，と言えば，相場は決まっているだろう．「メロスが，処刑されるために処刑場に戻ってくるだと？ 馬鹿な．そんな奴がどこにいる」というものである．

218 　第 III 部　理論と実証

　この発言は，個体モードの論法によるものではない．なぜなら，この発言は「メロスは自分との約束を守り処刑場に戻ってくる」というセリヌンティウスの信念の矛盾点を衝いたり，セリヌンティウスの信念で説明できない事実を提示したりして，セリヌンティウスの信念を崩そうとはしていないからである．この発言は，特定の人物（メロス）に対するセリヌンティウスの信念（「自分は約束を守って，処刑されるために処刑場に戻るべきだ」と考える）を，それが一般の人々（「みんな」）に成り立つものではないことを根拠に，否定しようとするものでしかない．したがって，セリヌンティウスに「そんな奴がどこにいるかって？　少なくともメロスって奴が 1 人，ここにいるよ」と笑って返答されてしまえば，もはやそれ以上踏み込む力を持たない．その意味で極めて脆弱な論法による発言である．

　だが，他者の信念を揺るがせようとする際，この種の発言がしばしばなされること，そして望む効果が時に得られるということも，また事実である．

3.4.　補足

　付和雷同を是とする，こうしたマスモードの思考が，理にかなっていることはあるだろうし，個体モードの思考と結びつくこともあるだろう．というのは，多くの人間が支持する考えは，信ぴょう性が高く，そのまま鵜呑みにしてもたいていの場合はうまくいくかもしれないからである．さらに，たとえ間違っていたとしても，それを信じずに集団内で孤立してしまうよりは，皆と一緒に間違える方が安全かもしれないからである．

　だが，だからといって，マスモードが個体モードと別に存在することが否定されるわけではない．多くの人間に支持されていることを根拠に，その考えを妥当とするマスモードの思考は，通説を無条件に肯定したり，スタンピード現象を呼び込んだりするような危険な面があり，個体モードの思考とは異なっている．

　マスモードの思考は，次の（2）に挙げる，有名なエスニック・ジョークであげつらわれている日本人の「集団主義」とも，無縁ではないだろう．[4]

---

　[4] このジョークは筆者らが主催する「面白い話コンテスト」でも語られたことがある：

第 10 章　マスモードの思考　　219

(2)　さまざまな民族の人間たちを乗せた豪華客船が沈没しかかっている．だが，船に備え付けられた救命ボートはわずかで，すべての乗客を救うことはできない．船長は大勢の乗客に，ボートを諦めて海に飛び込んでもらわねばならない．船長はどのように声をかければいいか？

アメリカ人には「今飛び込めばあなたは英雄ですよ」

ロシア人には「海に落ちたウォッカの瓶はあなたのものです」

イタリア人には「美女たちも泳いでいますよ」

フランス人には「決して海には飛び込まないでください」

ドイツ人には「規則ですから飛び込んでください」

イングランド人には「イングランドが優勝しました」

スコットランド人には「スコットランドがイングランドに勝利しました」

中国人には「金塊が沈んでいるそうですよ」

日本人には「みんな飛び込んでいますよ」

だが，マスモードの思考は，日本語社会にかぎって見られるようなものではない．程度差はあれ，どのような社会にも見られる，人間にとって一般的な思考法だと，筆者は考えている．その根拠を示すために，そして，マスモードの思考の特徴が付和雷同性に尽きるものではないことを示すために，ここで小説『びんの小鬼』を取り上げてみよう．

4.　びんの小鬼

　『びんの小鬼』は，『宝島』『ジキル博士とハイド氏』などで知られる作家ロバート・ルイス・スチーヴンソンが，サモアに定住した晩年期（1891 年）に，南海を舞台に書いた短編の 1 つである．まず，設定を述べておこう．

　ここに出てくる「びん」は，地獄の炎で練って作られた，特別なものであ

http://www.speech-data.jp/chotto/2016F_sub/2016001.html

る．びんの中には小鬼が棲んでいる．小鬼は，人の寿命は伸ばせないが，その他のことは，びんの持ち主に命じられればすべて叶えてくれるので，びんを持っていれば富も名声も権力も思いのままである．だが，そこにはおそろしい代償が用意されている．びんの持ち主が死ぬと，持ち主は小鬼に地獄に連れて行かれ，地獄の火で永久に焼かれることになるのである．死ぬ前にびんを手放しておく必要があるわけだが，他人に譲渡したり捨てたりしても，すぐにびんは戻ってくる．びんの手放し方は売買にかぎられている．そして，びんの持ち主は，自分がびんを買った値段よりも安い値段で他人にびんを売らなければ，びんを手放すことはできない．

さて，ケアーウェ（Keawe）は，ハワイ生まれの貧しく勇敢な船乗りである．彼はサンフランシスコで，ある金持ちから50ドルでびんを買うことになり，びんの力で自身も金持ちになって，友人にびんを売った．やがてケアーウェは若い娘コクーア（Kokua）と知り合い，恋に落ちるが，そこで病に罹る．病を治してコクーアと結婚したいと，転々としていた瓶を探し出し，絶望している持ち主（勤め先の金を使い込み，監獄行きを免れるため2セントでびんを買っていた）からびんを最低価格の1セントで買い戻す．びんの力で病を治し，晴れてコクーアと結婚するが，もはや誰にもびんを売り渡せないという恐怖のあまり，日々楽しまない．

コクーアは夫の苦悩をいぶかしみ，事情を聞き出すと，より安い硬貨（サンチーム）のあるフランス領タヒチに活路を見出そうと夫を連れて行く．が，うまくいかず，ついに人を介して（4サンチームでケアーウェからびんを買わせて），びんを自身で（3サンチームで）買い取るが，今度は自分が恐怖におびえる．

ケアーウェは恐怖から解放され，しばし，はしゃぎ回るが，やがてコクーアが自らを投げ出して自分を救ったことを悟り，コクーアを救い返そうと決意する．人を介して（2サンチームで妻からびんを買わせて），びんを自身が（1サンチームで）買い戻そうとする．

物語はここで意外な展開を迎えるが，本稿が問題にするのは，ここまでの部分である．

経済学者・岩井克人氏は『貨幣論』（1998）の立場から，この物語に対し

第 10 章　マスモードの思考　　　　221

て次の (3) のようにコメントしている.[5]

(3)　… 小鬼の済む小瓶は, 知人が示唆してくれたように, まさに「貨幣」の象徴として読むことができるのです.

　　人はみな貨幣を欲しがります. 貨幣を持てば, どのような商品でも手に入れることが出来るからです.

　　だが, 貨幣の実体は, 何の価値もない単なる紙切れや金属片でしかありません. その紙切れや金属片が 1 万円や 1 ドルの価値を持つのは, 他人がそれを 1 万円や 1 ドルの価値として受け取ってくれるからにすぎません. そしてその他人が受け取ってくれるのも, さらに他人が受け取ってくれるからにすぎないのです. それゆえ, 誰も貨幣を受け取ってくれないと人々が思い始めれば, 実際に誰も貨幣を受け取らなくなってしまいます. ハイパーインフレーションとよばれる現象がそれです. その時, 貨幣は急速に価値を失い, 最終的にはその実体である単なる紙切れや金属片に戻ってしまうのです.

　　そのことを極端な形で表しているのが小瓶です. それは一見すると, どのような願いも叶えてくれる素晴らしいものに見えます. だが, その実体は地獄なのです. 誰かが買ってくれなければ, 持ち主の魂は小鬼によって地獄に引きずり込まれてしまいます. しかも, 人から人へと売り渡される度に価格が下がるこの小瓶には, ハイパーインフレーションが始めから仕込まれているのです. 誰かの魂が必ず地獄に堕ちるのです. そして, その運命がケアウェに降りかかったのでした.

　　だが, 話はまだ終わりません. この物語にはさらに, 貨幣の論理を超越する論理が語られているのです.

　　［中略］貨幣を手に持つ人間にとって, 他人はすべて自分のための手段にすぎません. 自分の手元の紙切れや金属片を貨幣として受け入れてくれさえすれば, その人間がどのような人間であっても構

---

[5] コメントの中で, 筆者の「びん」「ケアーウェ」が「小瓶」「ケアウェ」と表記されているのは, 岩井氏が筆者とは別の翻訳を参照しているためである.

わないのです.

　すべての人間がすべての人間にとっての手段となってしまう世界
——それは，まさに地獄です．そして，そのことを単なる比喩（ひ
ゆ）ではなくしてしまうのが小瓶です．その持ち主にとって，すべ
て他人は自分の魂を地獄に堕とさないための手段でしかありませ
ん．いや誰か他人の魂を地獄に堕とさなければ，自分の魂が地獄に
堕ちてしまいます．道理で小鬼は恐ろしい顔をしているはずです.

　だが，コクアとケアウェがそれぞれ相手に内証で相手から小瓶を
買おうとした時，貨幣の論理が逆転します．二人は共に，相手を自
分の手段とするのではなく，逆に自分を相手の手段としようとした
のです．本来何ものとも交換しえない絶対的な価値であるべき自分
の魂を犠牲にして，相手の魂を救おうとしたのです.

　ここに，魂の交換が成立したことになります．だがそれは，同じ
貨幣価値をもつモノ同士の交換ではありません．二人がそれぞれ，
何ものとも交換しえない絶対的な価値を一方的に相手に与えること
によって，結果的に成立した交換なのです．それは，貨幣的な交換
を超越したまさに倫理的な交換であるのです.

　そして，この交換には別名があります.「愛」という別名です.

（岩井（2002））

コメント（3）の前半部で，「貨幣の論理」という形で論じられているのは，
貨幣制度もまた根本的な成立根拠がなく，「だって，みんな大丈夫と思って
いるじゃないか」というマスモードの思考に支えられているということ，そ
して，この根本的な成立根拠の不在がハイパーインフレーションという現象
の形で現れ得るということである．この現象はスタンピードと別物とはい
え，マスモードの衝動によるものであることに変わりはない.[6]

---

　[6] 落語『天狗さし』の冒頭部で紹介される「アホ」な相談「10 円札を 9 円で仕入れて 11
円で売れないものか．11 円では売れないにしても，せめて 10 円札を 9 円で仕入れられな
いものか．たくさん買えば安くなるのではないか」というくだりは，こうした貨幣制度の
あやうさを弄んでいるのだろう.

コメント（3）の後半部で取り上げられているのは，利他的な愛の効果である．それがこの物語の中核をなしていることは確かだが，ここで筆者は，この物語のまた別の面に注目してみたい．それは，びんが売買される価格帯である．

6. 脱当事者性

マスモードの思考には，付和雷同という形ではとらえきれない部分がある．それは，自分が当事者として直面している問題を考えるにあたって，これを自分ではなく「みんな」（マス）がどうするかという問題として考えるという性質である．以下これを「脱当事者性」と呼ぶことにする．

マスモードの思考の特徴を，付和雷同性（他人の言動に無闇に同調する性質）という形で把握しようとすれば，付和雷同すべき他人の言動が見当たらない「1人目」の思考は，マスモードの思考から外れてしまうことになる．だが，『びんの小鬼』では，「1人目」が，個体モードの思考では考えられない行動（びんの買い取り）を行っている．つまり『びんの小鬼』は，付和雷同できない「1人目」だからといって，マスモードの思考を免れるわけではないことを示している．以下このことを説明する．

この物語は，「びんは高価格帯では売買されやすい．びんの値段が高価格帯から低価格帯に移るにつれて，売買は困難になる」という大きな前提のもとに展開されている．どこまでが高価格帯で，どこからが低価格帯と言うことはできないが，物語では，「この価格ならとりあえず安全」と思えそうな高価格帯があるものとされ，売買はそこからスタートしている．「1人目」の買い取り価格について，物語では（4）のように，非常な高額であったことが明示されている．

(4)　ずっと昔，悪魔が初めてびんをこの世に持って来た時，びんはえらく高価だったんです．びんは最初，数百万ドルでプレスター・ジョーン（伝説上のキリスト教徒の王・僧）に売られました．

（スティーヴンソン（著），河田智雄（訳）（1988: 62））

この物語が我々にとって無理なく読み進められるものになっているのは,「高価格ならとりあえず安全」という感覚が登場人物だけでなく,我々の中にもあるからだろう.

だが個体モードの思考によれば,びんの買い取りは,価格を問わず,地獄の火で焼かれるという破滅に直結する.なぜか? 個体モードの思考内容を,数学的帰納法のように3つのステップに分けて,このことを示しておく.（物語はアメリカとフランスの経済圏にまたがって展開されているが,ここでは簡単さを優先して,現代日本の日本円に即した形で説明する.）

第1のステップ.問題のびんを「1円」で買うと破滅に直結する.なぜなら,1円は最低価格であるため,1円で買えば,転売に際して,より低い売り値がつけられず,転売不能となり,死ぬまでびんを持っていなければならなくなるから.

第2のステップ.問題のびんを「1円〜n円」（nは任意の自然数とする）の価格で買うと破滅に直結するとする.（上の第1の部分は,nが1の場合ということになる.）この時,そのびんを「n＋1円」で買うことも,やはり破滅に直結する.なぜなら,n＋1円で買えば,転売しようとする際の売り値は「1円」〜「n円」というn個の可能性があるが,それらのどの価格で買っても破滅に直結するため誰も買おうとせず,転売ができず,死ぬまでびんを持っていなければならなくなるから.

第3のステップ.以上の第1の部分で述べられていることは,「第2の部分で述べられていることは,nが1の時に成り立つ」ということである.すると第2の部分で述べられている理屈によって,nが2の場合も破滅に直結することになる.さらにその結果をまた,第2の部分の理屈に当てはめれば,nが3の場合も破滅に直結することになる.その結果を順次,第2の部分の理屈に当てはめていけば,nがいかなる自然数であっても,問題のびんをn円で買うと破滅に直結するということになる.

つまり「1円では誰も買わない.ということは,1円では売れない.ということは,2円では誰も買わない.ということは,2円では売れない.ということは,3円では誰も買わない.ということは,3円では売れない.ということは,…」という理屈は,どこまでも成り立つので,びんの価格が高価

格か低価格かは，関係がない．これが個体モードの思考の結論である．

　以上のように，我々が「高価格ならとりあえず安全」という感覚を少なくとも理解でき，物語を無理なく読み進めていけるという事実を，個体モードの思考は説明してくれない．個体モードの思考とは別に，何らかの説明原理が必要である．

　もっとも，このような個体モードの思考が我々にとって無意味というわけでは決してない．例えば，船が難破して，無人島に流れ着いた乗客2人のうち，1人が問題のびんを持っていた，という状況では，まさに個体モードの思考がものを言う．もう1人の乗客は，相手からどのような価格で持ち掛けられても頑としてびんを買わず，びんを持っている乗客は万事休すとなるだろう．

　無人島に流れ着いた乗客の人数を，3人，4人，5人と増やしてみても，結果は変わらない．「そんな物騒なびんになど，関わるものか．くわばら，くわばら」と，他の乗客全員にドアを閉ざされてしまうだろう．こうした警戒心が多少とも和らぎ，「高価格ならとりあえず安全」という感覚が生まれてびんの売買が成立する，あるいは成立しそうに思われるには，当該の社会（無人島という閉じた社会）の構成員が多いだけでは不十分である．必要なのは，お互いに顔も名前も知らない人間が多数存在すること，つまり「マス（不特定多数）」の人間の存在である．

　個体モードの思考は，その場の状況に流されず，明確な根拠のもとに，確固とした論理を展開させていこうとする．それに対して，マスモードの思考状態にある時，我々は，もっと原初的な嗅覚（これを「直感的な感知」と言うべきかもしれない）にとらわれている．ワナの前で歩みを止める野生動物のように，我々の中では，エサと危険の「匂い」がせめぎ合っている．匂いの強弱には「距離」が関わる．高価格帯は，破滅（1円での絶望的な売り出し，そして買い手が見つからぬままの死）との間に，多くの売買の可能性を感じさせる．危険はいまだ遠くにあり，匂いは微かである．だが，低価格帯は破滅の間近にあり，危険臭が強い．

　マスモードの思考は，このような単純な嗅覚の後押しをする．「低価格帯と違って，高価格帯は危険臭が薄い」とは，自分独自の考えではなく，「み

んな」の考えである．なぜ「みんな」がそう考えるかといえば，単純な嗅覚は「みんな」が持ち合わせているから，そしてそのことは「直感的に感知」できるから，つまり「「みんな」がそう考える」と「みんな」が考えるからである．以上のように，「高価格ならとりあえず安全」という我々の感覚は，自分が当事者としてどうするかという問題を考えるにあたって，これを自分ではなく「みんな」（マス）がどうするかという問題として考えるという，マスモードの思考の脱当事者性を認めれば，不思議なものではなくなる．

「高価格ならとりあえず安全」という我々の感覚が妥当であると，導くことなどはできない．価格の高低を問わず，びんの買い取りが破滅に直結することは，個体モードの思考が示しているとおりである．それにもかかわらず，「高価格ならとりあえず安全」という感覚が我々の中にあること，根本的な根拠を欠いているにもかかわらず，高価格帯では売買が成立し，あるいは成立しそうに思われ，結果として「高価格ならとりあえず安全」という感覚が妥当に見えるのは，マスモードの思考の脱当事者性によるものだろう．

7. マスモードの笑い

マスモードの思考の脱当事者性は，悪魔のびんの売買よりもずっと身近な局面にも見られるのではないか．俗に「すべり笑い」と言われる現象を最後に取り上げてみたい．

「すべり笑い」とは，芸人などが笑いを誘おうとして行ったギャグなどの言動が失敗に終わってしまい（これは「すべる」と呼ばれる），その失敗が露わになったことで，ひと呼吸おいて生まれる笑いのことである．ひとくちに「すべり笑い」といっても，さまざまな種類があるようだが，ここで注目したいのは，すべり笑いの中には，失敗の気まずい空気を覆い隠すなどのために意図的になされるものばかりではなく，「面白いから」自然に生まれるすべり笑いもあるということである．

面白くなく，笑いを起こせなかったはずの言動が，ひと呼吸おいて面白く感じられ，すべり笑いを起こし得るということは，面白さの考察においてコンテンツ（ネタ）だけでなく，タイミングや場も無視できないことの証拠で

もある．では，この「ひと呼吸」は，この場においてどのような意味を持っているのだろうか．

この「ひと呼吸」は，繰り出されたギャグが失敗として認定される間であると同時に，鑑賞者が個体モードからマスモードに切り替わる間ではないか．鑑賞者にとっては，お寒いギャグを自分に向けて披露されるのは，ただただはた迷惑な話でしかなく，笑えない．だが，それを自分から切り離して他人事として眺めれば，「芸人が寒いギャグを披露して失敗している図」となり，例えば誰かがバナナの皮で滑って転ぶ動画が多少面白いのと同様に，多少面白くなり得る．

すべり笑いは，1対1の対話よりは，1対多の会話で生じやすい．また，田舎の年輩の人間たちの日常会話よりは，若者向けのテレビの番組収録の中で生じやすい．これらのことは，目の前で行われた言動を，テレビ画面の中のものとして他人事のようにとらえるような脱当事者性が，すべり笑いの面白さにとって重要であることを示しているのではないか．

8. おわりに

本稿では，これまでよく追究されてきた「個体モードの思考法」とは別の「マスモードの思考法」について，ごく素朴な観察を行った．

エンフィールドは，ある社会の文化を考える上で，（その社会の構成員の考えよりも）その社会の構成員の考えについての構成員の考えが重要であることを論じている（Enfield (2002: 16-17)）．貨幣制度にかぎらず，我々の社会の多くのものは，マスモードの観点からとらえてみるべきではないだろうか．そして，言語の研究が実は高度に社会文化的な営みだとしたら（Diller and Khanittanan (2002)），我々は自身の研究が「みんながそう考えるから，それでいいのだ」というマスモードの思考に流れてしまっていないか，警戒すべきだろう．

参考文献

Clark, Herbert H. (1996) *Using Language*, Cambridge University Press, Cambridge.

Clark, Herbert H. and Catherine R. Marshall (1981) "Definite Reference and Mutual Knowledge," *Elements of Discourse Understanding*, ed. by Aravind K. Joshi, Bonnie Lynn Webber and Ivan A. Sag, 10-63, Cambridge University Press, Cambridge.

Diller, Anthony V. N. and Wilaiwan Khanittanan (2002) "Syntactic Enquiry as a Cultural Activity," *Ethnosyntax: Explorations in Grammar and Culture*, ed. by Nick J. Enfield, 31-51, Oxford University Press, Oxford.

Enfield, Nick J. (2002) "Ethnosyntax: Introduction," *Ethnosyntax: Explorations in Grammar and Culture*, ed. by Nick J. Enfield, 3-29, Oxford University Press, Oxford.

岩井克人 (1998)『貨幣論』筑摩書房，東京.

岩井克人 (2002)「『瓶の妖鬼』を読む」朝日新聞 2002 年 2 月 6 日夕刊「思潮 21」.

木村大治 (1997)「相互行為における「打ち切りとストラテジー」」『コミュニケーションの自然誌』，谷泰 (編)，414-444，新曜社，東京.

定延利之 (2016)『コミュニケーションへの言語的接近』ひつじ書房，東京.

田窪行則 (1989)「名詞句のモダリティ」『日本語のモダリティ』，仁田義雄・益岡隆志 (編)，211-233，くろしお出版，東京.

参考資料

Stevenson, Robert L. (1891) *The Bottle Imp.*［ロバート・L. スティーヴンソン (著)，河田智雄 (訳)「びんの小鬼」『スティーヴンソン怪奇短篇集』57-108，福武書店，東京，1988.］

第 11 章

代用形の先行詞解釈をめぐって*

西山佑司

慶應義塾大学名誉教授

1. はじめに

本稿は,「代用形 (pro-form)」とか「代用表現」と呼ばれているものについて,その言語学的位置づけは何か,代用形はこれまでどのようなものとして考えられてきたか,代用形と先行詞との関係はいかなるものか,代用形の解釈とは何か,という問題を意味論と語用論（関連性理論）の両方の観点から論じるものである.

2. 代用形に関する古典的見解

2.1. 代用形とは

代用形についての標準的な考えは次のようなものである.

(1) 代用形とは,それ自身の意味内容に乏しく,先行詞と照応関係 (anaphoric relation) を結ぶことによって初めてその解釈が得られる照応表現 (anaphoric expression) の一種である.

(Huddleston and Pullum (2002: 1451–1462))

---

* この論考は,第 1 回京都語用論コロキアム（2015 年 3 月 8 日 於：京都工芸繊維大学）における口頭発表に加筆,修正を行ったものである. その内容について多くの議論と有益な助言をいただいた西川賢哉氏に謝意を表する.

230　　　　　　　　　　第 III 部　理論と実証

そして，「照応関係」については，ひとまず次のように規定しておく．

(2)　ある言語表現 B の解釈が，先行する言語的文脈の中にある言語表
　　　現 A を手がかりにして決定されるとき，A と B の間に照応関係が
　　　ある，という．この場合，A は「先行詞」，B は「照応表現」と呼
　　　ばれる．　　　　　　　　　　　　　　　　　　（津留﨑 (2009: 44)）

(1) のように，照応表現であることが代用形の定義的特性だとすれば，すべ
ての代用形は照応表現である．しかし，すべての照応表現が代用形であるわ
けではない．(cf. 津留﨑 (2009: 44)）

(3) a.　Mary:　What do you think of *Peter*?
　　 b.　John:　I can't stand *the bastard*.

(3b) の *the bastard* は照応表現であるが，意味内容が乏しいとはいえない．
したがって (1) の規定からして代用形には属さない．代用形の典型は，英
語であれば，人称代名詞 he, she, it, they, one などや指示代名詞 this,
that, these, those, so などであり，日本語であれば，「彼」「彼女」「かれ
ら」などの代名詞，「それ」「そちら」「そこ」「そいつ」「そんな」「そう」
「その」などのいわゆる指示詞である．ただし，1 人称，2 人称の代名詞 I,
you「私」「あなた」などは，直示的 (deictic) 表現であり，言語的文脈の中
に先行詞を持たないので，(2) の規定による照応表現とはいえない．した
がって，(1) の規定に従うかぎり，1 人称，2 人称代名詞は代用形とはいえ
ない．同様に，「これ」「こちら」「ここ」「こいつ」「こんな」「この」や「あ
れ」「あちら」「あそこ」「あいつ」「あんな」「あの」などは，一般にその指
示対象の同定に言語的先行文脈を要求せず，発話状況のなかに存在する事物
や人を指示するので，直示的表現であり照応表現ではない．したがって，
(1) の規定に従うかぎり，これらも代用形とはいえない．

2.2.　同一対象指示関係 (coreference)

(2) で言う照応関係，つまり「言語的先行文脈内の先行詞 A を手がかり
に代用形 B の解釈を決定する」という関係にはいろいろなタイプがあるが，

第 11 章　代用形の先行詞解釈をめぐって　　231

もっとも基本的なものは (4) の同一対象指示関係 (coreference) と呼ばれ
るものである.

(4)　同一対象指示関係：先行詞 A が対象 O を指示し，代用形 B は，
　　　先行詞 A に照応することによって対象 O を指示するという関係

ここで言う対象は，現実世界のものばかりでなく，頭のなかで考えたもので
もよい.[1] 先行詞と代用形は (5) のように単一文内であることもあるが，(6)
のように文をまたがる場合もある. 同一対象指示関係を示すために指標 (in-
dex) を振る. ただし，照応関係をこの「同一対象指示関係」で捉えようと
する考えには 4 節で論じるように問題がある.

(5)　a.　John's$_i$ mother hit him$_i$.
　　　b.　John$_i$ said that he$_i$ would win.
(6)　I can't find my overcoat$_i$. Have you seen it$_i$?

2.3.　束縛照応 (bound anaphora) 関係

　照応関係のもうひとつ重要なタイプは (7) の束縛照応 (bound anaphora)
関係である.

(7)　束縛照応関係：先行詞 A が変項を含み，その変項の値に依拠して
　　　代用形 B の解釈が決まるという関係. B 自体は特定の対象を指示
　　　しない.

例えば，(8) は，もし everyone が John，Peter，Bill から構成されるならば，
John は John の父親を愛し，Peter は Peter の父親を愛し，Bill は Bill の

---

[1] Chomsky (2000: 39-41) は内在主義的意味論 (Internalist semantics) の立場から，「指
示 (reference)」なる概念は，「言語表現と世界」との間に成立するのではなく，「言語表現
の使用者と世界」との間に成立するものであること，したがって指示の問題は，I-言語の
理論の射程外であるということを強調する. その観点からすれば，(4) で言われる「同一対
象指示関係」は言語理論上のどこに位置づけられるのか，「同一対象指示関係」を基盤にす
える照応理論は内在主義的意味論とどこまで整合的であるかといった問題は理論的に興味
深い問題であるが，紙幅の関係上，本稿ではこの問題に立ち入らないことにする.

父親を愛すという読みをもつ。ここでは，his で特定の人を指しているのではない。(9) (10) についても同様である。

(8) Everyone$_i$ loves his$_i$ father.

(9) Who$_i$ loves his$_i$ father?

(10) [No man]$_i$ should mistreat his$_i$ friends.　（有元・杉村 (2005: 99)）

日本語でも (11a) の「そこ」は「どの政党」に束縛されているのに対して，(11b) の「あそこ」はそうではない。[2]

(11) a. どの政党$_i$の党員もそこ$_i$が一番だと思って党員になっているに違いない。

　　 b. どの政党の党員もあそこが一番だと思って党員になっているに違いない。　　　　　　　　　　　　　　　　（上山 (2000)）

(8) (9) (10) (11a) のように，束縛照応関係の場合，先行詞 A と照応形 B は単一文中になければならず，文をまたがることは許されない。それに対して，(5) (6) のように束縛照応関係でない場合は，先行詞 A が照応形 B の生起する同一文内になくても照応関係が成立し，「自由照応 (free anaphora)」と呼ばれる。

3.　古典的見解の問題点

3.1.　束縛照応関係と指標 (index)

　束縛照応関係を示す典型例は (8) (9) (10) (11a) のようなものであることから，束縛照応関係において，先行詞（今の場合は主語）が everyone, who, no man,「どの政党」のような，不定の名詞句にかぎられると思われがちであるが，かならずしもそうではない。例えば，(12) を，(9) に対する答えとして読んだ場合は，先行詞 John が不定名詞句でないにもかかわら

---

　[2] 上山 (2000) は，(11a) のように，不定語を先行詞とし，指示詞を束縛変項として解釈できる読みを「連動読み」と呼んでいる。

第 11 章　代用形の先行詞解釈をめぐって　　　233

ず，John と his の間に束縛照応関係が成立しているのである．

(12)　John loves his father.

そのことは，(13b) に sloppy reading が可能であることからも裏付けられる．

(13) a.　A:　Who$_i$ loves his$_i$ father?
　　　b.　B:　John$_i$ loves his$_i$ father, and Bill does, too.

このことは，束縛照応関係の規定として (7) は十分ではないことを示している．もちろん，(12) には，束縛照応関係とは別に，his を自由照応として解釈する読みもあり，その点で (12) は曖昧である．日本語も同様で，(14) は (15a) と (15b) の読みとがあり曖昧である．

(14)　太郎が，父親をぶった．〔「父親」：非飽和名詞〕
(15) a.　太郎$_i$ が [$α_i$ ノ父親] をぶった．〔束縛変項読み〕
　　　b.　太郎が [$α$ ノ父親] をぶった．〔自由変項読み〕

　ここで注意しておくべきことがある．(8) (9) (10) (11a) のように，束縛照応関係の場合も，先行詞と代用形に同一指標を付し，「両者は同一指示関係をもつ」とするのが標準的な説明であるが，これはきわめて誤解を招きやすい言い方である．[3]「everyone と his の指示対象が同一だ」，「who と his の指示対象が同一だ」，「no man と his の指示対象が同一だ」，さらには「「どの政党」と「そこ」の指示対象が同一だ」は奇妙であり，そもそも意味をなさないであろう．

　(5) (6) のような自由照応の場合，同一指標を振る意味は代用形と先行詞がまさに同一の指示対象をもちうるということを表示するということ，つまり，指示対象の付与 (reference assignment) の意味であった．[4] しかし，(8) (9) (10) (11a) のように，束縛関係を表す場合の指標は，そのような指示

---

[3] この点は，西川賢哉氏 (PC) に負う．
[4] もっとも，この考え自体にも問題があるということは 4 節で論じる．

234 第 III 部　理論と実証

対象の付与という意味合いは一切ない.[5] ここで先行詞と代用形に付された
同一指標は，あくまで，両者の間に［先行詞-束縛変項］という文法構造上
の関係が成立しているということを示す以上のものではなく，「指示」は関
係ない.[6] したがって，束縛照応関係の指標と自由照応関係の指標の意味の
違いを無視して，(12) の論理形式を (16) とするならば，(12) の his を主
語 John に束縛される束縛変項と読んだ場合と，自由変項 his の値に，たま
たま主語 John の指示対象が入る場合とを区別できなくなり問題であろう.

(16)　John$_i$ loves his$_i$ father.

3.2.　自由変項と束縛変項

(5) や (6) のような自由照応の場合，代用形の先行詞は明白である．で
は (17) の場合はどうであろうか.

(17)　John Smith$_i$ attacked a photographer$_j$. He$_{i/j}$ was quite badly hurt.

(17) の he の先行詞は a photographer と読むのが自然であるが，それはあ
くまで語用論的にそれが自然だというだけであって，そう解釈しなければな
らない言語的必然性はない．コンテクスト次第では，he の先行詞は John
Smith でありうるし，さらにいえば，それ以外の人物（ただし，3 人称，単
数，男性）の可能性も排除しないのである．その意味で，(17) の he は (18)
のような自由変項，つまり，コンテクスト次第で，いかなる値でも入りうる
スロットとみなすべきであろう.[7]

(18)　[X]$_{3人称・男性・単数}$

---

[5] この点は，有元・杉村 (2005: 99) においても示唆されている.

[6] よく知られているように，この文法構造上の関係は束縛条件 A として，概略，「束縛照
応形は先行詞に c 統御されていなければならず，先行詞は束縛照応形に対して局所的領域
内になければならない」として規定されている.

[7] 同様のことは (5) (6) の代用形 him, he, it についても言える．これらも自由変項で
あるため，コンテクスト次第で変項に先行詞以外の対象が入りうる.

それに対して，(8) (9) (10) の his や (11a) の「そこ」については，言語的理由からして，その変項は先行詞によって束縛されているのであり，これらの照応形を解釈する際，語用論の助けを借りることは一切不要である．つまり，自由照応の場合は，その解釈にあたって語用論が不可欠であるが，束縛照応については語用論の出番がそもそもないのである．

3.3. 照応的用法（anaphoric use）と直示的用法（deictic use）

　言語学で代名詞などの代用形の問題が論じられるとき，かならず出てくる概念は照応的用法（anaphoric use）と直示的用法（deictic use）の区別である．照応的用法は代用形の指示対象の同定に際して，言語的先行文脈内の他の語句に照応する場合であり，上で見た (5) (6) のケースがそれに当たる．それにたいして，直示的用法は，代用形の指示対象の同定に際して，言語的先行文脈に依拠することなく，もっぱら発話状況を手がかりに対象を指示するものである．例えば，ある会社の一室で社員たちを叱りつけていた部長が社長に呼ばれて部屋から出ていったとき，ある社員が別の社員に (19) を口にしたとしよう．

　　(19)　I am glad *he* is gone.　　　　(Heim and Kratzer (1998: 239–240))

(19) の話者が he でもって，部屋から出ていった部長を指していることは明らかであろう．実際，この状況では he の指示対象は顕著（salient）であり，瞬時に聞き手に理解される．日本語学では，この照応的用法と直示的用法の区別と実質的に同じ区別は，指示詞に関して「照応用法」と「独立用法」（黒田 (1979)），「非眼前指示」と「眼前指示」（田窪・金水 (2000)）あるいは「文脈指示用法」と「現場指示用法」（堤 (2012)）の区別として捉えられ，多くの議論を呼んでいる．たしかに，代用形の用法に関してこのような区別が存在することは事実であるが，この区別がどこまで言語学的に有意義であるかは議論の余地がある．このことを考えるために次の例を見よう．

　　(20)　John$_i$ thinks that he$_{i/j}$ is sick.

(20) の he は John あるいは他の言語的文脈に登場した Bill や Peter など
とも解釈できるが，言語的文脈には登場しないが発話状況における一人の男
性を指しているとも解釈できる．前者が照応的用法であり，後者が直示的用
法である．しかし，この二つの解釈は，結局，he という自由変項に入る値
をどう認定するか，どこからその情報を得るかという語用論の問題であり，
(20) という文の意味表示（論理形式）レベルでの曖昧性の問題ではないこ
とに注意すべきである．上で，(12) は，束縛変項読みと，自由変項読みと
があり，曖昧であることを述べたが，ここでは同様の例 (21) を見よう．

(21)　John hit his wife.
(22) a.　《ジョンは自分の妻をぶっ》［束縛変項読み］
　　 b.　《ジョンは彼の妻をぶった》［自由変項読み］

(21) の his には (22a) のような束縛変項読みと，(22b) のような自由変項
読みとがあり，それに応じて (21) という文の論理形式が複数個存在する．
しかし (22b) の his に対する自由変項読みをさらに照応的用法と直示的用
法に区別する立場をとるならば，(22b) を (23a) と (23b) のふたつの意味
に分けることになり，(21) は結局 3 通りに曖昧であることになってしまう．

(23) a.　《ジョンは，ジョンもしくは言語文脈中のある男性について，そ
　　　　の妻をぶった》
　　 b.　《ジョンは発話状況で顕著なある男性の妻をぶった》

しかし，(21) に対する解釈として (22a) (23a) (23b) は対等ではない．
(22a) の解釈に語用論は関与しないが，(23a) (23b) の解釈には語用論的考
察が要求されるという点で，(22a) と (23a) (23b) との間に大きなギャップ
がある．そして，(23a) と (23b) の違いは同じタイプの読みの variation に
すぎない．つまり，(21) は意味論的には，(22a) の束縛変項読み（「自分の
妻」読み）と，(22b) の自由変項読みとで二分すべきであり，後者の自由変
項読みはコンテクスト次第で語用論的解釈がいくつもあるのであるが，その
うちの典型が (23a) のごとく，his の source を言語的文脈上の名詞句の指
示対象とするか，発話状況におけるある男性を値とするかに分かれるにすぎ

第 11 章　代用形の先行詞解釈をめぐって　　237

ない．因みに (21) のもつ多様な解釈をそのまま残す日本語は (24) である．

　(24)　ジョンは妻をぶった．

(24) は束縛変項読みと自由変項読みの両方の意味をもちうる．それは，
(24) の論理形式には，非飽和名詞「妻」に付随する音形に現れない変項 **x**
があるからである．その **x** を束縛変項とみなし，それが「ジョン」に束縛さ
れているとみなすならば (25) の論理形式が得られ，その **x** を自由変項とみ
なすならば (26) の論理形式が得られる．

　(25)　ジョンは x の妻をぶった．［x: 束縛変項］

　　　　└─────▲
　　　　　束縛スル

　(26)　ジョンは x の妻をぶった．［x: 自由変項］

このように，(24) における音形をもたない要素 x は英語の his に対応する
わけで，英語の his が代用形であるならば，日本語の音形をもたない要素 x
も代用形の一種とみなすことができるであろう．要するに，自由照応表現は
基本的に自由変項であり，この自由変項の値を言語的先行文脈から語用論的
に確保する場合にほかならない．[8]

3.4.　先行詞の存在について

　代用形についての標準的な考え (1) に従えば，「先行詞と照応関係を結ぶ
こと」がその必要条件である．実際，(8) (9) (10) (11a) のような束縛照
応の場合は，先行詞の存在は必須である．一方，束縛照応でない自由照応の

---

　[8]「自由変項の値を語用論的に確保する」と言っても文法の側からまったく制約を受けな
いわけではない．生成文法理論の束縛条件 B は概略 (i) である．
　　(i)　代名詞はそれを含む最小の文の中で束縛されてはならない．
これによって (ii) は非文法的であること，つまり him は John と同一対象指示的であって
はならないことが説明される．
　　(ii)　*John$_i$ hit him$_i$.
つまり，(ii) の him は自由変項であるが，その解釈には「John を選ぶことは不可」という
制約が文法の側から課せられているとみなすべきである．

場合，先行詞は，照応形の生起する文と同一の文内になくても言語的先行文
脈のどこかに存在している必要があった．しかし，問題の代用形に対応する
先行詞が言語的先行文脈に単一の構成素として現れていなかったり，現れて
いても部分的にしか現れていなかったり，あるいはまったく現れていない
ケースがありうる．このような事実自体は照応研究のなかで比較的昔から指
摘されていた．(27)はそのことを示す有名な例である．

(27) Blend a cup of flour with some butter. Moisten *it* into a ball.

(Nash-Webber (1978: 1))

ここで it によって実際に指されているものは the flour-butter mixture であ
るが，これに当たる先行詞は先行文にはない．この解釈を得るためには先行
文脈の意味内容を推論によって統合する必要がある．その場合，聞き手側で
これが料理レシピの記述だということが分かっている必要がある．このよう
に，代用形によって指されているものを把握するためには，聞き手側で言語
的知識ばかりでなく，言語外の一般的知識や状況を手がかりに，語用論的推
論を駆使していく必要がある．

同様の指摘は日本語についてもなされている．

(28) その村では，今年もまたひとりの少年が家出した．彼らは都会への
あこがれを捨てることができないらしい． (寺津 (1983: 124))

(29)における「彼ら」に対する解釈は《家出したその村の少年たち》である
が，対応する先行詞は先行文脈には存在しない．同様に，

(29) a. 子供： 尾道のおじさん達待ちどおしいなあ！
    b. 母親： じゃあ，それまでにおうちのお掃除を済ませましょう
ね！ (山梨 (1992: 29))

(29b)における「それまでに」に対する解釈は《尾道のおじさん達が来る時
までに》であるが，それは言語的文脈を基に語用論的推論の結果，構築され
たものである．同様に，(30)の「そのお金」に対する解釈は《つくった野菜
を売って得た金》であるが，先行詞は先行文にはなく，この解釈を得るため

第 11 章　代用形の先行詞解釈をめぐって　　239

には語用論の推論が必要である．

(30)　結婚して，一年分の野菜をつくって，そのお金を貯金するつもりな
　　　のか．　　　　　　　　　　　　　　　　　　　　（山梨 (1992: 64)）

ここに，dynamic pragmatics の前兆をみてとることができる．しかし，こ
こまで来ると，もはや自由照応形に対する先行詞なるものが実体を伴わず，
先行詞という概念がかなり色あせてくる．たしかに束縛照応関係について
は，「先行詞が代用形に付随する変項を束縛する」という厳密な意味論的関
係がつねに成立する．したがって，文内の言語構造による手掛かりを基にし
た照応プロセスのみが関与しており，語用論の出番はない．一方，自由照応
の代用形に対する解釈は，先行の言語的文脈ばかりでなくコンテクスト全体
を考慮して話者の心的表示を推論しながら，語用論的に決定しなければなら
ない．なぜなら，この場合の代用形は自由変項であり，飽和化 (saturation)
と呼ばれる語用論的プロセスを要求するからである．したがって，代用形に
は，言語的先行文脈のどこかに先行詞があるはずだと仮定し，それを探すと
いう考えがそもそも問題である．むしろ，代用形が与えられれば，言語的文
脈および言語外のコンテクストを参考に，その代用形を適切に解釈すればそ
れで十分なのである．そこでは先行詞という概念はとくに問題にならないの
である．ではこれまで自由照応形の先行詞と呼ばれていたものはいったい何
なのであろうか．筆者の解釈はこうである．代用形を語用論的に解釈する際
——言いかえれば，自由変項の値を定める際——，言語的先行文脈に登場す
るある要素が重要な手がかりになることがある．その要素が「先行詞」と呼
ばれているものにほかならない．

4.　意味機能の観点から見た先行詞と代用表現

(5) や (6) においては，代用形の先行詞と目されるものが言語的先行文脈
に存在し，その先行詞と代用形との間に (4) で規定された同一対象指示関
係が一見成立しているように思われる．もし自由照応関係をもっぱらこの種
のケースを念頭において考えるならば，照応形と先行詞に同じ指標を振るこ

240 第 III 部 理論と実証

とによって照応関係を確認できるとする考えも理解できなくはない．しかし，前節で述べたように，自由照応形に対する先行詞なる概念を「自由変項の値を定める際に重要な手がかりとして働く言語的先行文脈上の要素」として捉えなおすならば，自由照応関係を，先行詞と代用形の間に成立する同一対象指示関係であると考える通説は成立しないことがわかる．本節ではこの問題を考察する．

4.1. 「同一対象指示」に潜む問題点

次の例を見よう．

(31)　A woman was invited. She was pleased.

(Heim and Krazer (1998: 285))

(31) において，she の対象は a woman と同一の特定の人間を指すとだけ解釈するのでは十分ではない．a woman と she の間の同一対象指示性は確保されなければならないが，she に対する解釈はそれだけでは十分ではなく，むしろ，the woman who was invited とまで解釈しなければならない．

英語の代名詞が担う照応関係は，日本語学では「文脈指示」と呼ばれるが，一般にソ系列の指示詞（「そいつ」「それ」「その男」など）が担うとされている．例えば，(32) の「そいつ」は単に先行詞「囚人」と同一対象を指すというだけでは十分ではなく，《昨夜刑務所から逃げた囚人》という膨らませた解釈を与えておかなければ意味がない．

(32)　昨夜刑務所から囚人$_i$ が一人逃げたが，そいつ$_i$ はさきほど捕まったそうだ．

この種の事実は，日本語学において，庵 (2007: 100ff)，堤 (2012: 23, 48, 49) によって「定情報名詞句へのテキスト的意味の付与」としてすでに指摘されている．ただ，問題はどこまでの情報をテキスト的意味として付与するか，なぜ付与しなければならないかということについての原理に裏付けられた説明がなされていないという点である．これにたいして，関連性理論の立場では，(31) の she や (32) の「そいつ」という自由変項を解釈する際，

第 11 章　代用形の先行詞解釈をめぐって　　　　241

「処理労力に見合うだけの，十分認知効果のある解釈を得る」とする関連性原理の制約に沿った解釈を与えることによって，上の事実を自然に説明できるのである．

4.2.　代用表現と「同一対象指示関係」

本節では，自由照応の場合，代用形の先行詞と目されるものが言語的先行文脈に明白に存在するにもかかわらず，その先行詞と代用形との間に同一対象指示関係が成立しえないケースが存在することを指摘する．この観察を通して，同一対象指示関係なるものは自由照応関係にとって本質的でないことを論証する．この議論に入る前に，指示的名詞句と非指示的名詞句という名詞句の意味機能上の区別について簡単に論じておく．

4.2.1.　指示的名詞句と非指示的名詞句

文中の名詞句は多様な意味機能を果たす．例えば，「花子の恋人」という名詞句自体の意味は曖昧ではないが，この名詞句がいかなる構文のいかなる位置に現れるかに応じてその意味機能は異なる．(33) (34) の各文における「花子の恋人」は世界のなかの個体を指す機能を有しており，指示的である．

(33) a.　花子の恋人は画家だ．（措定文）
(34) a.　花子の恋人が泳いでいる．
　　 b.　花子の父は，花子の恋人と口論した．

それに対して (35) における「花子の恋人」は指示的でなく，あの男のもつ属性を表しており「叙述名詞句」(predicate nominal) である．

(35)　あの男ハ花子の恋人だ．（措定文）

一方，(36a) は，《誰が花子の恋人かといえば，あの男がそうだ》という読みをもち，「指定文」と呼ばれるが，この文における「花子の恋人」は (37) のような命題関数を表しており，「変項名詞句」と呼ばれる．[9]

---

[9] 措定文，倒置指定文，指定文の区別，および変項名詞句の詳細については西山 (2003,

242　　第 III 部　理論と実証

(36) a.　あの男ガ花子の恋人だ．（指定文）

　　 b.　花子の恋人は，あの男だ．（倒置指定文）

(37)　[x ガ花子の恋人だ]（命題関数）

(36a) の主語と述語を入れ替え，「ハ」を「ガ」で置き換えた (36b) は「倒置指定文」と呼ばれるが，意味は指定文 (36a) と同じであり，主語「花子の恋人」は命題関数を表す変項名詞句である．

　結局，名詞句は意味機能の観点からは次のように分類される．

(38) a.　指示的名詞句

　　 b.　非指示的名詞句

　 (i)　叙述名詞句

　 (ii)　変項名詞句

名詞句のもつこのような意味機能の違いは，コピュラ文以外の構文においても反映される．例えば (39) は曖昧である．

(39)　正子は，花子の恋人に関心をもっている．

(40) a.　《正子は花子の恋人 A 氏に関心をもっている》

　　 b.　《正子は，[x ガ花子の恋人だ] の x の値に関心をもっている》

(39) における「花子の恋人」を指示的名詞句ととるならば，その読みは (40a) のようになる．一方，「花子の恋人」を変項名詞句ととるならば，その読みは (40b) のようになる．つまり，正子は「誰が花子の恋人か」に関心をもっていることになる．後者の読みは「潜伏疑問 (concealed question)」と呼ばれる．

　名詞句の意味機能の違いは存在文のタイプ区分にも反映する．

(41)　あの部屋に花子の恋人がいる．（場所存在文）

(41) において，「花子の恋人」は指示的名詞句であり，(41) はその指示対

2013) を参照されたい．

第 11 章 代用形の先行詞解釈をめぐって 243

象があの部屋に存在していることを述べており,「場所存在文」と呼ばれる.
それに対して,(42) における「花子の恋人」は,命題関数 [x ガ花子の恋人
だ] を表す変項名詞句であり,指示的ではない.

(42) このクラスには,花子の恋人はいない.（絶対存在文）

(42) は変項 x の値が,このクラスの構成メンバーのなかに存在しないこと,
つまり,このクラスの誰も花子の恋人ではないことを述べており,「絶対存
在文」と呼ばれる.
(43) の各文は所有文「A（に）は,B がある」と呼ばれている.

(43) a. 太郎（に）は妹がいる.
b. 花子（に）は欠点がある.

西山 (2003, 2013) は,(43a) の論理形式を (44) として分析した.

(44) 太郎$_i$ は [x$_i$ の妹が存在する]

ここで [x$_i$ の妹が存在する] は絶対存在文である.つまり,「x$_i$ の妹」は変項
名詞句になっている.さらに,[x$_i$ の妹が存在する] 全体は,太郎に対する
叙述になっている.したがって,この分析では,所有文は,意味的には,
「述語の位置に絶対存在文が埋め込まれた措定文」とみなされている.要点
は,所有文「A（に）は,B がある」の B は変項名詞句であって,指示的で
ないという点である.

4.2.2. 名詞句の意味機能と照応関係

名詞句の意味機能に関する以上の議論を踏まえて,自由照応における代用
形と先行詞との間に同一対象指示関係が成立するかどうかを検討しよう.こ
れまで扱ってきた名詞句の代用形は名詞句の意味機能という観点からすれ
ば,すべて指示的名詞句であった.しかし,すべての名詞句の代用形が指示
的名詞句であるわけではない.叙述名詞句や変項名詞句のような非指示的名
詞句の場合もある.例えば (45) は,先行詞 the President of the United
States も代用形 it も叙述名詞句であるという点で非指示的名詞句である.

244 第 III 部 理論と実証

(45) LBJ is *the President of the United States.* He has been *it* since
1963.　　　　　　　　　　　　　　　　　(Kuno (1970: 355))

したがって，(45) において，代用形 it と先行詞 the President of the United
States が同一対象指示的であるかどうかを問うことは意味をなさない．日本
語の (46) も同様である．(以下の日本語の例では，先行詞に二重下線，代
用形に一重下線を付す．) (46) の第二文における代用形「そう」に対する解
釈は《画家》であるが，第一文の先行詞「画家」と同様，叙述名詞句である．
このように先行詞，代用形ともに非指示的名詞句である以上，両者が同一対
象指示的かどうかは問題にならない．

(46)　私の叔父は画家だ．私の息子もそうだ．

また，(47a) (47b) はともに倒置指定文である．したがって，先行詞 the
chairman も，代名詞 it も変項名詞句であり，非指示的である．

(47) a.　A:　*The chairman* is John.
b.　B:　No, *it* is Peter.

したがって代用形 it と先行詞 the chairman が同一対象指示的であるかどう
かは問題にならない．日本語の (48) も同様である．

(48)　その団体には責任者がいるはずであるが，メンバーの誰にもそれが
分からない．

(48) の第一文は所有文であるから「責任者」は変項名詞句である．一方，
第二文の「それ」は「責任者」を先行詞としているが，変項名詞句である．
第二文は潜伏疑問文だからである．したがって，(48) においては先行詞，
代用形ともに変項名詞句である以上，両者が同一対象指示的かどうかは問題
にならない．こんどは次の例を見よう．

(49)　このパーティーに太郎の妹が来ているはずだ．あの女性はきっとそ
うだ．

第 11 章　代用形の先行詞解釈をめぐって　　245

(49) の「そう」に対する解釈は《太郎の妹》であるが，先行詞の「太郎の妹」
が指示的名詞句であるのにたいして，代用形「そう」は叙述名詞句である．
第二文は措定文だからである．したがって，先行詞，代用形が同一対象指示
関係であるかを問うことは意味をなさない．こんどは次の例を見よう．

(50)　2 階に太郎の妹がいるそうだが，ぼくはどの人がそうだかわからない．

(50) の第一文は場所存在文ゆえ，「太郎の妹」は指示的名詞句である．一方，
第二文の「そう」に対する解釈は《太郎の妹》であるが変項名詞句である．
第二文における「どの人がそうだ」は指定文だからである．したがって，こ
こでも先行詞，代用形が同一対象指示関係であるかを問うことは意味をなさ
ない．こんどは次の例を見よう．

(51)　太郎には妹がいる．彼女は画家だ．

(51) の第一文は所有文ゆえ，「妹」は変項名詞句である．一方，第二文の
「彼女」に対する解釈は《太郎の妹》を表しているが指示的名詞句である．第
二文は措定文だからである．したがって，先行詞，代用形が同一対象指示関
係であるかどうかを問うことは意味をなさない．最後に次の例を見よう．

(52)　万引きしても捕まらないひとがいる．あいつはきっとそうだ．

(52) の第一文は絶対存在文ゆえ，「万引きしても捕まらないひと」は変項名
詞句である．一方，第二文の「そう」は《万引きしても捕まらないひと》を
表しているが叙述名詞句である．第二文は措定文だからである．したがっ
て，ここでも先行詞，代用形が同一対象指示関係であるかを問うことは意味
をなさない．

　以上の観察から明らかなように，自由照応形において，先行詞もしくは代
用形のいずれか，あるいはその両方に，叙述名詞句や変項名詞句のような非
指示的名詞句が登場する場合は，先行詞と代用形の間にそもそも同一対象指
示関係が成立するかどうかを問うことが意味をなさないのである．したがっ
て，自由照応形における代用形解釈を「同一対象指示関係」として捉える標
準的アプローチには大きな問題があると言わざるをえない．

5. 結語

　代用形は一般に，先行詞と照応関係を結ぶことによってその解釈が得られるとされるが，束縛照応関係と自由照応関係とを区別する必要がある．束縛照応関係については，代用形に付随する束縛変項と先行詞との間に厳密な意味論的関係が成立するのであって，そこには語用論の出番はない．その場合，先行詞と代用形の間に同一指標が振られるが，それは両者の間に同一対象指示関係が成立していることを意味するわけではなく，束縛関係を示すにすぎない．

　一方，自由照応関係における代用形に対する解釈は，一般に，言語的に顕在化した構造による手がかりだけでは決定できず，言語的先行文脈およびコンテクスト全体を考慮して話者の心的表示を推論しながら，語用論的に決定していかなければならない．なぜなら，この場合の代用形は自由変項であり，飽和化と呼ばれる語用論的プロセスを要求するスロットであるからである．この観点からすれば，これまで「自由照応形の先行詞」と称せられてきたものは，「自由変項の値を定める際に重要な手がかりとして働く言語的先行文脈上の要素」にほかならない．つまり，先行詞はあくまで自由変項の値を決めていく際のヒントになりうるというだけであって，先行詞の指示対象と自由変項の値がつねに同一でなければならないということではない．[10] 実際，先行詞が言語文脈上に認められたケースであっても，先行詞もしくは代用形のいずれか，あるいはその両方に，叙述名詞句や変項名詞句のような非指示的名詞句が登場する場合は，先行詞と代用形の間に同一対象指示関係が成立しえないのである．したがって，自由照応関係を先行詞と代用形の間に成立する同一対象指示関係とみなす通説は成立しない．

　日本語学において，これまで代用形や照応形については多くの議論がなされてきたがそれらはもっぱら「指示詞」の問題として論じられてきたことに

---

　[10] もっとも (5) (6) のように，代用形と先行詞との間の同一対象指示関係がたまたま成立する可能性を排除するわけではない．ここでの要点は，たまたまそのような同一指示関係が成立したとしても，それは言語学的にとくに有意義なことではないということである．

第 11 章　代用形の先行詞解釈をめぐって　　　247

注意しよう．そして，「指示詞」に基礎をおく日本語の代用形の研究は，当
然のことながら，名詞句の多様な意味機能のうち，指示的名詞句にのみ注目
しており，叙述名詞句や変項名詞句のような非指示的名詞句にはほとんど注
意が払われてこなかった．さらにそのような議論の根底には，「先行詞と指
示詞との関係が同一対象指示的である」という大前提があった．しかし，本
稿におけるわれわれの議論が正しいならば，「先行詞と代用形との間の同一
対象指示関係」なるものが照応関係にとってどこまで本質的であるかは慎重
に検討されなくてはならないであろう．

参考文献

有元將剛・村杉恵子（2005）『束縛と削除』研究社，東京．

Chomsky, Noam (2000) *New Horizons in the Study of Language and Mind*, Cambridge University Press, Cambridge.

Heim, Irene and Angelika Kratzer (1998) *Semantics in Generative Grammar*, Blackwell, Oxford.

Huddleston, Rodney and Geoffrey K.Pullum (2002) *The Cambridge Grammar of the English Language*, Cambridge University Press, Cambridge.

庵功雄（2007）『日本語におけるテキスト結束性の研究』くろしお出版，東京．

Kuno, Susumu (1970) "Some Properties of Non-referential Noun Phrases," *Studies in General and Oriental Linguistics,* ed. by Roman Jakobson and Shigeo Kawamoto, 348-373, TEC, Tokyo.

黒田成幸（1979）「（コ）・ソ・アについて」『英語と日本語と──林栄一教授還暦記念論文集──』，41-59，くろしお出版，東京．

Nash-Webber, Bonnie Lynn (1978) "Inference in an Approach to Discourse Anaphora," *Technical Report of Center for the Study of Reading* 77, 1-21, University of Illinois, Urbana-Champaign.

西山佑司（2003）『日本語名詞句の意味論と語用論──指示的名詞句と非指示的名詞句』ひつじ書房，東京．

西山佑司（編）（2013）『名詞句の世界──その意味と解釈の神秘に迫る』ひつじ書房，東京．

田窪行則・金水敏（2000）「複数の心的領域による談話管理」『認知言語学の発展』，坂原茂（編），251-280，ひつじ書房，東京．

寺津典子（1983）「言語理論と認知科学」『認知科学への招待』，淵一博（編），95-141，日本放送協会，東京．

津留﨑毅（2009）「英語の代用形について」『レキシコン・ア‐ラ‐カルト』，津留﨑毅
　　（編），41-64，開拓社，東京.
堤良一（2012）『現代日本語指示詞の総合的研究』ココ出版，東京.
上山あゆみ（2000）「日本語から見える「文法」の姿」『日本語学』19(5)，169-181.
山梨正明（1992）『推論と照応』くろしお出版，東京.

索　引

1. 日本語は五十音順に並べてある．英語（などで始まるもの）は
アルファベット順で，最後に一括してある．
2. 数字はページ数を示し，n は脚注を表す．

［あ行］

相手への確認　103
アフォーダンス　181, 184n, 186
アブダクション　178, 183, 186
言い換え（再定式）（reformulation）　9,
　10
意図　168, 170n, 171
意味論　231, 236, 239, 246
意味を求める努力　185
岩井克人　220
インダクション・スキーマ　213
引用詞（quotatives）　29n
受け手デザインの選好（preference for
　recipient design）　25
打ち言葉　148, 148n
エスニック・ジョーク　218
エンクロニー（encrony）　4
応答発話　72
面白い話コンテスト　218

［か行］

課題達成対話　67, 69, 80, 85
解釈者（interpreter）　52, 53, 61, 62
ガ格標示の「ていただく」　136
ガ格標示の「てもらう」構文　131

ガ格標示の間接受身文　126
学習 II　187
核となる共通基盤（core common
　ground）　89, 90, 96
確認疑問文　197, 199
可視性　69, 72, 73, 76, 80, 84
価値を求める努力　185
カテゴリー　12, 13, 29, 35, 36, 38-40,
　42, 43
環境適応　168, 170, 179n
慣習　213
間主観的，間主観性　31, 36, 105, 110,
　113-115, 117
感情表現型（expressive）　158
間接受身文　121, 124
関連性の伝達原理　183
関連性の認知原理　179, 185
関連性への認知的構え　179, 182, 185
関連性理論　168, 175, 196, 198, 199,
　203
聞き手既知　27, 27n
聞き手デザイン　21, 35, 43, 72, 73, 78,
　80, 81, 83, 85
聞き手未知　27, 27n, 28, 32, 35, 36, 43
疑問文発話　191-197, 199, 201, 202,
　204, 205, 207, 208
共感　190-193, 195, 201

249

共存性　69, 72, 84

協調性（cooperativeness）　22, 43

共通基盤（common ground）　18-21,
19n, 24, 44, 67, 69, 76, 83

共通基盤化（grounding）　vi, vii, 18-24,
19n, 26, 31, 32, 34n, 36, 43, 47, 48,
67-69, 72, 73, 81, 85, 89, 90, 96

共同行為（joint action）　48, 62, 63, 67,
68, 77, 79, 81, 85, 168

共同発話　31, 32

句読法　144-149, 152, 161

言語のダイナミクス I ～ IV　2, 3

（相互）顕在化　200-201, 206

構文化　103

個体モード　214

コミュニケーション　169, 170

コミュニケーション・スキル・トレーニ
ング（CST）　90, 92

固有名詞　21, 24-29, 33, 35, 39, 42, 43

語用論　234-238

語用論的フィロロジー　101

語用論標識　145-147, 149n, 150, 152-
158, 160

［さ行］

最小指示の選好（preference for
minimization）　25

参与フッティングのモデル（types of
participation footings）　52, 53

参与枠組み　47

試行マーカー（try marker）　25

自己中心性（egocentricity）　21, 22, 24,
26, 28, 29, 31, 34-36, 42-44, 89, 90

指示解決　24, 26

指示代名詞　50, 51

指示的名詞句　241-245

自然暦　173

質問　190-192, 204-208, 206n
質問への応答（response）　190-192,
194, 194n, 195, 202, 207
質問への答え（answer）　194, 194n,
195

質問応答発話　72, 81

質問発話　72, 81, 82

詩的効果　199

指標記号　171, 174, 178, 183

社会的学習　174, 186

修辞疑問文　197

修辞的句読法（rhetorical punctuation）
147n

自由照応（free anaphora）　232-234,
237, 241

自由照応関係　ix

集団主義　218

修復　69, 72, 74, 78, 83, 85

自由変項　234, 236, 237

周辺部　102, 102n, 103, 103n, 105, 107

主観的, 主観性　30-32, 105, 106, 108,
110, 112, 113, 115, 117

照応関係（anaphoric relation）　229, 230

照応的用法（anaphoric use）　235

照応表現（anaphoric expression）　230

条件法の習慣　184

情動　viii, 191-193, 191n, 195, 196,
198-208, 202n

情動効果　199-200, 204

情報意図　203

情報的規範（informational imperative）
44

情報の縄張り　27n

情報要請　195, 197, 198

（発話の）進行性（progressivity）　35

叙述名詞句（predicate nominal）　241-
245

所属的規範（affiliational imperative）

44
信念の強さ（確信度） 196, 197
推論 213
スタンピード 215
スタンピード現象 215
すべり笑い 226
生態学 viii, 169
生態学的転回 186
先行詞 229, 230, 234, 237, 239, 241,
　244
相互知識 212
（発話の）相互依存性 7
相称的, 相称性 106, 117
（発話の）創発性 7
創発的共通基盤 89, 90, 96
束縛照応（bound anaphora） 229, 230
束縛照応関係 ix
束縛変項 234, 236, 237
存在確認 34, 35, 35n, 39
存在告知 28, 30

［た行］

（発話の, 言語獲得の, 歴史的, 変異的）
　ダイナミックス iv, 2
代用形（pro-form） 229, 230, 239, 241,
　246
他者中心性（allocentricity） 22
他者の認知の利用 169, 171, 176
脱当事者性 223
多人数インタラクション 47, 51
談話標識 103, 104, 109
談話標識 so 77, 80, 83
談話分析（discourse analysis） 100, 144
注意の捕捉 178, 180
徴候 169, 173, 178, 179, 182
直示的用法（deictic use） 235
直感的な感知 213

沈黙 193, 205, 205n, 206
通時的語用論 101
通時的な機能-形式の対応づけ 101
通時的な形式-機能の対応づけ 101
定型表現 157
「てくれる」構文 135
「てもらう」構文 121, 130
伝達意図 171, 175, 177n, 203
ドアノブ・クエスチョン 206n
という（って） 9, 26, 26n, 27n, 28-32,
　28n, 29n, 34-36, 34n, 39, 41-43
同一対象指示（coreference） 230, 231,
　231n, 240, 241, 243-247
動作主性 128
当事者間の了解 212
動的 1-4, 6, 12, 14, 19, 101, 117
動的語用論 i, viii, ix, 1, 2, 14, 71, 85
動的平衡（dynamic equilibrium） viii,
　161

［な行］

二格標示の「てもらう」構文 130
二格標示の間接受身文 124
二重書記描写（digraphia） 161
（非）認識用指示表現（(non)
　recognitionals） 26, 26n, 28
人称代名詞 75
人称表現 74, 75, 79, 84, 85
認知効果 198-201
認知負担（の軽減） 28, 30-32

［は行］

（微視, 個体, 系統, 変異）発生的 2
裸固有名詞 27n, 30-36, 38-43
発話（を）誘発（turn-yielding） 147, 154
発話解釈 193-196, 200

発話の phase モデル　49, 92-94, 97
発話媒介行為（perlocutionary act）
　147, 158
話し手中心主義　168
（発話の）非一方向性　7
非確言形式　128
非指示的名詞句　241-245
非自然的意味　171
非相称的，非相称性　v, 106, 117
左の周辺部，LP，発話のはじめ，発話
　頭　102, 104, 107, 113, 117
否定疑問文　197n
（発話の）非同一性　7
不均衡さ　67, 74, 85
フッティング（footing）　52
プラグマティズムの格率　184
付和雷同性　215
分散　12
文法化　103, 109, 136
分裂文　212
ベネファクティブ　122
変項名詞句　241-245
飽和化（saturation）　239, 246
ポジショニング（positioning）　48, 57

［ま行］

マス　214
マスモード　214
マスモードの思考　viii
マルファクティブ　122
（発話の）未解決性　7, 18

右の周辺部，RP，発話の終わり，発話
　末　102, 104, 113, 115, 117
ムーブ（move）　4, 4n
メタ表示（metarepresentation）　9, 29n
模倣　174

［や行・ら行］

有生性階層　128
予測（presumption）　63
粒度（granularity）　41
歴史語用論　101

［英語］

Arundale（2008）の警鐘　6, 7
Beeching and Detges（2014）　102, 104,
　105, 117
core / emergent common ground（per-
　sonal / communal common gorund）
　19, 19n（→核となる共通基盤）
Egocentric Anchoring and Adjustment
　Model of Perspective　21, 22
F 陣形　58
inclusive *we*　73, 77, 79, 80
negative politeness　160
phase（発話の）　21-24, 26, 28, 30, 35,
　71, 72, 84, 85
positive politeness　160
presentation/acceptance phase　22
Schiffrin（1987）の談話モデル　4, 107

執筆者紹介
（論文掲載順）

田中 廣明（たなか　ひろあき）

京都工芸繊維大学基盤科学系教授．専門は，語用論，動的語用論，英語語法文法研究．主要業績：『語法と語用論の接点』（1998 年，開拓社），Stpehen C. Levinson（著）『意味の推定：新グライス学派の語用論』（共訳，（2007 年，研究社），「新グライス学派語用論からみた否定の諸問題──否定的な推意から否定へ──」『否定と言語理論』（2010 年，開拓社），「動的語用論の構築に向けて──共通基盤化（grounding）の実際を例証する──（全体趣旨）」日本語用論学会第 20 回大会発表論文集第 13 号』（2018 年，日本語用論学会），"書評論文：*Doing Pragmatics Interculurally: Cognitive, Philosophical, and Sociopragmatic Perspective*, Rachel Giora and Michael Haugh (eds.) Berlin: Mouton De Grruyter, 2017, xi＋350p."『語用論研究』第 20 号（2018 年，日本語用論学会）

秦 かおり（はた　かおり）

大阪大学大学院言語文化研究科准教授．専門は，社会言語学，ナラティブ研究，談話分析．主要業績：「「何となく合意」の舞台裏──在英日本人女性のインタビュー・ナラティブにみる規範意識の表出と交渉のストラテジ──」『ナラティブ研究の最前線──人は語ることで何をなすのか──』（佐藤彰と共編，2013 年，ひつじ書房），『出産・子育てのナラティブ分析──日本人女性の声にみる生き方と社会の形』（岡本多香子・井出里咲子と共著，2017 年，大阪大学出版会），『コミュニケーションを枠づける──参与・関与の不均衡と多様性』（片岡邦好・池田佳子と共編，2017 年，くろしお出版）「「みんな同じがみんないい」を解読する──ナラティブにみる不一致調整機能についての一考察──」『話しことばへのアプローチ──創発的・学際的談話研究への新たなる挑戦──』（鈴木亮子・横森大輔と共編，2017 年，ひつじ書房）

吉田 悦子（よしだ　えつこ）

三重大学教養教育院（専任）・人文学部（兼任）教授．専門は，語用論，談話分析，職場談話研究．主要業績：「Pear story 再考」『英語コーパス研究』第 10 号（共著，2003 年），「おしゃべりがはずむためのしくみを探る──対話コーパスを英語教育にどう活用するか」『英語教育への新たな挑戦──英語教師の視点から』（分担執筆，2010 年，英宝社），*Referring Expressions in English and Japanese: Patterns of Use in Dialogue Processing*（2011 年，John Benjamins），James R. Hurford ほか（著）『コー

スブック意味論』(共訳, 2014 年, ひつじ書房), 「文法と談話のインターフェイス: 「孤独な」if 節をめぐって」 *JELS* 32 (2015 年, 日本英語学会第 32 回大会論文集)

山口 征孝 (やまぐち まさたか)
神戸市外国語大学国際関係学科准教授. 専門は, 言語人類学, 語用論, 認識人類学. 主要業績: *Approaches to Language, Culture and Cognition: The Intersection of Cognitive Linguistics and Linguistic Anthropology* (Ben Blount, Dennis Tay と共編, 2014 年, パルグレーブマクミラン社), 『言語人類学への招待——ディスコースから文化を読む——』(井出里咲子・砂川千穂と共著, 2019 年, ひつじ書房)

小野寺 典子 (おのでら のりこ)
青山学院大学文学部英米文学科教授. 専門は, 言語学・語用論・社会言語学・談話分析・歴史語用論. 主要業績: *Japanese Discourse Markers: Synchronic and Diachronic Discourse Analysis* (2004, John Benjamins), 『発話のはじめと終わり: 語用論的調節のなされる場所』(編著, 2017 年, ひつじ書房), *Historical Changes in Japanese: Subjectivity and Intersubjectivity* (Special Issue of *Journal of Historical Pragmatics* 8(2)) (Ryoko Suzuki 氏と共編, 2007), 『歴史語用論入門: 過去のコミュニケーションを復元する』(高田博行氏・椎名美智氏と共編, 2011 年, 大修館書店), *Periphery-Diachronic and Cross-Linguistic Approaches* (Special Issue of *Journal of Historical Pragmatics* 17(2)) (Yuko Higashiizumi 氏・Sung-Ock Sohn 氏と共編, 2016), 『歴史語用論の方法』(高田博行氏・青木博史氏と共編, 2018 年, ひつじ書房)

澤田 淳 (さわだ じゅん)
青山学院大学文学部准教授. 専門は, 文法論, 語用論. 主要業績:「日本語の授与動詞構文の構文パターンの類型化——他言語との比較対照と合わせて——」『言語研究』145 号 (2014 年, 日本言語学会),「指示と照応の語用論」『語用論研究法ガイドブック』(2016 年, ひつじ書房),「日本語の直示移動動詞「行く/来る」の歴史——歴史語用論的・類型論的アプローチ——」『認知言語学論考 No. 13』(2016 年, ひつじ書房),「ダイクシスからみた日本語の歴史——直示述語, 敬語, 指示詞を中心に——」『日本語語用論フォーラム 1』(2015 年, ひつじ書房),「親族名称の子供中心的用法の類型と場面, 視点——対照語用論的アプローチ——」『場面と主体性・主観性』(2019 年, ひつじ書房)

柴﨑 礼士郎 (しばさき れいじろう)
明治大学総合数理学部教授. 専門は, 歴史言語学, 談話分析, 言語類型論. 主要業績: "Sequentiality and the Emergence of New Constructions" *Explorations in English Historical Syntax* (2018, John Benjamins), "From the Inside to the Outside of

the Sentence" *New Trends on Grammaticalization and Language Change* (2018, John Benjamins), "From Parataxis to Amalgamation" *Grammar-Discourse-Context: Grammar and Usage in Language Variation and Change* (in press, De Gruyter Mouton), Joan Bybee（著）『言語はどのように変化するのか』（監訳・共訳）（2019年，開拓社）

高梨 克也（たかなし　かつや）
京都大学大学院情報学研究科研究員．専門はコミュニケーション科学．主要業績：『多人数インタラクションの分析手法』（共編著，2009 年，オーム社），『インタラクションの境界と接続：サル・人・会話研究から』（共編著，2010 年，昭和堂），『基礎から分かる会話コミュニケーションの分析法』（2016 年，ナカニシヤ出版），『多職種チームで展示をつくる：日本科学未来館「アナグラのうた」ができるまで』（2018 年，ひつじ書房），『指さしと相互行為』（共編著，2019 年，ひじつ書房）

後藤 リサ（ごとう　りさ）
関西外国語大学英語国際学部講師．専門は認知語用論．主要業績：「アイロニーを伴う修辞疑問文発話の関連性理論による分析」『ことばを見つめて──内田聖二教授退職記念論文集──』（2012 年，英宝社），"A Note on Interpreting Metaphorical Scenarios: A Fear in the Second Bakery Attack"『関西外国語大学研究論集』第 108 号（2018年），「疑問文発話の修辞性，アイロニー性，サーカズム」『日本語用論学会第 20 回大会発表論文集第 13 号』（2018 年，日本語用論学会），*Rhetorical Questions: A Relevance-Theoretic Approach to Interrogative Utterances in English and Japanese* (2018 年，ひつじ書房)

定延 利之（さだのぶ　としゆき）
神戸大学名誉教授，京都大学大学院文学研究科教授．専門は言語学，コミュニケーション論．主要業績：『認知言語論』（2001 年，大修館書店），『「うん」と「そう」の言語学』（編著，2002 年，ひつじ書房），『ささやく恋人，りきむレポーター』（2005年，岩波書店），『文と発話 1 〜 3』（編著，2005 〜 2008 年，ひつじ書房），『煩悩の文法』（2008 年，筑摩書房，［増補版］2016 年，凡人社），『コミュニケーション，どうする？ どうなる？』（編著，2010 年，ひつじ書房），『可能性としての文化情報リテラシー』（編著，2010 年，ひつじ書房），『日本語社会 のぞきキャラくり』（2011 年，三省堂），『日本語学と通言語的研究との対話』（編著，2014 年，くろしお出版），『コミュニケーションへの言語的接近』（2016 年，ひつじ書房），『限界芸術「面白い話」による音声言語・オラリティの研究』（編著，2018 年，ひつじ書房），『「キャラ」概念の広がりと深まりに向けて』（編著，2018 年，三省堂），『文節の文法』（2019 年，大修館書店）

西山 佑司（にしやま　ゆうじ）

慶應義塾大学名誉教授・明海大学名誉教授・東京言語研究所顧問．専門は意味理論，語用理論．主要業績：Noam Chomsky（著）『言語論』（共訳，1979 年，大修館書店），『意味論』（共著，1983 年，大修館書店），Noam Chomsky（著）『ことばと認識』（共訳，1984 年，大修館書店），『日本語名詞句の意味論と語用論』（2003 年，ひつじ書房），『談話と文脈』（共著，2004 年，岩波書店），Robyn Carston（著）『思考と発話』（共訳，2008 年，研究社），『ことばワークショップ』（共著，2011 年，開拓社），『ことばの意味とはなんだろう』（共著，2012 年，岩波書店），『名詞句の世界』（編著，2013 年，ひつじ書房）

動的語用論の構築へ向けて　　第 1 巻

編　者　　田中廣明・秦かおり・吉田悦子・山口征孝
発行者　　武村哲司
印刷所　　日之出印刷株式会社

2019 年 11 月 27 日　　第 1 版第 1 刷発行Ⓒ

発行所　　株式会社　開 拓 社

〒 113-0023 東京都文京区向丘 1-5-2
電話　（03）5842-8900（代表）
振替　00160-8-39587
http://www.kaitakusha.co.jp

ISBN978-4-7589-1375-1　C3380

JCOPY ＜出版者著作権管理機構 委託出版物＞

本書の無断複製は，著作権法上での例外を除き禁じられています．複製される場合は，そのつど事前に，出版者著作権管理機構（電話 03-3513-6969, FAX 03-3513-6979, e-mail: info@jcopy. or.jp）の許諾を得てください．